考拉旅行　乐游全球

重磅旅游图书
《美国攻略》新装升级
一如既往带您畅游美国

攻略 美国

旅游行家亲历亲拍！
超美美国热地大赏！

GUIDE

2016-2017
全彩**升级**版

《美国攻略》编辑部 编著

华夏出版社
HUAXIA PUBLISHING HOUSE

目录 CONTENTS

美国攻略

A 速度看美国！	···011
B 速度去美国！	···012
C 速度行美国！	···018
D 速度玩美国！	···019
E 速度赏美国！	···022
F 速度买美国！	···024
G 速度吃美国！	···026
H 速度游美国！	···028

Part.1 纽约·华尔街 ···032

华尔街	···034
世界金融中心	···035
世贸中心纪念馆	···035
圣三一教堂	···036
滚球草地	···036
法兰西斯客栈博物馆	···037
国立美洲印第安人博物馆	···037

Part.2 纽约·唐人街 ···038

谢莫亨排屋	···040
SOHO区	···041
唐人街	···041
小意大利	···042
布里克街	···042
南街海港博物馆	···043
伍尔沃斯大楼	···043
圣保罗礼拜堂	···044
商人之家博物馆	···044
库珀联合学院	···045
新当代艺术博物馆	···045
纽约市消防博物馆	···046
凯兹熟食店	···046
诺利塔区	···046
华盛顿广场公园	···047
McSorley's Old Ale House	···047

Part.3 自由女神像 ···048

自由岛	···050
市政府大楼	···051
自由女神像	···051
埃利斯岛	···052
炮台公园	···052
犹太遗产博物馆	···053

布鲁明戴尔百货店	…067

Part.5 纽约·帝国大厦 …068

帝国大厦	…070
熨斗大厦	…071
时尚工艺学院博物馆	…071
古董与跳蚤市场	…072
切尔西旅馆	…072
古仕曼排屋	…073
圣公会神学院	…073
切尔西艺术博物馆	…074
切尔西码头	…074
罗斯福纪念馆	…075
圣马可教堂	…075
麦迪逊广场公园	…076
高架铁道公园	…076
Strand	…077
联合广场	…077
韩国村	…078
圣马可广场	…078
梅西百货	…079

布鲁克林博物馆	…053
里奇蒙古城	…054
布鲁克林大桥	…054
布鲁克林植物园	…055
科尼岛	…055

Part.4 纽约·联合国总部 …056

联合国总部	…058
大中央总站	…059
克莱斯勒大厦	…059
纽约公共图书馆	…060
摩根图书馆与博物馆	…060
钻石区	…061
NBA专卖店	…061
洛克菲勒中心	…062
圣帕特里克教堂	…062
纽约当代艺术博物馆	…063
西格拉姆大厦	…063
萨克斯第五大道	…064
苹果专卖店	…064
川普大厦	…065
IBM大厦	…065
贝格多夫古德曼百货商店	…065
第五大道	…066
施瓦兹玩具店	…066
亨利·帮戴尔百货公司	…067

Part.6 纽约·中央公园 …080

天安教堂	…082
中央公园	…083
大都会艺术博物馆	…084
古根汉姆美术馆	…084
库珀·海威特博物馆	…085
弗里克收藏馆	…085
纽约市博物馆	…086
美国民间艺术博物馆	…086
Maxilla & Mandible	…087
巧克力之家	…087
惠特尼美国艺术博物馆	…088

札巴超市	···088
哥伦布圆环	···089
美国自然史博物馆	···090
艺术与设计博物馆	···090
达科塔大厦	···091
道利顿大厦	···091
安松尼亚旅馆	···092
格雷的木瓜	···092
77街跳蚤市场	···092
林肯表演艺术中心	···093
卡内基音乐厅	···093
麦迪逊大道	···094
广场饭店	···095

Part.7 纽约·时报广场 ···096

杜莎夫人蜡像馆	···098
国际摄影中心	···099
红龙虾餐厅	···099
布莱恩特公园	···100
百老汇大道	···101
时报广场	···102
Joe Allen	···102
玩具反斗城	···103
大满贯	···103
殖民地	···103

Part.8 华盛顿 ···104

白宫	···106
拉法耶特广场	···107
五角大楼	···107
国会大厦	···108
美国国家宇航博物馆	···109
国会图书馆	···110
华盛顿纪念碑	···110
旧行政办公大楼	···111
肯尼迪中心	···112
林肯纪念堂	···113
国会山映像池	···113
富兰克林·罗斯福纪念碑	···114
托马斯·杰斐逊纪念堂	···114
国家地理学会	···115
莎士比亚图书馆	···115
美国最高法院	···116
邮政博物馆	···116
国立自然历史博物馆	···117
史密森尼博物馆总部	···117
美国国家美术馆	···118
硫磺岛纪念碑	···118
国际间谍博物馆	···119
福特剧场	···119
阿灵顿国家公墓	···120
乔治敦大学	···120
威廉玛丽学院	···121
国家档案馆	···121

Part.9 芝加哥 ···122

西尔斯大厦	···124
约翰·汉考克中心	···125
联合中心球馆	···125
马利纳城	···126

壮丽大道区	…126
海军码头	…127
密歇根大道	…128
格兰特公园	…128
阿德勒天文馆及天文学博物馆	…129
密尔沃基艺术博物馆	…129
雪德水族馆	…130
菲尔德自然历史博物馆	…130
芝加哥千禧公园	…131
尼亚加拉瀑布	…132
五大湖	…133

Part.10 波士顿 …134

国王的礼拜堂	…136
公园街教堂	…137
本杰明·富兰克林铜像	…137
波士顿地球书店	…138
伊莎贝拉·斯图尔特·加德纳美术馆	…138
波士顿美术馆	…139
普鲁丹特尔中心	…139
波士顿公共图书馆	…140
基督教科学中心	…140
马萨诸塞州议会大楼	…141
波士顿科学博物馆	…142
尼古拉斯博物馆	…143
非洲裔美国人历史博物馆	…143
波士顿茶叶党船博物馆	…144
美国宪章号战舰	…144
芬威球场	…145
保罗·里维尔邸宅	…145
康科德	…146
旧北教堂	…146
圣斯蒂芬教堂	…147
邦克山纪念塔	…147
哈佛大学	…148
麻省理工学院	…149
波士顿公园	…150
哥伦布海滨公园	…150
列克星敦	…151
塞林	…151
普利茅斯	…152
阿卡迪亚国家公园	…152
新港国际网球博物馆	…153

Part.11 西雅图 …154

西雅图音乐体验馆	…156
西雅图中心	…157
太平洋科学中心	…158
宇宙剧场	…158
西雅图水族馆	…159
派克市场	…159
史密斯大厦	…160
西雅图美术馆	…160
开拓者广场	…161
西雅图公共图书馆	…161
哥伦比亚中心	…162
西雅图地下城	…162
华盛顿大学	…163

未来航空中心	…164
奥林匹克国家公园	…165
西雅图国际区	…166
西雅图码头区	…166
赛佛科球场	…167
雷尼尔山国家公园	…167
北瀑布国家公园	…168
布莱克岛	…168
林地公园动物园	…169

Part.12 旧金山 …170

金门大桥	…172
金门公园	…173
旧金山市政厅	…173
加利福尼亚荣誉军团宫	…174
艺术宫	…174
俄罗斯山	…175
诺布山	…175
格雷斯大教堂	…176
阿拉莫广场	…176
旧金山联合广场	…177
旧金山金融区	…177
联合街	…178
旧金山中国城	…178
渔人码头	…179
泛美金字塔	…179
威尔斯法哥历史博物馆	…180
旧金山现代艺术博物馆	…180
电报山	…181
双子峰	…181
史努比博物馆	…182
加州铁路博物馆	…182
斯坦福大学	…183
罐头工厂大道	…183
蒙特雷海湾水族馆	…184
硅谷	…184
太浩湖	…185
北滩	…185
戴维斯交响音乐厅	…186
恶魔岛	…186
死谷国家公园	…187
红杉树国家公园	…187
约塞米蒂国家公园	…188
17里湾风景区	…188
奥克兰	…189

Part.13 洛杉矶 …190

美籍日本人国家博物馆	…192

洛杉矶市政厅	…193
洛杉矶郡立美术馆	…193
现代美术馆	…194
洛杉矶艺术博物馆	…194
洛杉矶郡立自然历史博物馆	…195
加州科学中心	…195
阿曼森剧场	…196
道奇体育场	…196
斯台普斯球馆	…197
中途岛号航空母舰博物馆	…198
好莱坞大字	…199
航空博物馆	…199
诺顿·西蒙美术馆	…200
星光大道	…201
好莱坞娱乐博物馆	…201
好莱坞吉尼斯世界纪录博物馆	…202
中国剧院	…202
好莱坞环球影城	…203
信不信由你奇趣馆	…204
好莱坞高地广场	…204
比弗利中心	…205
日落大道	…205
圣迭戈旧城历史公园	…206
比弗利山庄	…206
小东京	…207
墨西哥村	…207
格里菲斯公园	…208
圣巴巴拉	…208
六旗魔术山	…209
长滩	…209
加利福尼亚乐高乐园	…210
曼哈顿海滩	…211
卡特琳娜岛	…211
威尼斯海滩	…212
圣莫尼卡	…213
棕榈泉	…213
大熊湖	…214
拉古纳海滩	…214
新港海滩	…215
迪士尼主题乐园度假区	…216
祖马海滩	…216
诺氏百乐坊	…217
帕萨迪纳旧城区	…217

Part.14 佛罗里达&休斯敦 …218

橘郡历史博物馆	…220
奥兰多科学中心	…221
肯尼迪航天中心	…221
圣奥古斯丁	…222
珊瑚城堡	…223
基韦斯特	…223
菲卡亚博物馆	…224
休斯敦太空中心	…224
莱斯大学	…225
鳄鱼公园	…225
坦帕湾布希公园	…226
罗德岱堡	…226

狂野水上乐园	…227
大沼泽地国家公园	…228
迈阿密海洋馆	…228
迈尔斯堡	…229
佛罗里达水族馆	…229
圣哈辛托战场	…230
圣彼得斯堡	…231
奥兰多海洋世界	…231
奥兰多迪士尼世界	…232
奥兰多环球影城度假村	…233
休斯敦赫曼公园	…234
米勒露天剧院	…234
明湖	…235
阿斯托洛圆顶运动场	…235

Part.15 塞班岛 …236

蓝洞	…238
鸟岛	…239
军舰岛	…239
自杀崖	…240
麦克海滩	…240
卡梅尔山天主教大教堂	…241
北马里亚纳诸岛博物馆	…241
和平纪念公园	…242
查莫洛夜市	…242
塔加屋	…243
原子弹装载地	…243
天宁岛日出神社	…244

丘鲁海滩	…244
塔加海滩	…245
关岛	…245

Part.16 夏威夷 …246

夏威夷岛	…248
伊奥拉尼王宫	…249
钻石山	…249
亚利桑那号战舰纪念馆	…250
珍珠港	…250
波利尼西亚文化中心	…251
卡皮奥拉妮公园	…251
卡怀亚哈奥教堂	…252
恐龙湾	…252
莫洛凯岛	…253
考爱岛	…253
古兰尼牧场	…254
尼豪岛	…254

威基基海滩	…255
毛伊岛	…255

Part.17 美国其他 …256

胡佛水坝	…258
费蒙街	…259
长街	…259
好莱坞星球餐厅	…260
南北战争博物馆	…260
亚特兰大可口可乐博物馆	…261
科罗拉多大峡谷	…261
科罗拉多州议会大厦	…262
科罗拉多范尔滑雪场	…262
科罗拉多斯普林斯	…263
密西西比河	…263
犹他州大盐湖	…264
阿拉斯加湾	…264
史凯威小镇	…265
凯契根	…265
冰川湾国家公园	…266
迪纳利国家公园	…266
费城	…267
巴尔的摩	…268
大西洋城	…269
新奥尔良	…269
黄石国家公园	…270
大雾山国家公园	…271
大提顿国家公园	…271

Part.18 索引 …277

美国
攻略GUIDE

好玩
好买
好吃

A 速度看美国!

AMERICA HOW

美国推荐

1 概况及印象

美国，全称美利坚合众国，是当今世界第一超级大国，在政治、经济、文化、科技、军事等诸多领域均领先于世界。美国的历史并不算悠久，但是自从1776年通过《独立宣言》，宣告美国诞生以来，这个多文化和多民族的国家就在北美这块大陆上创造了无数的世界奇迹，取得了辉煌的成就，令世人瞩目。当然，美国给世人留下的最深印象并非仅仅是它在经济、文化等诸多方面的强大，还有那极具魅力的风景名胜，也令世人向往，比如美国拥有世界上第一座国家公园——黄石国家公园，拥有世界第三大跨国瀑布——尼亚加拉瀑布，拥有举世闻名的自然奇观——科罗拉多大峡谷，还有享誉全球的旅游度假胜地——夏威夷。在美国旅行，无论是自然风光，还是人文景观，都会给你带来奇妙的视觉冲击，留下深刻美好的印象。近年来出现的一股"美国旅游热"使畅游美国似乎成了一种时尚的追求。

2 地理

美国位于西半球，地处北美洲中部，北与加拿大接壤，南靠墨西哥湾，西临太平洋，东濒大西洋。其领土还包括北美洲西北部的阿拉斯加和太平洋中部的夏威夷群岛。美国地势大致可以划分为三部分，即西部是由落基山脉以及科迪勒拉山系组成的山地高原，中部是由密西西比河冲积而成的大平原，东部是由阿巴拉契亚山脉形成的东部山地。国内最低点为海拔-86米的死谷，最高点是海拔6194米的北美最高峰麦金利山。

3 气候

美国几乎有着世界上所有的气候类型，它地跨寒、温、热三带，以温带大陆性气候为主，由于受地形、气流的影响，各地的气候差别很大，比如当佛罗里达半岛已经百花齐放的时候，北部的五大湖区还处于寒冷之中。另外，东南部属亚热带季风性湿润气候，温暖湿润；而西北部高原不但降雨少，而且温差大。

4 区划

美国为联邦制国家，由50个州和哥伦比亚特区组成。其中，50个州分别是阿拉斯加州、阿拉巴马州、亚利桑那州、阿肯色州、加利福尼亚州、科罗拉多州、康涅狄格州、特拉华州、佛罗里达州、佐治亚州、爱达荷州、伊利诺伊州、印第安纳州、爱荷华州、堪萨斯州、肯塔基州、路易斯安那州、缅因州、马里兰州、马萨诸塞州、密歇根州、明尼苏达州、密西西比州、密苏里州、蒙大拿州、内布拉斯加州、内华达州、纽约州、新罕布什尔州、新泽西州、新墨西哥州、北卡罗来纳州、南卡罗来纳州、北达科他州、南达科他州、俄亥俄州、俄克拉荷马州、俄勒冈州、宾夕法尼亚州、罗得岛州、田纳西州、德克萨斯州、犹他州、佛蒙特州、弗吉尼亚州、华盛顿州、西弗吉尼亚州、威斯康星州、怀俄明州、夏威夷州。

5 人口

目前，美国人口约为3亿1160万，其中，人口最多的州是加利福尼亚，约3770万。

6 种族

美国种族以白人为主（含西班牙裔和拉丁裔白人），占总人口的79.96%，黑人占总人口的12.85%，印第安人等其他人种占7.19%。

7 语言

美国是一个移民国家，因此境内流行多种语言，以英语和西班牙语为主，其中八成以上的人口使用英语。

8 国花

美国的国花为玫瑰花，象征着美丽、芬芳、热忱和爱情。

011

B 速度去美国！
AMERICA HOW

1 赴美办理签证须知

很多人以为办理赴美签证是一件很麻烦的事情，其实不然，现在中国公民因探亲访友、旅游观光、就医、处理突发事件（亲属伤亡、财产纠纷等）、参加儿女毕业典礼或婚礼、参加各种性质的社团活动、参加各种业余性的音乐会和运动会，可持由中华人民共和国公安部颁发的有效护照前往美国设在中国的大使馆、总领事馆办理B-2签证。团体旅游签证可通过报名参团的旅行社向美国大使馆、总领事馆等提出申请。

个人赴美旅游（个人游）	
申请资格	目前，我国所有地区的公民都可以申请赴美旅游。
所需材料	全家户口本，包含户口本首页、户主页、本人页、配偶页。 第二代身份证（申请人把正反面复印到一张A4纸上）。 有效护照：有效期必须比你计划在美国停留时间至少长6个月，护照最后页必须由本人签名。 于6个月内拍摄的5厘米×5厘米正方形白色背景的彩色正面照一张，用透明胶带将照片贴在护照封面上。 签证申请表DS-160表格确认页。使用中文认真填写申请表信息，并打印在A4纸上。面谈时要携带打印出来的DS-160表格确认页，不使用传真的确认页。 申请费收据。将收据用胶水或胶条粘贴在确认页的下半页上。 英文简历等支持性文件。 个人财产证明。 详细在职证明。
停留时间	原则上不超过15天。
所需费用	160美元。
签证类型	旅游签证（B-2）。
办理时间	一般2到5个工作日，若需进行行政审理则需要大约4周。
办理签证过程中常见问题	中国公民申请美国签证的使领馆地点是根据您最近半年内生活和工作的地点来决定的，并不是由您的户口所在地或护照签发地来决定的。 美国驻武汉总领事馆尚无签证服务。湖北、湖南、江西与河南4省的市民需去美国使馆办签证。 申请赴美签证如失效不足4年，申请同种类型签证，且没有被行政审查过，以及中间申请美国签证没有被拒签过的，可免面试。

*上述介绍仅供参考，具体申请手续以当地有关部门公布的规定为准。

❷ 美国旅游注意事项

为了游客在美国旅行顺利、安全，每位前往美国的游客都要了解一些关于美国的常识，比如天气、语言、货币、急救电话等，只有未雨绸缪，才能保证有一个愉快的旅程。

赴美旅游必知常识

天气	受北极气流的影响，在美国中部及沿海地区常出现极端气候，比如大雷雨、风暴等，游客在旅行时，要时刻关注美国气象预报。
货币	美元是美国的官方货币，在美国各地流通。在美国旅行，需要将人民币兑换成美元，一般在美国较大的城市均设有外币兑换处，同时游客也可以在美国各地的银行兑换。
时差	美国国内共分东部时区、中部时区、山地时区、西部时区和太平洋时区，其中东部时区比中国时间晚13小时，中部时区比中国晚14小时，山地时区比中国晚15小时，西部时区比中国晚16小时，太平洋时区比中国晚18小时。每年3月至11月的第一个星期日美国各时区还需要将时间调快1小时，进入夏时制。
语言	英语是美国的官方语言，美国大部分人都说英语，另外，西班牙语在美国一些地方也很常用。
食宿	在美国一般用餐时需要多付餐费的15%作为小费，酒店内付给行李员和客房服务员的小费多为1美元。
通讯	国内的手机在美国可以使用，不过必须支付较高的漫游费。
电压	美国电压是110V。电器的插头为一圆二扁插脚(2P+E)。出行时，记得备好转换插头。
邮政	您可以全天候地从美国邮政局获取可靠且低廉的邮政信息。如果需要发送紧急的或者重要的信件和包裹，无论发往国内还是越洋发到其他地方，联邦快递和联合包裹服务都可为您提供上门投递服务，不过此类服务收费较高。在美国范围内，一类邮件的资费标准是未超过1盎司的信件（每超出1盎司，额外收取20美分）和明信片，49美分/件。一类邮件最多不超过13盎司，超出则采用优先邮件费率。国际航空邮件费率标准（去往加拿大和墨西哥的除外）是1盎司的信件或者一张明信片收取1美元15美分，寄往加拿大和墨西哥的则是80美分。附有足额邮资后，您可以将不超过13盎司的邮件投入任何一个蓝色的邮筒。如果要寄出超过13盎司的包裹，请前往邮局办理。留局待取邮件通常是通过邮局的留局待取服务转交给您，每个邮局有其独立的邮递区号。在退回寄件人之前，国内邮件一般会保留10天时间，国际邮件则是30天。领取邮件时需出示附有照片的身份证。
小费	小费通常要付，除非你认为对方服务态度极差。机场和旅馆搬运工的小费是每个包2美元，每车不低于5美元；酒吧侍者的小费占每次消费的10%到15%不等，每份不低于1美元。酒店女佣的小费是每晚2到4美元不等，可以压在提供的卡片下面；餐馆服务员的小费占餐费的15%到20%不等，除非账单上已事先收取了小费；出租车司机的小费是车费的10%到15%不等，向下取整。停车员在交还钥匙时，要给他至少2美元的小费。

013

住宿	**旅馆** 选择住旅馆时最好提前预订，除非是在淡季去最便宜的地方。在旺季，旅游热点地区的旅馆甚至要提前数月预订。各种旅馆都会提供室内电话、有线电视、闹钟、独立卫生间和简单的欧式早餐。许多中档旅馆还提供小冰箱、微波炉、吹风机、网络端口、冷热空调、游泳池和书桌，而在高端的旅馆还额外设有门房服务、健身和商务中心、SPA、餐厅、酒吧和更高级的家具。 **旅社** 旅社一般在城区、美国东北部、太平洋西北区、加利福尼亚州和美国西南部等地比较常见。美国国际青年旅社协会在美国运营50多家旅社。大部分旅社都设有男女宿舍、私人房间、共用的卫生间和一个公共厨房。宿舍床位的过夜费用在21到45美元之间不等。美国国际青年旅社协会的会员可以享受部分折扣的优惠。最好通过互联网预订好房间，尤其是在旺季，旅客最多可能只能入住三天。 **汽车旅馆** 汽车旅馆与普通旅馆的不同之处在于它的房间紧邻停车场——一般集中在州际公路的出口和城镇主干道的沿线。其中一些仍保持着更小、更便宜的夫妻经营模式，基本不会有早餐，可用设施最多只有一部电话和一台电视（可能是有线）。然而，汽车旅馆经常会有一些带小厨房的房间。不要单纯从外观上评价一家汽车旅馆，也许它看上去陈旧褪色，但业主把房间内部打理得一尘不染。当然，相反的情况也可能存在，尽量在看过房间之后再确认付款。
治安	美国的城市治安在某些区域很差，游客出行时，不要携带过多的现金，同时在夜晚不要独自出行。
注意事项	1.吸烟：美国的公共场合多数是禁烟的，有些则标明了吸烟区和禁烟区。住酒店时一般都有吸烟房和非吸烟房的选择，如果有吸烟的习惯，可以选择后者。 2.喝酒：在美国酒吧和商店购买酒精饮品，您需要出示带照片的身份证来证明达到了法定饮酒年龄（也就是超过21周岁）。携带证件是标准做法，不能太随意。酒精的销售依据地方政府的规章而定，在一些郡县，星期天、午夜之后或早餐前是禁止酒精销售的，而在所谓的"无酒"的郡县，酒精销售是完全禁止的。酒后驾驶或服用毒品后驾驶在所有的州都是一项严重的罪名，将会遭到严厉的罚款甚至监禁。娱乐性的毒品是被联邦和州级法律禁止的。在一些州，例如加利福尼亚和阿拉斯加，持有少量大麻被视为不良行为，但仍有可能遭到罚款和/或监禁。持有超过1盎司的非法毒品，包括可卡因、迷幻药、LSD、海洛因、哈希什等，是可判长期徒刑的重罪。对外国人而言，任何涉毒的定罪都会成为被驱逐的理由。 3.饮水卫生：美国境内生水皆可饮用，一般在公共场所都有饮水点。美国人不习惯喝开水，在餐馆就餐，送的水通常还加了冰，喝不惯的人可以提前向侍者表明不需要冰块。 4.旅行安全：最好不要在深夜单独外出，不要将贵重物品放在车内。如果遇到穷人讨要现金，可以象征性地给一些，避免不必要的麻烦。通常外国人都很友好和主动，遇到陌生人点头打招呼甚至攀谈都有可能，这个时候请不要吝啬自己的笑容，不妨礼貌地说上一句"Hi"，拉近彼此的距离。在海边游玩的时候，应时刻注意巨大海浪。
常用电话	急救电话：911 紧急电话：311 交通电话：511 美国航空客服电话：400-815-0800 中国驻美国大使馆电话：202-495-2266 中国驻纽约总领事馆电话：212-244-9392 中国驻芝加哥总领事馆电话：312-803-0095 中国驻旧金山总领事馆电话：852-5900 中国驻洛杉矶总领事馆电话：213-807-8088 中国驻休斯敦总领事馆电话：713-520-1462

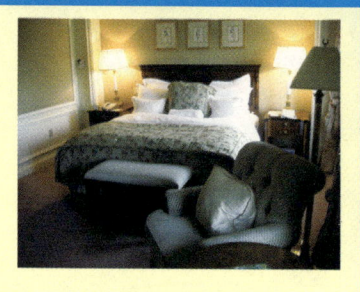

美国推荐

④ 学生签证

F-1签证

这是最常见的学生签证类型。如果您希望在获得美国政府承认的学校（包括获得认证的美国大学或学院、私立中学或获得批准的英语学习项目，等等）就读，应申请F-1签证。此外，如果每周学习课程超过18小时，也应申请F-1签证。

M-1签证

如果您希望在美国的非学术或职业教育机构进行学习或培训，应申请M-1签证。

如需了解有关上述签证和赴美求学的更多信息，请访问http://www.educationusachina.com/。

美国公立学校

根据美国法律，外国学生不得进入公立小学（从幼儿园到八年级）或政府资助的成人教育项目就读。因此，F-1签证不适用于此类学校。

准备在公立中学（从九年级到十二年级）就读的申请人可以申请F-1签证，但外国学生在学校学习的时间不得超过12个月。此外，学校还必须在I-20表上标注学生已缴纳教育费用而未接受任何资助，同时说明缴费金额。

如需详细了解有关F-1签证申请的法律要求，请访问美国国务院网站。具体网址：http://travel.state.gov/content/visas/english/study-exchange/student/foreign-students-in-public-schools.html

注意：A类、E类、F-2类、G类、H-4类、J-2类、L-2类、M-2类或其他衍生非移民签证持有人可以进入公立小学和中学就读。

申请材料

如需申请F类或M类签证，应缴纳160美元申请费并提交下列材料：

非移民签证电子申请表(DS-160)。

③ 护照/签证取件地点

签证申请获得批准之后，您的护照及签证将通过以下两种方式之一送还给您：

一、送到您之前所选择的中信银行营业网点。请注意：中信银行只会将您的护照资料保留15天，15天之后未被领取，将会被退还到大使馆或者领事馆。您务必在15天之内领取您的护照资料。请不要在没得到通知可以领取护照的情况下去您选择的中信银行。您只能在您选择的支行领取护照。

二、送到您的家里或办公室（付费服务选项）。此服务不包括中国大陆以外的地区（例如港澳地区），如果申请人的邮寄地址是中国大陆以外，将导致护照无法送达。这项服务需要您在收到护照时，直接支付额外的运送费用给EMS。

对于非移民签证申请，邮寄费用如下：

邮寄至您申请签证的城市以内，费用为24元／本；

邮寄至您申请签证的城市以外，费用为34元／本；

免面谈代传递，费用将可能达到34元／本。

对于移民签证申请，邮寄价格如下（包含20元保价费）：

广东：59元／本；

上海、江苏、浙江、安徽、福建、江西、河南、湖北、湖南、广西、海南、四川、重庆、贵州、云南：79元／本；

北京、天津、河北、山西、山东、陕西、内蒙古、甘肃、青海、宁夏：94元／本；

辽宁、吉林、黑龙江、西藏、新疆：119元／本。

更改送达选项

您可以在面谈的午夜之前，在线或通过预约中心更改文件送达地址。更改文件送达地址无须缴纳费用。免面谈代传递服务的申请人可以在送签证材料到中信银行之前更改文件送达地点。

015

前往美国旅行的有效护照，有效期需超出在美预定停留期至少六个月（享受豁免的特殊协议国除外）。如果护照中包含的人数多于一人，则每个签证申请人都需要提交单独的申请。

一张在最近六个月内拍摄的2英寸x2英寸（5.1厘米x5.1厘米）照片。有关照片格式的说明，查询网址：http://www.ustraveldocs.com/cn_zh/cn-niv-photoinfo.asp

美国学校或项目提供的I-20表。

SEVIS(I-901)缴费收据（证明申请人已缴纳SEVIS费用）。

除上述材料以外，申请人还应出示面谈预约单，证明您已从这一服务渠道预约面谈。您还可以向签证官提供其他支持性文件。

家属

如果配偶和/或21岁以下未婚子女希望在签证主申请人留美期间前去陪伴或团聚，应申请F类或M类衍生签证。我们目前尚未推出针对F类或M类签证持有人父母的衍生签证。

如果家属没有与签证主申请人一起在美国居住生活的计划，只是希望利用假期探访，也可以申请针对游客的B-2签证。

配偶和家属不得以F类或M类衍生签证的身份在美国工作。如果您的配偶/子女希望在美国工作，必须申请相应的工作签证。

针对家属的支持性文件，有家属陪同的申请人还需提供下列材料：

申请人与其配偶和/或子女的关系证明（例如结婚证和出生证明）。

我们建议家庭成员同时申请签证，如果配偶和/或子女出于各种理由必须在以后单独申请，则家属届时应携带学生签证持有人的护照和签证复印件，以及所有其他必要文件。

其他信息

选择性实习（OPT）

F-1签证持有人在完成毕业的所有课程要求（不包括毕业论文或同类规定）或完成所有要求后，可以申请12个月以内的选择性实习。OPT与学生的学业是相互分离的，OPT时间通常不会反映在学生的课程或学习安排中。学生为OPT申请F类签证时，可出示其I-20表，而其上指明的原学习结束时间可能已过期。但是，上述I-20表必须由学校指定管理人员标注相关内容，表明学校同意学生参加超出常规学习周期截止时间的OPT项目。此外，该学生还必须提交材料来证明USCIS已批准其实习项目或正在申请，出示工作许可证(Employment Authorization Card)或标注他/她正在申请OPT项目的I-797表均可。

学习中断后学生签证的有效性

如果学生在美国境外停留时间或停课时间超过五个月，则返校时必须重新申请F-1或M-1学生签证，详细说明参见下文。

在美国境内的学生

根据美国《移民法》，如果学生（F-1或M-1签证）在转校或转项目后五个月内还未重新开始上课，将丧失其身份。一旦丧失身份，除非USCIS予以恢复，否则学生的F类或M类签证也会失效，从而无法重返美国。

学生在离境之后重返美国

如果学生中断学习离开美国的时间超过五个月，将丧失其F-1或M-1签证身份，除非其海外活动与课业相关。出发前，学生们最好事先与学校的指定管理人员沟通，确定其海外活动是否与课业相关。

如果返校学生在入境口岸向美国海关与边境保护局(CBP)边检员出示仍在使用期内的F-1或M-1签证，而事实上其中断学习离开美国的时间已经超过五个月，CBP边检员将以缺乏有效非移民签证为理由拒绝该学生入

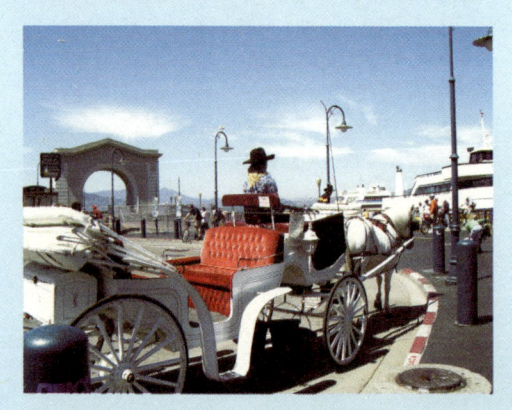

境。与此同时，CBP还会要求取消其入境申请并注销其签证。因此，为谨慎起见，如果学生离开美国从事非课业相关活动的时间超过五个月，在准备返校之前最好到使/领事馆申请新签证。

⑤ 入境指南

入境流程

飞往美国途中，您的航班会让您填写一些表格。所有的旅客都需要填写通关申报表格（6059B表）。非美国国籍的以及凭签证入境的旅客还会收到白色的I-94表，即出入境记录卡。

您需要通过美国海关边防局（CBP）的移民和海关检查。海关边防局必须在您首次着陆美国机场时完成入境批准。

在入境护照检查环节，大部分旅客都需要通过数字化出入境登记系统（US-VISIT）的检查。一名CBP官员将会记录您的电子指纹和照片作为您旅行记录的一部分。US-VISIT使用像指纹鉴别这样的生物识别技术来建立与核实您的身份证明材料，并将您的名字与一份记录已知或有嫌疑的恐怖分子、罪犯和偷渡者资料的名单进行比对。您可能需要回答一些问题，包括您所从事的职业、是否为您的旅行准备好了足够的钱（最好准备一张信用卡）和您将于何时以何种方式离开美国（准备好一份旅行日程）。建议独自带着未成年孩子旅行的父母和监护人提前准备好合法监护权的证明。

在入境护照检查完之后，您便可携带随身行李进入海关了。

海关条令

作为例行事项，即使你没有任何申报的东西，美国海关边境局也有可能会搜索你的财物。完整的海关条例列表在http://www.cbp.gov可以查到，但以下是一些常见的问题：满18周岁，每人可携带最多200根香烟、100支雪茄。满21周岁，每人可携带一公升的酒精饮料。礼品和购买物品价值最高总计为100美元。任何一个携带至少1万美元现金的旅客（不管是美元还是其他币种）都需申报。赝品、古巴雪茄、大部分农作物、肉类、与药物相关的设备，如果你试图带以上物品入境，将会被没收；携带任何非法药物，都将会被检控。

边境入境

从加拿大或者墨西哥进入美国，除了护照和签证之外，还需要其他的一些文件：

1. 驾照（加拿大和墨西哥的驾驶许可证可以使用，国际驾照通行）
2. 已登记注册的车辆
3. 上保证明

入境时间取决于过境口岸。目前的等待时间会每小时在美国海关边境保护局的网站bwt.cbp.gov更新一遍。

⑥ 美国驻华大使馆和领事馆

美国驻华大使馆（北京）

签证面谈在两个地点进行，请查看预约信，确定您的面谈地点。

新馆地址： 北京安家楼路55号，邮编：100600

日坛分部： 北京建国门外秀水东街2号，邮编：100600

网址： http://beijing.usembassy-china.org.cn/index.html

美国驻成都总领事馆

地址： 四川省成都市领事馆路4号，邮编：610041

网址： http://chengdu.usembassy-china.org.cn/index.html

美国驻广州总领事馆

地址： 广州天河区珠江新城华夏路（靠近地铁3号线或5号线珠江新城站B1出口），邮编：510627

网址： http://guangzhou.usembassy-china.org.cn/index.html

美国驻上海总领事馆

地址： 上海南京西路1038号梅龙镇广场8楼，邮编：200041

网址： http://shanghai.usembassy-china.org.cn/index.html

美国驻沈阳总领事馆

地址： 辽宁省沈阳市和平区十四纬路52号，邮编：110003

网址： http://shenyang.usembassy-china.org.cn/index.html

速度行美国！
AMERICA HOW

① 航空

美国的航空交通十分发达，大多数城市都建有机场，不但开通多条国内航线，还和世界上大多数国家通航，形成复杂而又完善的空中交通网。在最近的一项调查中发现，全世界前30个最繁忙的机场中，美国就占据了一半以上，其中纽约约翰·菲茨杰拉德·肯尼迪国际机场名列第一。

② 铁路

美国拥有横贯其大陆的铁路网络，铁路运输系统也是世界先进的，且美国的铁路总长度位居世界第一。尽管铁路交通四通八达，几乎乘火车能到达美国的任何一个角落，但是美国的铁路客运交通并不如欧洲国家发达，因为美国幅员辽阔，城市之间的长距离往来，大都通过航空运输实现，这样既节省时间，又方便、舒适。

③ 公路

美国拥有完整而便捷的公路交通运输网络，由于汽车产业在美国的发展相当早，很多大城市都很注重公路建设，为了连接广阔的国土，美国设计并建造了高通行量、高速度的高速公路，可以说美国的国家交通系统主要是依赖这些高速公路网，尤其是州际高速公路系统的建设与贯通。

④ 水运

美国境内河网密布，湖泊众多，水运交通发达。美国有许多港口，最繁忙的是加利福尼亚州的洛杉矶港和长堤港，以及纽约港，它们全都是世界上最繁忙的港口。另外，五大湖区（苏必利尔湖、密歇根湖、伊利湖、休伦湖、安大略湖）也有船运交通，并与密西西比河广泛连接，河的最下游直通大西洋，可以说美国的水运交通无论是对内还是对外，都是十分完善的。

⑤ 公共汽车

美国城市的公共汽车交通相对其他发达国家较为薄弱，人们出行更多的是使用私人汽车。但是这并不等于说美国各大城市的公共汽车不发挥重要作用。以纽约为例，目前纽约有超过200条的公共汽车线路，在纽约五大城区纵横交错，减轻了纽约市内交通的压力。纽约公共汽车票价为2美元，地铁票如果在2小时有效期内也可以免费乘公共汽车。

⑥ 出租车

美国各大城市的出租车起步价及收费标准并不统一，以纽约为例，纽约的黄色出租车是全世界最有名的出租车之一。出租车起步价为2.5美元/千米，之后每增加1/3千米或停车超过2分钟就增加40美分。如果是晚上打出租车，还要加收50美分的夜班运营费。此外，在美国乘出租车还有给小费的习惯。

⑦ 地铁

美国许多大城市都开通了地铁线路，比如纽约、芝加哥、洛杉矶、波士顿等，各地地铁各有特点。以纽约地铁为例，纽约地铁是全世界最庞大的地铁系统之一，其总长超过400千米，有车站500余座，并且24小时不间断运行。纽约地铁采取单一票价，2.25美元的车票从刷卡进站后可在2小时内任意换乘不同线路。

018

速度玩美国！

AMERICA HOW

美国推荐

10大人气好玩旅游热地

① 夏威夷

夏威夷就像是太平洋上亮丽的明珠，它是美国第50个州，也是美国最热门的旅游胜地之一，这里有炽热的火山，有洁白的沙滩，有碧绿的海水，勾勒出一幅美丽的海滨风光画卷。每年这里都会迎来大批世界各地的游客，多达上百万人。现在，连夏威夷周边的瓦胡岛、考爱岛、毛伊岛等，也成了让人心驰神往的旅游胜地。

② 加州迪士尼乐园

加州迪士尼乐园，举世闻名，享誉全球，它开办于1955年7月17日，是世界上第一个迪士尼主题乐园，被人们誉为"地球上最快乐的地方"。置身其中，就像走进了童话世界，让人流连忘返，乐不思归。

019

③ 科罗拉多大峡谷

有人说，在太空唯一可用肉眼看到的地球自然景观就是科罗拉多大峡谷。科罗拉多大峡谷是一处举世闻名的自然奇观，全长446千米，平均宽度16千米，形状极不规则，大致呈东西走向，蜿蜒曲折，像一条桀骜不驯的巨蟒，匍匐于凯巴布高原之上。

⑤ 尼亚加拉瀑布

每个观赏过尼亚加拉瀑布的游人，无不被它那澎湃的气势、壮丽的景观所震撼。尼亚加拉瀑布是北美东北部尼亚加拉河上的大瀑布，也是美洲大陆最著名的奇景之一，与伊瓜苏瀑布、维多利亚瀑布并称为"世界三大跨国瀑布"。

④ 黄石国家公园

黄石国家公园建于1872年，是世界上最早的国家公园，被美国人自豪地称为"地球上最独一无二的神奇乐园"。园内景观非常多，比如园内最大的湖是黄石湖，最大的河是黄石河，最高峰为华许布恩峰等，这些都是不可错过的景观。另外，园内还有峡谷、瀑布、温泉等景点，大量的野生动物穿梭其间，整个公园生机勃勃。

⑥ 自由女神像

自由女神像全名为"自由女神铜像国家纪念碑"，被誉为美国的象征，是法国在1876年赠送给美国独立100周年的礼物。女神右手高举象征自由的火炬，左手捧着刻有"1776年7月4日"字样的《独立宣言》，脚下是打碎的手铐、脚镣和锁链，极富内涵。

美国推荐

⑦ 华尔街

有人说来美国旅行，不去华尔街逛一逛，就不能算是到过美国，的确，华尔街一词现已超越这条街道本身，成了美国乃至世界的金融中心。这里的看点非常多，比如亚托罗·迪·莫迪卡所雕塑的公牛可以说是华尔街的代表。此外联邦国家纪念堂和纽约证券交易所两大建筑也值得一观。

⑧ 白宫

白宫是美国总统官邸和办公室所在地，也可以说是美国的政治中心。它建于1792年，因为通体刷有白色油漆，所以被称作"白宫"。自从建成以来，从这里发出过无数改变美国乃至世界历史进程的政令。

⑨ 哈佛大学

几乎每个来美国旅行的游人，都要去世界上最有名的大学——哈佛大学参观一番。哈佛大学在全球享有盛誉，在世界各研究机构的排行榜中，经常名列第一位。历史上，哈佛大学的毕业生中共有8位曾当选为美国总统，现任的美国总统奥巴马就是哈佛大学毕业的。

⑩ 中央公园

中央公园被誉为美国最美的城市公园，也被戏称为"纽约的后花园"。这座公园呈长方形，大片茂密的树林和草坪与周围的高楼大厦形成了鲜明的对比，犹如这个喧嚣的大都市中的世外桃源。公园内有动物园、运动场、美术馆、剧院和儿童游乐场，在这里，游人可以放风筝、溜冰、晒太阳，享受美好的时光。

E 速度赏美国！
AMERICA HOW

10大人气好玩旅游城市

1 华盛顿

华盛顿为美国首都，是美国的政治和文化中心。华盛顿有众多的人文景观，有美国国会大厦、白宫、华盛顿纪念碑、杰斐逊纪念堂、林肯纪念堂等，大都免费对外开放，游客可以尽情参观、游览。

2 纽约

纽约是美国最大的城市，也是整个美国的金融中心和世界的经济中心，在4个传统"全球城市"（纽约、伦敦、巴黎、东京）中，纽约位居首位，被人们誉为"世界之都"。

3 洛杉矶

洛杉矶是位于美国西岸、加州南部的城市，是美国的第二大城市，这里拥有的科学家和工程技术人员的数量位居全球第一，可以说是美国乃至世界的科技中心。

4 旧金山

旧金山三面环水，环境优美，是一座山城。旧金山最有名的风景是缆车、金门大桥、海湾大桥、泛美金字塔等。旧金山看上去像是欧洲的翻版，因为这里有太多的咖啡屋及娱乐场所，很多人来这里旅游、度假。

美国推荐

⑤ 波士顿

波士顿位于美国东北部、大西洋沿岸，是美国马萨诸塞州的首府，创建于1630年，是美国最古老、最有文化价值的城市之一。

⑥ 亚特兰大

亚特兰大是美国三大高地城市之一，这里气候温暖，环境优美，每年春天到处盛开着白色的山茱萸花，故有"山茱萸城"之称。1996年第26届世界奥运会在此举行，奠定了亚特兰大在世界上的地位。

⑦ 休斯敦

休斯敦是美国第四大城市，也是世界上著名的太空城，位于该市的约翰逊航天中心，成功地指挥了人类首次登月之旅。

⑧ 芝加哥

芝加哥是美国仅次于纽约和洛杉矶的第三大城市，也是美国最为重要的金融、文化、制造业、期货和商品交易中心之一。芝加哥最大的特点就是气候变化无常，尤其是风大、温差大。

⑨ 迈阿密

迈阿密是国际性的大都市，在金融、商业、媒体、娱乐、艺术和国际贸易等方面拥有重要的地位。因与北美洲、南美洲、中美洲以及加勒比海地区在文化和语言上关系密切，还被称为"美洲的首都"。

⑩ 费城

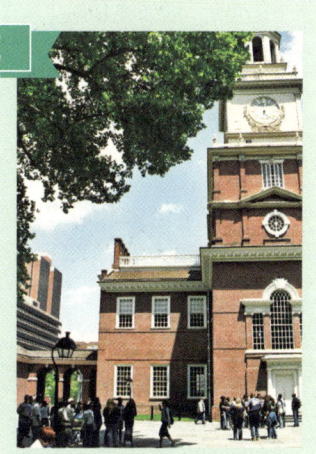

素有"友爱之城"美称的费城是美国最古老、最具历史感的城市，在美国城市中排名第四，在华盛顿建市前曾是美国的首都。因城市安静，适宜居住，还有"住家城"之称。

023

速度买美国！
AMERICA HOW

特色伴手好礼带回家

① 篮球用品

美国是世界公认的篮球之国，尤其是NBA，受到世界各国人民的欢迎。美国的篮球用品无论是数量，还是质量，都是世界上绝无仅有的，如果你喜欢篮球，可以在这里买到最新的篮球鞋、篮球服等作为旅游纪念品。

② 概念产品

美国街头有很多出售概念产品的商店，不妨去看看，里面有许多你想不到的东西，如间谍相机、马桶凳子、痰罐饭碗、太阳能手电筒等，都很新奇，受人青睐。

③ 数码产品

虽然说数码产品在哪里都能买到，但是要买最新潮的数码产品，还是要在美国。美国有很多著名的电子产品品牌，有代表性的如苹果，不仅新潮，而且型号全，质量好。

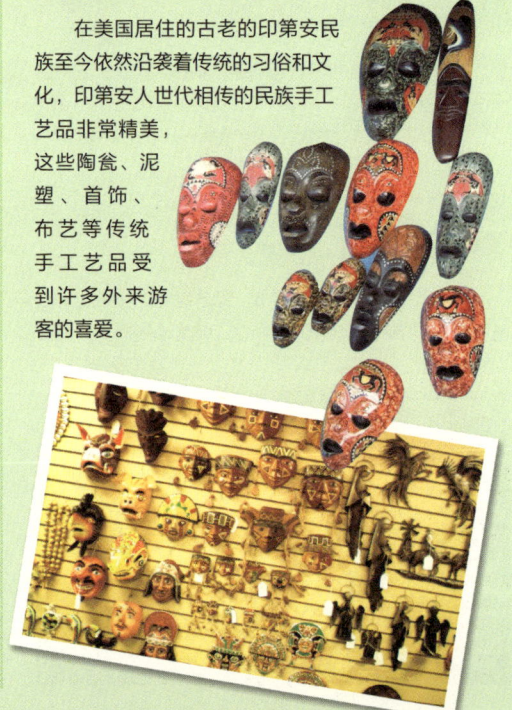

④ 印第安人的手工艺品

在美国居住的古老的印第安民族至今依然沿袭着传统的习俗和文化，印第安人世代相传的民族手工艺品非常精美，这些陶瓷、泥塑、首饰、布艺等传统手工艺品受到许多外来游客的喜爱。

美国推荐

⑤ 牛仔品牌

牛仔裤是美国本土的著名服饰，不仅在美国流行，在世界上其他国家也广受欢迎。目前，美国有很多世界闻名的牛仔裤品牌，其中LEVI'S是牛仔品牌中的佼佼者，这是以第一条牛仔裤发明人的名字为商标的品牌，可以说是牛仔裤中最古老的牌子。除了LEVI'S外，还有像Lee这样适合女性的牛仔品牌。

⑥ 美国山核桃

美国山核桃，又名"碧根果"、"长寿果"，是不可多得的美味干果，能补肾健脑、补中益气、润肌肤、乌须发，是美国的珍贵特产。

⑦ 化妆品

美国的化妆品享誉世界，各种高档化妆品让众多爱美的女性为之痴狂。如果选购美国化妆品，当然以美国本土的品牌为最好，也最便宜，比如倩碧、EL、契尔氏、BENEFIT、品木宣言等等，它们都因物美价廉而广受欢迎。

⑧ 夏威夷花链

夏威夷水域出产的粉红色、黑色和金黄色的珊瑚，在切割、打磨之后，被制作成绚丽芬芳的花链。夏威夷花链被看成夏威夷的一大象征，不同岛屿的花链样式不同，颜色各异，不过都十分精美。

⑨ 深海鱼油

美国出产的深海鱼油大多取自大西洋和太平洋深处的鱼类，这种深海鱼油有多种功能，比如可以疏通血管、健脑益智、增强记忆力、防止中风、预防动脉硬化等。

⑩ 花旗参

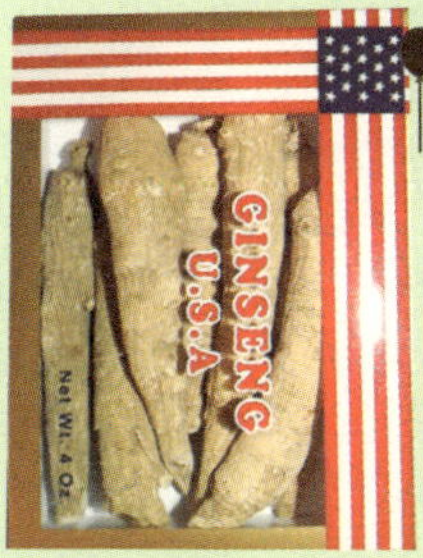

美国出产的花旗参是在没有污染的土地里种植而成的，品质好，药用价值高，用它来煮汤、冲茶都是很好的选择。

速度吃美国！
AMERICA HOW
10大特色风味 好吃美食

1 热狗

热狗是美国最普通、最流行的一种食品，它物美价廉，方便快捷，在美国大街小巷到处有卖。所谓热狗就是在剖开的长形小面包中夹一条香肠和一些蔬菜酱汁，食用前先烤热。现在比较有名的是布朗奇热狗。

3 特大啃

特大啃是最具创意的美国本土美食。这道菜通常在美国的一些盛大节日里才吃得到，比如感恩节、圣诞节。先是拿一只火鸡，然后塞只鸭子在它肚子里，再往鸭子肚子里塞只鸡，最后往鸡肚子里塞些香肠和熏肉，经过一番油炸，这道美食就完成了。

2 三明治

三明治是一种实用的餐点，19世纪在美国就流行了。今天，美国有多种口味的三明治，比较著名的有佛罗里达的古巴三明治、费城的芝士牛排三明治等。

4 科布色拉

科布色拉在美国十分受欢迎，不过美国人吃的科布色拉同欧洲人吃的绿青菜加红番茄是完全不同的，科布色拉是用熏肉、炸鸡肉、牛油果、鸡蛋粒、蓝奶酪等各种食材做成的。

美国推荐

⑤ 苹果派

在美国，苹果派人人会做，人人爱吃，它的制作也不难，苹果首先要拌成苹果泥，然后用面粉做成派皮，将苹果泥放入派皮，再放入烤炉内烤熟即可。

⑥ 布法罗辣鸡翅

布法罗辣鸡翅既不油腻，又很有口感。将鸡翅放到油中炸至焦脆，蘸着熔化了的Blue cheese一起吃，放在盘底的蔬菜因吸收了鸡翅上掉下的油，再普通的蔬菜也变美味了。

⑦ 纽约圈饼

圈饼是欧洲人发明的，但却是由19世纪的纽约人发扬光大的，在纽约任何一家转角小店都可以买到地道的圈饼。圈饼配上厚厚的奶油芝士和熏三文鱼，非常美味。

⑧ 波士顿蛤蜊杂烩

如果你去波士顿旅行，当地人一定会向你推荐波士顿蛤蜊杂烩这道美食。波士顿蛤蜊杂烩是一道海鲜大餐，不仅在波士顿，在美国其他城市也颇受欢迎。

⑨ 夏威夷沙律

夏威夷沙律是用夏威夷的多种特产做成的，然后加入个人喜欢的酱汁，具有夏威夷风情，清新爽口。

⑩ 阿拉斯加鳕鱼柳

阿拉斯加鳕鱼柳是一道很名贵的菜，它的原料是阿拉斯加深海鳕鱼。首先将鳕鱼切成块状，然后把调料和其他作料涂抹在鳕鱼块上，放入锅内炸至色泽金黄即可。

速度游美国！

AMERICA HOW

9天8夜计划书

DAY 1

💙 清晨 到达纽约

白天 纽约

纽约有诸多的看点，大部分景点集中在曼哈顿，比如中央公园、联合国总部、世界金融中心、帝国大厦、大中央总站、时代广场等都在这里，这里的每一处景观，在世界上都很出名。此外，美国自由女神像是每个来纽约旅行的游客最不容错过的景点，因为它是纽约乃至美国的标志，如果不到自由女神像前参观一番，就不能算是来过纽约。

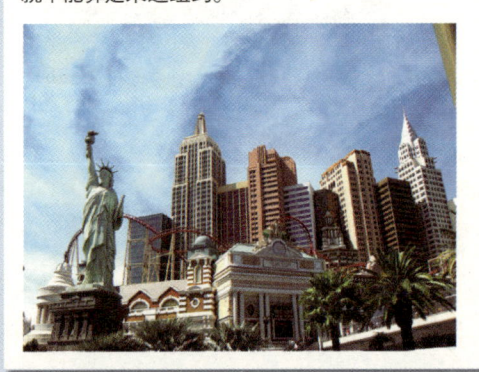

夜晚 华尔街

夜晚的华尔街灯火通明，大街小巷霓虹灯闪烁，非常美丽，被称为纽约夜晚最具魅力的地方。来纽约旅行，不到这里逛一逛会非常遗憾。在这里无论是购物，还是休闲、娱乐，都会让你流连忘返。另外，在这里哪怕是只待上片刻，也能感受到纽约的繁华气息。

DAY 2

白天 华盛顿

作为美国的首都，华盛顿汇集了各种各样的人文景观，首先是美国的总统府——白宫，一定要看一看，还有国会大厦、五角大楼等，都是世界知名的建筑。此外，华盛顿还有美国国家宇航博物馆、肯尼迪中心、华盛顿纪念碑、林肯纪念堂、国际间谍博物馆等，都值得游览一番。游客可以根据自己的喜好，有选择性地参观。

夜晚 乔治城街区

华盛顿的夜晚，非常热闹，尤其是乔治城街区，那里是华盛顿具有引领性的购物区，在这里可以随意搜罗从世界顶级品牌到潮流服饰，乃至古玩店和各类专营店的各种商品。此外，这里也有不少咖啡屋、餐馆、娱乐中心、俱乐部等，吸引了很多年轻人前来逛街购物、休闲娱乐。

得堡的爱尔米塔什美术馆齐名，历史悠久，展品丰富，堪称艺术的宝库。哈佛大学是世界上一流的高等学府，在全球享有很高的盛誉，从这里走出了多位诺尔奖获得者和政治家，美国有多位总统都毕业于该校，因此哈佛大学被称为"美国政府的思想库"。

DAY 4

白天 科罗拉多大峡谷 → 黄石国家公园

科罗拉多大峡谷就像是一条巨大的蟒蛇盘卧在凯巴布高原上，这是大自然的杰作，也是世界闻名的自然景观。大峡谷全长446千米，最深处可达1800多米，拥有世界上面积最大、最壮观的侵蚀地貌，身临其境，有一种说不出的粗犷之美。

举世闻名的黄石国家公园是世界上第一座国家公园，早在20世纪70年代就被列为世界自然遗产。公园内的自然景观独具特色，丰富多样，充分展现了大自然的鬼斧神工，比如经过多次火山爆发形成的熔岩高原，经过数次冰川运动形成的众多山谷、湖泊、瀑布、温泉等，无一不令人震撼。因为公园规模非常大，游客很难在一天内游览一遍，因此，很有必要去园内的历史古迹博物馆了解黄石公园的"前世今生"。

DAY 3

白天 波士顿公园 → 波士顿美术馆 → 哈佛大学

波士顿公园是美国最早的现代公园，公园景色优美，花草茂盛，池塘处处，是城市中难得的绿洲，这里已经成了波士顿市民休闲娱乐的场所。波士顿美术馆被称为"世界四大美术馆之一"，与纽约的大都会艺术博物馆、巴黎的卢浮宫、圣彼

美国推荐

029

DAY 5

白天 奥兰多海洋世界 → 肯尼迪航天中心 → 狂野水上乐园

　　奥兰多海洋世界是全球第二大海洋主题公园，在这里游客可以和海豚、海牛、企鹅、鲸鱼等各种海洋动物近距离接触，欣赏精彩绝伦的海洋动物表演。除此之外，游客还可以体验各种惊险刺激的模拟场景等游乐项目，乐不思归。

　　肯尼迪航天中心是美国最大的航天器发射场，可以说是人类探索宇宙的起点，从美国第一颗人造卫星到航天飞机都是从这里发射成功的。目前，这里设有参观者中心，游客在了解美国的航天发展历史的同时，甚至可以体验著名的"阿波罗号"飞船的起飞和着陆。

　　狂野水上乐园一直是美国最大、最受欢迎的水上乐园，在世界上有很高的知名度，这里的设施一流，娱乐项目惊险刺激，尤其是那世界最高的水上滑梯、世界首创的炸弹舱和造浪池等，受到青少年及外来游客的喜爱。此外，还有儿童乐园、老年之家等，总之，在这里无论男女老幼，都能找到属于自己的一片欢乐天地。

DAY 6

白天 加州迪士尼乐园 → 好莱坞环球影城

　　加州迪士尼乐园在世界上享有极高的盛誉，令世人向往。走进加州迪士尼乐园，就像是走进了一个魔幻的世界，里面的一切都让人感到新奇。加州迪士尼乐园是美国动画片大师华特·迪士尼兴建的第一座迪士尼乐园。这里汇集了世界各地迪士尼乐园的精髓，拥有丰富的游乐项目，包括经典的加勒比海盗、幽灵公馆、马特洪雪岭、森林河流之旅、华特·迪士尼魔幻音乐屋、小小世界、印第安纳琼斯历险等，受到了世界各地的游客的欢迎。

　　好莱坞环球影城可以说是美国的一个文化中心，因为在这里拍摄过许多经典的电影而闻名全球。这里有完善的设备、先进的技术及诸多丰富的场景。此外，影城中心还为游客提供了亲身体验电影拍摄的机会；娱乐中心则有很多精彩的表演项目，史瑞克4D影院更是环球影城的一个重要景点。总之，游客置身于好莱坞环球影城，不但可以享受精美的"视觉盛宴"，还能体会"剧中人"的感觉。

美国推荐

DAY 7

白天 金门大桥 → 泛美金字塔 → 硅谷 → 斯坦福大学

金门大桥像一条巨龙横跨加利福尼亚州的金门海峡，可以说它是近代桥梁工程的一个奇迹，被看成旧金山的标志。金门大桥全长2737米，呈橘红色，外形宏伟壮观。到了夜晚，金门大桥上灯光明亮，是旧金山夜空中的一道亮丽的风景线。

泛美金字塔是旧金山最高的摩天大楼，也是旧金山最高的后现代主义建筑，大楼采用四面金字塔造型，刚建成时并不受人们欢迎，曾被称为"地狱刺出的利剑"和"印第安人的帐篷"，不过现在成了人们眼中的城市地标。

硅谷可以说是世界科技中心，被人们誉为"美国高新技术的摇篮"和"全世界的人才高地"，硅谷甚至成了世界各国高科技聚集区的代名词。目前，这里汇集了大批的电子工业公司，包括思科、英特尔、惠普、苹果等世界知名的大企业。

斯坦福大学是一所私人大学，也是世界公认的最杰出的大学之一，素有"美国西岸的哈佛"之称。斯坦福大学为现代高科技产业做出了重大贡献，硅谷的科技力量主要依托于斯坦福大学。

DAY 8

白天 西雅图音乐体验馆 → 奥林匹克国家公园

西雅图音乐体验馆是一座十分新颖的建筑，建筑外部由3000枚不锈钢片和铝片组成，色彩明亮，展现了音乐的力度与流动之美。但是这座建筑从远处看上去并不美观，曾被评为世界上最丑陋的建筑之一。体验馆内最受欢迎的是互动房间，在那里游客可以亲手操作吉他、鼓、键盘、DJ转盘等，演奏出意想不到的美妙音乐。

奥林匹克国家公园犹如一本地理大百科全书，它濒临太平洋，由雪山、温带雨林、海滨等三个截然不同的部分组成，让游客在一次游览中体验一年四季的气候和生态环境。公园内最美丽的景点是暴风山脊，在山顶眺望白雪覆盖、连绵不绝的奥林匹克山脉的壮丽景观，令人赞叹不已。

DAY 9

白天 夏威夷

世界上很难找到像夏威夷这样一个令人身心完全放松的热带环境，虽然夏威夷地处热带，但是气候温和，风光明媚，海滩迷人，每一个来到这里的游人无不被它那特有的魅力所吸引。夏威夷全年的气温变化不大，没有季节之分，风和日丽，水蓝天青，宜游泳、冲浪、荡舟，也可以捕鱼，无论什么时节，这里都是游人如织，热闹异常，可以说夏威夷是世界上最著名的旅游度假胜地之一。

美国
攻略HOW

Part.1 纽约·华尔街

狭窄的华尔街两侧汇集了美国众多知名企业办事处，是纽约乃至美国和世界的经济、金融中心。

纽约·华尔街 特别看点！

美国攻略 / 纽约·华尔街

第1名！ 华尔街！
100分！ 
★ 闻名于世的美国金融大街，最具影响力的帝国金融中心！

第2名！ 世界金融中心！
90分！
★ 纽约的地标性建筑，最为摩登的建筑群！

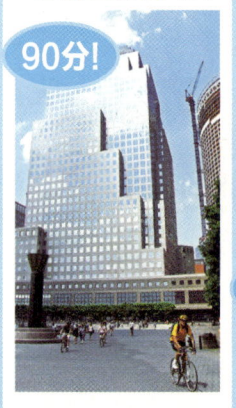

第3名！ 世贸中心纪念馆！
75分！
★ 9·11事件的纪念地，当时全世界最高的摩天大楼！

01 华尔街 100分！
美国的金融中心 ★★★★★ 赏

Tips
- wall street, NY 10005
- 乘地铁在Wall St.站出站步行1分钟即可到达

华尔街位于纽约曼哈顿南部，是一条宽11米、全长500多米的街道。由于这里聚集了众多知名企业的办事处，横跨曼哈顿的金融中心，而且是纽约证券交易所、纳斯达克、美国证券交易所、纽约商业交易所和纽约期货交易所等几个主要交易所的总部所在地。因此，"华尔街"一词超越了街道本身，成为影响美国经济的金融市场和机构的代名词。由意大利艺术家亚托罗·迪·莫迪卡创作的公牛雕塑可以说是华尔街的代表，是来到纽约的观光客必看的景点之一，被看成纽约人勇气和力量的象征。除此之外，联邦国家纪念堂和纽约证券交易所也是华尔街上最著名的建筑物。联邦国家纪念堂历史悠久，是乔治·华盛顿就任第一任美国总统的地方，记载了美国的发展历史。纽约证券交易所是世界上最大的证券交易所，见证了美国的经济发展。

02 世界金融中心 90分!
纽约的地标性建筑 ★★★★★ 赏

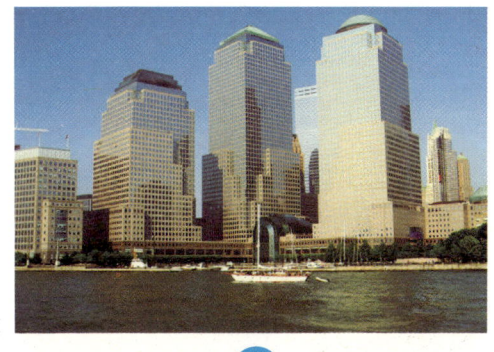

位于纽约世界贸易中心遗址附近的世界金融中心是纽约曼哈顿下城区的著名地标性建筑，面向哈得逊河，由美国著名建筑师西萨·佩里设计建造。世界金融中心由4座后现代主义建筑风格的摩天大楼组成，大楼之间通过空中走道连接，空中走道经常有世界一流水平的摄影艺术作品展供人们免费参观。4座摩天大楼都是办公大厦，其中著名的租户有道琼斯公司、雷曼兄弟、美林集团、美国运通、美国证券交易委员会等。这里还有一座由铜架和玻璃构建的大型公共空间——冬之花园，宽敞明亮，汇集了40多家餐厅和商店，是人们休闲放松的好地方。

Tips
- World Financial Center, NY 10281-1003
- 乘地铁在World Trade Center站出站步行5分钟即可到达 ☎ 212-417-7000

美国攻略　纽约·华尔街

03 世贸中心纪念馆 75分!
9.11事件纪念地 ★★★★★ 赏

世贸中心曾经是世界上最高的摩天大楼，也是纽约重要的观光点之一，在顶层可以眺望曼哈顿全景、蓝色海湾中的自由女神像、高耸的帝国大厦，领略纽约的风采。不幸的是，2001年9月11日，世贸中心双塔楼被恐怖分子劫持的两架飞机撞击倒塌。现在，世贸中心的遗址上已建成一座世贸中心纪念馆。纪念馆的主题设计由两座寓意"反思"的水池和一个鹅卵石铺就的广场组成，两座水池建于地下9米的位置，通过地下通道相互连接，在"9·11"恐怖袭击事件中不幸罹难的人们的名字都被刻在"反思池"周围的石头上。除此之外，纪念馆还设有专门的地方供人们寄托哀思。

Tips
- 120 Liberty Street, NY 10006
- 乘地铁在Wall St.站出站步行3分钟即可到达 ☎ 866-737-1184 ￥10美元

035

美国攻略

纽约·华尔街

04 圣三一教堂
典型的哥特式教堂 ★★★★ 赏

Tips
🏠 74 Trinity Place, NY 10006　🚇 乘地铁在Wall St.站出站步行1分钟即可到达　☎ 212-602-0800

位于纽约华尔街的圣三一教堂建于1825年，曾是19世纪初纽约最高的建筑，是一座典型的哥特式教堂，外墙上有大量古老的圣经故事的浮雕，显得古朴典雅。教堂面向华尔街，见证了华尔街起起落落的发展历程。在圣三一教堂西侧有一块墓地，安葬着很多著名的金融界大亨和政治界名人，其中包括为美国经济做出重要贡献、被称为"美国经济之父"的汉密尔顿。

05 滚球草地
纽约最早的公园之一 ★★★★★ 玩

Tips
🏠 Bowling Green, NY 10004　🚇 乘地铁在Bowling Green站出站

滚球草地是纽约最早的公园之一，曾是荷兰移民重要的公共活动区域。如今，公园的围栏仍然保留着18世纪的样子，园内还有很多古老的煤气路灯和英国国王雕像，充满了古典氛围。同时，这里也是草地滚球运动的专用场地，这项运动将运动竞技与休闲娱乐集于一体，曾是英国皇室的专利，至今已有数百年的历史。

06 法兰西斯客栈博物馆
美国国家历史名胜之一 ★★★★ 赏

Tips
📍 Fraunces Tavern Museum Pearl Street, NY 🚇 乘地铁在Bowling Green站出站步行3分钟即可到达 ☎ 212-425-1778 ¥ 10美元

法兰西斯客栈博物馆始建于1719年，曾是一个民居，1762年改建为旅馆。它在美国独立战争时期起到了重要作用，乔治·华盛顿总统曾在这里对陆军进行告别演说，战争结束后，美国成立初期，这里曾是美国财政部和外交部等重要部门的办公场所。1970年，这里被建成了一座博物馆，收藏了美国殖民地时期、革命战争时期，以及共和国早期的很多文物，其中包括乔治·华盛顿的一绺头发和全世界最多的约翰·沃德邓斯莫尔的画作。1978年，法兰西斯客栈博物馆被标记为纽约的历史区。2008年，这里被列为美国国家历史名胜。

07 国立美洲印第安人博物馆
展现美洲印第安人历史文化的窗口 ★★★★ 赏

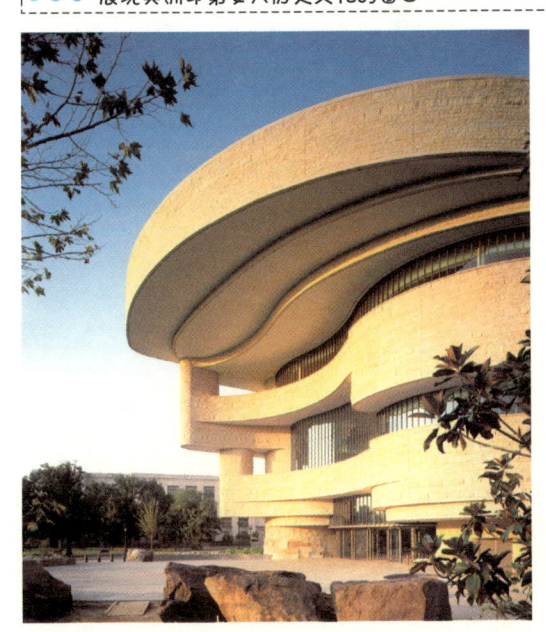

随着美国政府开始认识到印第安人作为美洲土地原始的主人的重要性，以及保护文化多元性的迫切需要，美国政府建成了国立美洲印第安人博物馆，这是美国第一家国家级的关于原住民的博物馆。博物馆外墙由明尼苏达石灰石建成，呈不规则的波浪形状，代表了美国西南部的沙漠峡谷经过千百年风雨侵蚀后所形成的独特地貌。馆内藏品主要包括美洲印第安人从古至今所制作的陶器、纺织品、雕塑、绘画、日常用品等，让游客能够充分感受到古老的印第安风情。博物馆周围还种有上百种植物，划分为"森林"、"湿地"、"草场"和"传统种植区"，并且散布着40多块古代印第安人常用的建筑岩石，象征着历史在这片土地上延续，主办者希望这座博物馆不仅见证印第安人的历史，还要将印第安人的文化传承下去。

Tips
📍 1 Bowling Grn # 1, NY 10004-1415 🚇 乘地铁在Bowling Green站出站步行1分钟即可到达 ☎ 212-514-3700

美国攻略 · 纽约·华尔街

美国
攻略HOW

Part.2 纽约·唐人街

美国的纽约唐人街在1890年正式形成，英文名称是Chinatown，直译为"中国城"。唐人街位于纽约市曼哈顿区，西起百老汇大街，东到Essex大街，北起Grand大街和Hester大街，南至Worth大街和Henry大街。唐人街是海外华人最大的居住地和商业区，有着得天独厚的地理位置，它饱经沧桑，见证了海外华人壮大的历史。

纽约·唐人街 特别看点！

美国攻略

纽约·唐人街

第1名！
唐人街！
100分！
★ 世界上最大的海外华人居住地！

第2名！
SOHO区！
90分！
★ 时尚新潮的商业中心，艺术家的天堂！

第3名！
伍尔沃斯大楼！
75分！
★ 新哥特式的摩登大楼，历史悠久的传奇之地！

01 谢莫亨排屋
纽约首富修建的红砖仓库 ★★★★ 赏

谢莫亨排屋位于纽约南街海港，全部采用红砖建造，是美国典型的联邦风格建筑，凝聚着厚重的历史感。排屋是由美国纽约曾经的首富彼得·谢莫亨投资建造的，是海港地区最主要的商业区，如今已经成为南街海港重要的地标性建筑，而且经过改建，新增了很多商店、餐厅及博物馆。

Tips
📍 Schermerhorn St. Brooklyn, NY 🚇 乘地铁在Fulton St.站出站，步行5分钟即可到达

040

02 SOHO区 (90分!)

时尚新潮的纽约老街区 买

Tips
🚇 乘地铁在Prince St.站出站

位于纽约下城区的SOHO区面积不大，但却因其独特时尚的艺术风格而受到人们的喜爱，成为到纽约旅游必去的地方。而且，这里也是纽约的一个商业中心，有近600家百货、服装、饰品店，包括珠宝、服饰、化妆品、家居用品、文具等，PRADA、CHANEL、LV等世界知名奢侈品牌也在其中。除此之外，这里还是一个艺术中心，有很多画廊、古董店等。虽然建筑的外表陈旧，原是一些厂房和仓库，让人很难把它与商业艺术中心联系在一起，但如今经过艺术家们的设计和装饰，建筑的内部却别有一番天地。因此，SOHO区发展成了集居住、商业和艺术为一身的社区，被称为"艺术家的天堂"，而且是"时尚"的代名词。人们来到这里不仅是为了购物，更是为了享受这里的创意和设计。

03 唐人街 (100分!)

被称为"中国城" 玩

Tips
📍 Chinatown, NY   🚇 乘地铁在Canal St.站出站步行2分钟即可到达

"唐人街"是海外华人聚居区的统称，几乎世界上所有的大型城市都有唐人街，其中纽约唐人街算是世界上最大的海外华人居住区，2008年时已有80万华人居住在这里。纽约华人街地理位置优越，位于纽约曼哈顿南端，与纽约市政府、国际金融中心华尔街和世界表演艺术中心百老汇相邻。由于华人街居住的几乎全部是华人，因此这里遍布中文招牌，通用语言也是汉语，饮食也以中餐为主，而且道路两旁的商店里和食品摊上都堆满了各种各样的中国食品和物品。在这里，到处都是我们熟悉的文化、语言、风味，因此这里也成为海外游子的精神寄托。纽约唐人街还有两座地标性雕塑，分别是孔子和林则徐。在贝亚德大街上有一座唐人街历史馆，通过照片和图片的形式，展现了华人在美国的发展历史，还收藏有很多中国传统艺术品。

美国攻略 · 纽约 · 唐人街

041

美国攻略

纽约·唐人街

04 小意大利
●●● 意大利移民聚居区 ★★★★★ 玩

Tips
🏠 Little Italy, NY　🚇 乘地铁在Grand St.站出站步行3分钟即可到达

纽约小意大利与唐人街相邻，是纽约最大的意大利移民聚集区。从20世纪初开始，初来美国的意大利移民就住在这里。如今，随着意大利移民数量的增加，这里已经有了很多意大利传统风格的建筑，并开设了很多意大利餐厅、咖啡厅、商店。游客在小意大利区不仅可以品尝正宗的意大利风味美食，购买意大利风格的商品，还可以欣赏华丽的意大利文艺复兴风格的建筑群。

05 布里克街
●●● 充满意大利风情的街区 ★★★★★ 玩

Tips
🏠 Bleecker Street, NY　🚇 乘地铁在Bleecker St.站出站

布里克街位于纽约著名的意大利社区，这里被称为"小意大利"。街道两边随处可见意大利风格的食品店、酒吧等场所，而且意大利美食风味正宗，受到很多美国人和意大利人的青睐。在这里经常可以看见当地居民拿着篮子游走在蔬菜店、乳制品店、肉类店之间，不一会儿，篮子就装满了。这里还有纽约最好的比萨店和冰淇淋店。有些店铺或酒吧还会播放激烈、精彩的意甲联赛，吸引了很多球迷的目光。

042

06 南街海港博物馆
记载航海历史的场馆 ★★★★ 赏

南街海港曾是一个繁忙的港口，主要与布鲁克林区进行交通往来。布鲁克林大桥建成后，南街海港没落后又重生，成为如今充满怀旧气氛的休闲区，集露天商业街、商场和历史景点于一体。南街海港博物馆位于南街海港的购物区内，迄今仍保有19世纪初期的风貌，典雅古朴。博物馆内部装潢以加勒比海的蓝色调为主，带给游客们特别的海洋感觉。南街海港博物馆除了传统的室内展览馆外，还有一个室外展览馆，停靠着很多帆船供游客参观，其中包括1885年的三桅帆船"拓荒者号"、1891年的渔船"豪华号"，以及1911年曾与中国通商使用的商船"美国号"。在博物馆周围还有很多手工艺品店和小型商店，到了周末和节日，还能看到众多卖艺者的表演。

Tips
- 12 Fulton Streets, Pier 17, NY 10038
- 乘地铁在Fulton St.站出站步行5分钟即可到达
- 212-748-8600　¥12美元

07 伍尔沃斯大楼
纽约最传奇的大楼 75分! ★★★★ 赏

伍尔沃斯大楼由著名建筑师Cass Gilbert设计，建成于1913年，历史悠久，高241米，曾是世界上最高的大楼。建筑采用新哥特式风格，笔直的线条加上高耸的尖塔，是美学和高度的完美统一。伍尔沃斯大楼有很多精美的浮雕、金银线装饰和绘画，这样华丽的雕琢在纽约众多摩天大楼中很少见。虽然伍尔沃斯大楼在建造技术上没有什么创新，但在大楼的电梯设计上进行了改进，提高了电梯的速度和安全性，给人以巨大的震撼。

Tips
- 233 Broadway, NY 10279
- 乘地铁在Park Place 站出站步行1分钟即可到达
- 212-233-2720

美国攻略　纽约·唐人街

08 圣保罗礼拜堂
乔治亚风格的老教堂　赏

圣保罗礼拜堂是一座乔治亚风格的礼拜堂，建成于1766年，历史悠久。1789年曾在这里举行纪念乔治·华盛顿总统就职的感恩节仪式，当时华盛顿总统坐过的座椅已经成为圣保罗礼拜堂的收藏品。在"9·11"袭击事件中，圣保罗礼拜堂不仅没有受到任何损坏，还成为重要的营救和恢复工作的场所。在礼拜堂后面还有一块墓地，墓地上有一口伦敦赠送的表达对纽约人民的声援和祝福的铜钟，名为"希望之钟"。

Tips
209 Broadway, NY 10007-2977　乘地铁在Park Place站出站步行2分钟即可到达　212-233-4164

09 商人之家博物馆
商人住宅改建的博物馆　赏

Tips
29 East 4th Street, NY 10003-7003　乘地铁在Astor Place站出站　212-777-1089　10美元

位于华盛顿广场附近的商人之家博物馆是纽约唯一一座内外都保存完好的19世纪住宅。它建于1832年，曾是美国著名富商崔德威尔家族的住所，如今已变成了一座反映纽约旧时风貌的博物馆。博物馆采用当时流行的文艺复兴时期的建筑风格，典雅的红砖和白色的大理石给人一种古典的感觉。博物馆内有3000多件藏品，包括家具、装饰、服装、照片、书籍、家居用品和个人物品，所有物品的摆放完全保持原样，让游客能够感受到19世纪纽约富豪的生活方式。此外，这里还是著名的"曼哈顿的鬼屋"，传说崔德威尔家族的格特鲁德·崔德威尔因被禁止与真爱结婚而郁郁而终，死后依旧游荡在这里。到了万圣节，这里就会被装饰得富有恐怖色彩，房间也会被布置成19世纪葬礼的样子。

10 库珀联合学院
美国最难申请的大学之一 ★★★★★ 赏

Tips
41 Cooper Square, NY 10003　乘地铁在Astor Place站出站　212-677-7222

位于纽约曼哈顿阿斯特广场附近的库珀联合学院是一所著名的私立大学，至今已有150多年的历史，下设建筑、艺术和工程三个学院。库珀联合学院经常被美国国家级新闻机构评为北部学士级大学首位，而且是美国少数能够提供给全部学生全额奖学金的院校之一，因此，这里的申请难度与常春藤盟校不相上下，成为美国最难申请的院校之一。如今，库珀联合学院最引人注目的是它的新教学楼，这座由普利兹克奖得主Thom Mayne设计的陨石造型建筑，打破了传统的建筑形式。建筑表面棱角分明，在阳光的照射下闪着金色的光芒，表面的裂纹让建筑更加具有视觉冲击力。建筑内部采用自然采光和电气照明结合的方式，自然采光能根据天气、时间和季节进行变化，而电气照明会随着与建筑物核心距离的变化而变化，越接近核心，灯光越强烈和温暖。因此，整个建筑看起来更像是一件精美的艺术品。

11 新当代艺术博物馆
造型奇特的现代艺术建筑 ★★★★★ 赏

新当代艺术博物馆是纽约市中心第一座大型的艺术博物馆，由日本著名建筑师Kazuyo Sejima和Ryue Nishizawa组建的SANAA工作室设计完成，共7层楼。建筑外形独特，采用新的结构方式建造，庞大不规则的矩形盒子造型，就像是小孩在堆积木一般，与附近的老旧建筑形成了鲜明的对比。大楼裹着一层亮白的外衣，银色镀铝的金属丝经过光线的照射产生折射，使整栋大楼微微闪烁发亮。博物馆内设有画廊、剧院、咖啡厅、商店、教育区，以及多重的屋顶阳台等，陈列了很多现代艺术作品，被康德·纳斯特誉为"建筑七大奇迹之一"，为城市带来了新气息。博物馆每年还会举办抽象艺术、装置艺术等主题的当代艺术展，以及媒体艺术展供游客参观和欣赏。

Tips
New Museum of Contemporary Art Offices 583 Broadway, NY 10012　乘地铁在2nd Ave.站出站　212-219-1222

美国攻略　纽约·唐人街

12 | 纽约市消防博物馆
展示纽约消防历史的窗口　★★★　赏

Tips
- 278 Spring Street NY 10014　乘地铁在Spring St.站出站　212-691-1303　7美元

纽约市消防博物馆在美国有着举足轻重的地位，不仅记录和见证了美国的消防发展史，还见证了纽约的发展史。博物馆内藏品门类齐全、数量繁多，包括了从18世纪直到现在的消防器材和相关资料。从早期的灭火桶、头盔、消防帽、皮带、灯具、消防车辆到现代的消防部门的服装、器材，以及防火材料等，甚至是"9·11"事件中使用的救火车残骸等，应有尽有，都可以在这里看到。除此之外，博物馆还有退休的消防员为游客们讲解消防知识和火灾现场的自救知识，提高人们的消防意识。而且，由于大多数火灾都发生在日常家居环境中，所以博物馆里专门设计了模拟居室，用来模拟火灾现场，供游客进行学习和体验。

13 | 凯兹熟食店
以熏牛肉三明治和热狗而出名　★★★★　吃

位于纽约曼哈顿下东城的凯兹熟食店成立于19世纪末期，可以说是纽约最古老的熟食店，也是下东城最著名的餐馆。凯兹熟食店虽然外表看上去破旧不堪，但食品绝对让人赞不绝口，特别是熏牛肉三明治，可以称为"三明治之王"。这里店堂很大，四周的墙壁上挂满了名人来用餐时的留影，可以看出其著名程度。除此之外，这里还吸引了很多电影人，电影《当哈利遇见莎莉》就曾在这里取景。

Tips
- 205 E Houston St. NY 10002　乘地铁在2nd Ave.站出站步行3分钟即可到达　212-254-2246

14 | 诺利塔区
纽约的潮流象征　★★★★　玩

位于纽约小意大利北部的诺利塔区与SOHO区仅一街之隔，这里没有SOHO区的世界知名奢侈品牌和知名精品旅馆，有的是一些设计独特、数量少的潮流物件，以及食品口味特别、座位不多的精致餐厅。而且，这里的店铺都充满了意大利风情，除了服装、饰品，还有纽约最好吃的比萨、意大利冰淇淋等意大利风味的美食，让人们充分体验这里的地中海风情。现在，诺利塔区已经成为纽约的潮流象征，沿街而立的古灵精怪的小店和古老的咖啡厅、小餐室不仅吸引了来自世界各地、崇尚潮流的观光客，就连好莱坞巨星都会来光顾。

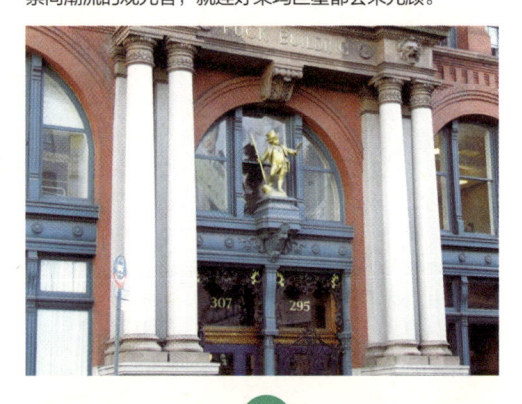

Tips
- Nolita, NY　乘地铁在2nd Ave.站出站

15 华盛顿广场公园

纽约最具波西米亚风情的地方 ★★★★★ 玩

Tips
📍 Washington Square Park, NY 10012 🚇 乘地铁在West 4th St.站出站 ☎ 212-387-7676

美国攻略

纽约·唐人街

位于纽约格林威治村和东村中间的华盛顿广场公园是纽约最著名的公园之一，与纽约大学毗邻，是纽约大学举行毕业典礼的常用场所，也是纽约人流行的聚会场所。广场上还有很多街头艺人和乐队进行表演，因此华盛顿广场公园还是纽约最前卫的文化中心。华盛顿广场最醒目的建筑是一座形如凯旋门的大理石拱门，由设计师史丹利·怀特设计，为纪念乔治·华盛顿宣誓就职100周年而建造的。在拱门两侧还有两个华盛顿的雕塑，左侧是战争时期的华盛顿，右侧是和平时期的华盛顿。广场公园正中央有一个巨大的喷泉，是纽约最著名的景点之一，吸引了大批游客前来参观。公园内还有很多纪念雕像和长椅、野餐桌、游乐设施等供游客休闲放松。每年春、秋两季，这里会举行大型的户外艺术节，是纽约最具活力的户外空间。

16 McSorley's Old Ale House

号称美国最古老的酒吧 ★★★★ 赏

Tips
📍 15 East 7th Street, NY 10003-8001 🚇 乘地铁在Astor Place站出站 ☎ 212-474-9148

位于纽约曼哈顿东村附近的McSorley's Old Ale House是纽约最古老的酒吧，至今已有150多年的历史。这里曾是最后一个恪守传统的禁止妇女进入的酒吧，直到1970年遭到了国家妇女组织的抗议才被迫对女性开放。酒吧内的装饰继续沿用过去的风格，古老的艺术品、贴满墙壁的报纸，以及旧式的木地板让人仿佛置身于19世纪。McSorley's Old Ale House这种独特的风格吸引了很多顾客，其中包括美国总统林肯、罗斯福，以及彼得·库珀等名人，很多作家和诗人都喜欢在这里找寻灵感和进行艺术创作。除此之外，众多影视剧及电视节目在这里取景，使这里的名气越来越大，因此，McSorley's Old Ale House在这150多年里一直顾客盈门，非常热闹。

047

美国
攻略HOW

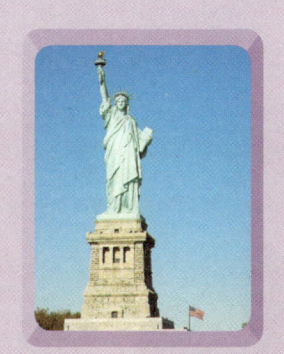

Part.3 自由女神像

高46米（不含基座）的自由女神像位于哈得逊河口的自由岛上，作为美国独立百年时法国赠送的礼物，现今已经成为纽约乃至全美国最重要的标志性景点。

美国攻略 / 自由女神像

纽约·自由女神像 特别看点！

第1名！
自由岛！
100分！
★ 美丽繁华的小岛，自由女神像闻名于世！

第2名！
自由女神像！
90分！
★ 象征自由和民主的雕塑，纽约乃至美国的标志！

第3名！
市政府大楼！
75分！
★ 宏伟壮观的市政府大楼，纽约标志性建筑

---

01 自由岛 （100分！）
美丽繁华的小岛 ★★★★★ 赏

自由岛，原名白德路岛，位于纽约市的入海口，与曼哈顿隔海相望，总面积约40000平方米，因岛上矗立着法国1876年赠送的美国独立100周年的礼物——自由女神像而闻名于世。现在这里成了纽约热门的旅游胜地。

Tips
📍 Liberty Island, NY 11231　🚇 乘地铁在Bowling Green站出站，步行2分钟到码头，乘坐渡船即可到达　☎ 212-561-4500

02 市政府大楼

宏伟壮丽的办公大楼 75分! ★★★★ 赏

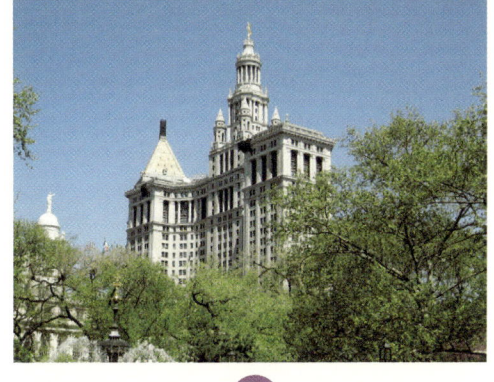

纽约市政府大楼建于1914年，高约177米，共有40层，外观宏伟壮丽，非常醒目，近百年来一直是纽约的标志性建筑。整栋大楼采用古罗马建筑风格，外墙有精美的浮雕作为装饰，华丽的拱门和门廊营造出一种庄重、严肃的氛围。在市政府大楼顶端的尖塔上，有一座高6米的金色雕塑，名为"市政之光"，雕塑的造型是女神左手托着代表纽约的王冠，赤脚站在圆球上，是纽约的第二大雕塑。

Tips
111 Centre Street, NY 10013-4390　乘地铁在Chambers St.站出站步行1分钟即可到达　212-791-6000

03 自由女神像

纽约乃至美国的标志 90分! ★★★★★ 赏

Tips
Liberty Island, NY 11231　乘地铁在Bowling Green站出站，步行2分钟到码头，乘坐渡船即可到达　212-363-3200　￥3美元

自由女神像全名为"自由女神铜像国家纪念碑"，是纽约乃至美国的标志。女神像高46米，内部的钢铁骨架由巴黎铁塔的设计者居斯塔夫·埃菲尔设计，雕像则由法国著名雕塑家弗雷德里克·奥古斯特·巴托尔迪设计完成。美国的自由女神像以法国塞纳河的自由女神像为蓝本，身着古罗马式长袍，王冠上的七道尖芒象征着世界的七大洲。女神右手高举代表自由的火炬，左手捧着象征《独立宣言》的法典，脚下是破碎的手铐和脚镣，右脚跟抬起作行进状，整体为挣脱枷锁、挺身前行的反抗者形象，象征了美国人民向往自由和争取民主的崇高理想。形态亲切自然的自由女神像是世界上最大的雕像之一，已被列为美国国家级文物，并列入了世界遗产名录。

美国攻略　自由女神像

051

04 埃利斯岛

记载美国移民历史的小岛 ★★★★★ 赏

埃利斯岛位于纽约曼哈顿以南,与自由岛相邻,曾是美国主要的移民检查站,因其严格的移民检查而被称为"眼泪岛"。在埃利斯岛上有一尊巨大的黑奴铜像,真实地展现了黑人作为奴隶被贩卖到北美时饥寒交迫、骨瘦如柴的悲惨境遇。现在,埃利斯岛上的移民管理局已经改建为移民博物馆,收藏有很多介绍美国移民文化的工艺品和影片,向游客全面地展示美国的移民文化。

Tips
- Ellis Island, NY 11231
- 乘地铁在Bowling Green站出站,步行2分钟到码头,乘坐渡船即可到达
- 212-561-4500

05 炮台公园

曼哈顿区最南端的绿地 ★★★★★ 玩

炮台公园位于纽约曼哈顿区南部,地处哈得逊河和东河的汇流处,因早期荷兰殖民者在这里建造了第一座炮台而得名。现在这里已经变成了一座远离喧嚣的世外桃源,不仅可以看到很多纪念碑,还有很多绿地和长椅供游客休息。沿着码头走,游客可以看到大炮、克林顿堡国家纪念碑、救世军纪念馆、瓦隆定居纪念馆和东海岸战争纪念馆,面向大海还可以眺望远处的自由女神像和埃利斯岛的身影。1812年,克林顿城堡作为战争的防御工程被建造起来,如今仍是纽约主要的历史文化景观的一部分。在炮台公园的空地上还竖立着"9·11"恐怖袭击事件发生后遗留的一个被大火烧毁的变形圆物,旁边的一个装置中有火在不停地燃烧,纪念在恐怖袭击中死去的同胞。

Tips
- 17 Battery Place, NY 10004
- 乘地铁在Bowling Green站出站步行2分钟即可到达
- 212-360-3456

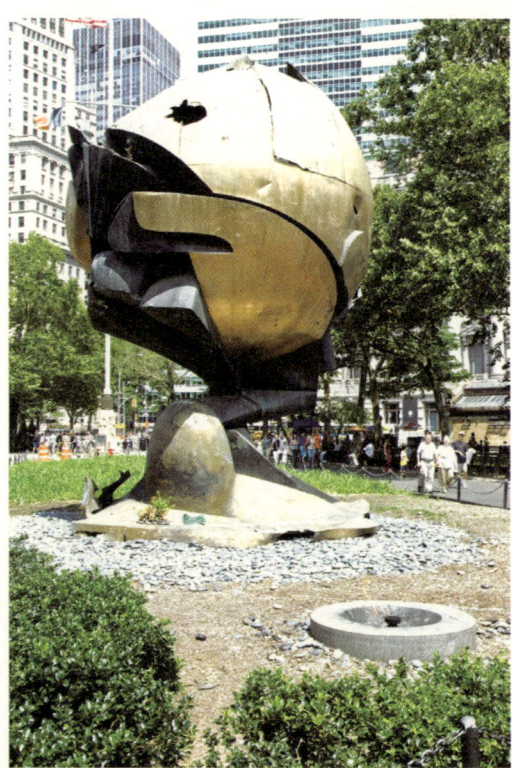

06 犹太遗产博物馆
造型独特的犹太大卫星建筑 ★★★★★ 赏

坐落于纽约曼哈顿下城的犹太遗产博物馆与炮台公园相邻，成立于1997年，是为纪念在大屠杀中牺牲的犹太人并将他们的传统和遗产发扬光大而建立的，由世界著名建筑大师罗希·丁克洛设计。馆内藏品数量繁多，主要通过手工艺品、照片、绘画、雕塑、纪录片等形式，展示了犹太人的历史、犹太人大屠杀，以及20世纪和21世纪犹太人的生活。展览分为一个世纪之前的犹太生活、反对犹太人的战争和犹太人的重生三个部分，对犹太人的历史传承和文化保护有着重要意义。博物馆外还有一个能够反映犹太民族的强大力量和非凡适应力的石头园，园内有十几块岩石散落在地上，每块岩石上都被凿出一个小洞穴，并栽种一棵小树苗，树苗仿佛从石头上长出，成为石头园一道独特的风景。

Tips
🏠 36 Battery Pl, NY 10280　🚇 乘地铁在Bowling Green站出站步行5分钟即可到达
☎ 646-437-4200　¥ 12美元

07 布鲁克林博物馆
具有百年历史的艺术圣殿 ★★★★ 赏

坐落于纽约市布鲁克林区的布鲁克林博物馆是美国历史最悠久、规模最大的艺术博物馆之一，建成于1897年，采用当时最流行的布杂艺术建筑风格，并结合了古希腊和古罗马的建筑风格，宏伟壮观。馆内的收藏品数量繁多，涵盖了各国的文化渊源，其中以古埃及艺术品为主，是世界上公认的古埃及艺术品收藏最完备的博物馆。随着时代的发展，布鲁克林博物馆也进行了重新装修，增加了一座具有未来主义风格的玻璃大门，内部的设施也变得更加现代化，还请参与设计拉斯维加斯赌场和百乐宫酒店喷泉的设计师设计了博物馆门前广场上的音乐喷泉。除此之外，布鲁克林博物馆还增加了很多现代流行艺术品和民间艺术品的收藏和展览，吸引了更多的游客前来参观。

Tips
🏠 200 Eastern Parkway Brooklyn, NY 11238-6099　🚇 乘地铁在Eastern Parkway Brooklyn Museum站出站步行1分钟即可到达
☎ 718-638-5000　¥ 10美元

美国攻略 | 自由女神像

08 里奇蒙古城
因古老街巷而闻名　★★★★★　赏

斯塔滕岛位于世界上最大的天然港口之一——纽约港的入口处，游客可以从炮台公园乘坐免费游艇到达斯塔滕岛。里奇蒙古城位于斯塔滕岛的中心地带，是一个远离繁华喧嚣的世外桃源，至今仍保留着17至19世纪的建筑风格。现在，古城已经开放，并还原了很多美国早期街巷的特点，游客可以看到早期斯塔滕岛上居民的日常生活，仿佛时间倒退，穿越了时空，这吸引了很多怀旧游爱好者。

Tips
- La Tourette Park, 441 Clarke Ave. NY
- 乘S74路公共汽车在Richmond Road & St. Patrick Place站下　☎ 718-351-1611　¥ 5美元

09 布鲁克林大桥
全世界最长的悬索桥　★★★★★　赏

布鲁克林大桥是美国最古老的悬索桥之一，建成于1883年，长1825米，宽26米，横跨纽约东河，连接纽约的曼哈顿与布鲁克林。布鲁克林大桥是当时最长的悬索桥，也是纽约第一座使用钢铁制成的悬索桥梁，被誉为工业革命时代全世界七个划时代的建筑工程奇迹之一，1964年成为美国国家历史地标。大桥是由著名建筑师约翰·奥古斯塔斯·罗布林设计、他的儿子和儿媳华盛顿·罗布林夫妇两人负责建造完成的，外观典雅，高塔和铁索都是画家们争相描绘的对象。由于当时的建筑水平有限，布鲁克林大桥共耗费1550万美元，27人付出性命。到了晚上，布鲁克林大桥在灯光下美轮美奂，成为纽约一道亮丽的风景线。

Tips
- Brooklyn Bridge, NY
- 乘地铁在Brooklyn Bridge-City Hall站出站步行5分钟即可到达

10 布鲁克林植物园

●●● 历史悠久的大型植物园 ★★★★★ 玩

Tips

🏠 1000 Washington Avenue NY 11225 🚇 乘地铁在Eastern Parkway Brooklyn Museum站出站步行1分钟即可到达 ☎ 718-623-7200 ¥ 8美元

  布鲁克林植物园是纽约规模最大的植物园，至今已有百年历史，是美国城市花园与园艺展览的典范。植物园的植物种类繁多，共有大小规模不等的20多个分园，吸引了很多市民和游客。其中，芳香园是美国第一个为盲人设计的花园，里面种植了各种芳香花卉，盲人可以通过不同的花香辨别植物。莎士比亚花园的植物繁茂，展现了作家作品中描绘的植物。丁香花荟萃园汇集了150多种丁香花，每年5月，这里就开满了淡紫色、粉色、白色等各种颜色的丁香花，散发出迷人的香气。布鲁克林植物园还有美国最大、最好的玫瑰园——格兰弗德玫瑰园，拥有美国所有种类的玫瑰。

11 科尼岛

●●● 休闲娱乐度假地 ★★★★★ 玩

Tips

🏠 Coney Island Brooklyn, NY 🚇 乘地铁至Coney Island-Stillwell Ave.站下车即达

  科尼岛是纽约市布鲁克林区的半岛，这里原本是一个海岛，由于淤沙严重及"二战"前期建造环城公路的需要，因此该岛与布鲁克林区之间的海湾被填满了。科尼岛上的凯斯班公园是美国职业棒球小联盟中的布鲁克林旋风队的主要球场，因此每季开赛时都会吸引众多球迷前来观看比赛。科尼岛的海滩面向东方，一整天都会阳光普照，成为美国知名的休闲娱乐度假胜地。岛上著名的纳森热狗店至今已有百年的历史，每年都会举办热狗大胃王比赛，受到了广泛的关注，不仅吸引了来自世界各地的参赛者前来参赛，还吸引了很多国际级的电视媒体等进行报道。

美国攻略 | 自由女神像

美国
攻略HOW

Part.4
纽约·联合国总部

联合国总部位于纽约曼哈顿东河沿岸，1949年10月至1951年6月兴建，包括秘书处大楼、会议厅大楼、大会厅和哈马舍尔德图书馆4栋建筑。其中秘书处大楼位于中心，是联合国总部的核心建筑。

美国攻略

纽约·联合国总部

纽约·联合国总部 特别看点！

第1名！
联合国总部大楼！
100分！ 
★ 最为大众瞩目的建筑，世界政治中心！

第2名！
大中央车站！ 
90分！
★ 美国最繁华、最著名，也是规模最大的火车站！

第3名！
摩根图书馆与博物馆！ 
75分！
★ 思想的聚集地，艺术的宝库！

01 联合国总部
联合国办公大楼 100分！ ★★★★★ 赏

联合国总部包括秘书处大楼、会议厅大楼、大会厅和哈马舍尔德图书馆。其中秘书处大楼是联合国总部的核心建筑，是一座39层的长方体建筑，被称为"火柴盒"，由世界各国的10位建筑师共同讨论设计，我国建筑家梁思成就参与其中。会议厅大楼位于秘书处大楼一侧，是一排较低的建筑群，里面为各个规格的会议厅。联合国总部出镜率最高的大会厅紧挨会议厅大楼，用来举行联合国成员国代表的表决会议，也是联合国总部最大的会议厅，可容纳1800多人。哈马舍尔德图书馆位于大会厅的对面，是福特基金会赠送的，主要供联合国工作人员使用。联合国花园中还有很多各国赠送的雕塑，有苏联赠送的"铸剑为犁"雕塑、卢森堡赠送的"打结的枪"雕塑等。

Tips
🏠 760 United Nations Plaza, NY 10017　🚇 乘地铁在Grand Central站出站步行10分钟即可到达
☎ 212-963-1234

02 大中央总站 `90分!` 赏
世界上规模最大的火车站之一 ★★★★★

位于纽约曼哈顿中心地带的大中央总站，采用了布杂学院式建筑风格，是美国最繁华、最著名的车站之一，也是世界上月台最多的车站。它由美国铁路大王范德比尔特出资建造，1913年启用，如今已成为国家历史文物，受到保护。车站的地上部分是一个充满艺术氛围的中央大厅，常被人们作为相约见面的地方。中央大厅最显著的标志是问询处上用猫眼石做盘面的四面时钟，问询处还有一条通往地铁站的通道。中央大厅的穹顶是由法国艺术家创作的星空图，与天空实景是相反的，范德比尔特家族的后人解释说，这是从上帝的视角俯瞰星空。大中央总站的正门还有一面世界上最大的蒂芙尼玻璃，玻璃两旁是法国雕刻家创作的世界上最大的雕塑群。车站内还有很多餐厅、书店、超市、名牌商店，供候车的乘客打发时间。

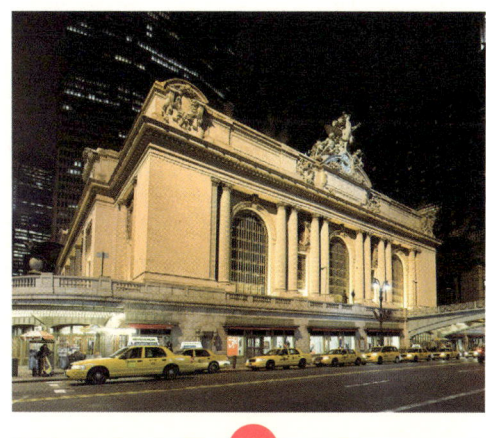

Tips
🏠 Grand Central Terminal, NY 10017 🚇 乘地铁在Grand Central 站出站即可到达

03 克莱斯勒大厦 赏
纽约第一幢摩天大厦 ★★★★★

Tips
🏠 Frnt A, 405 Lexington Avenue, NY 10174-0005 🚇 乘地铁在Grand Central站出站步行2分钟即可到达 ☎ 212-682-4639

位于纽约曼哈顿东部的克莱斯勒大厦高319米，是世界上最高的砖建筑物，也是纽约最优秀的装置艺术大楼。克莱斯勒大厦是威廉·范·阿伦为克莱斯勒公司设计的，建成于1930年，在细节上显示着汽车制造帝国克莱斯勒的标志，尖顶上闪烁的不锈钢镀层像新车发亮的铬面，装饰着克莱斯勒汽车水箱盖的角落，还有壁缘上的轮盘盖图样。这座大厦可算是20世纪摩天大楼的设计典范。克莱斯勒大厦不仅外部设计出色，内部设计更是与众不同，使克莱斯勒大厦进入世界奇迹之列。当时由于图坦卡蒙国王的坟墓被发现，引发了一波崇尚古代文化和异国文化的潮流，所以，克莱斯勒大厦内部装饰豪华壮观，电梯门以黄铜和莲花图案镶木装饰，公众厅也有很多古埃及的图案。2007年克莱斯勒大厦还曾入选美国"最受欢迎建筑"，位列前十。

美国攻略

纽约·联合国总部

059

美国攻略

纽约·联合国总部

04 纽约公共图书馆
美国最大的图书馆 ★★★★★ 赏

Tips
🏠 5th Avenue, NY 0018-2788　🚇 乘地铁在42nd St.站出站步行2分钟即可到达　☎ 212-275-6975

位于纽约曼哈顿第五大道的纽约公共图书馆是美国最大的公共图书馆，也是美国主要的图书馆系统之一，与布鲁克林公共图书馆系统和皇后图书馆系统并称为纽约三大公共图书馆系统。公共图书馆具有新古典主义建筑风格，馆内收藏《古腾堡圣经》和牛顿的《自然哲学的数学原理》等众多英美文学名著的最早版本、知名作家的手稿，以及其他珍贵的古籍资料。图书馆的主要阅览室是315号房间，这个房间长约90米，宽约24米，四周都是开放式书架，中间是长阅览桌和椅子，还提供免费上网。公共图书馆还有85座分馆，提供文学图书和基础科研图书。纽约公共图书馆还经常出现在影视剧中，如《蜘蛛侠》、《蒂凡尼的早餐》、《捉鬼敢死队》等，因而为大家所熟知，吸引了大批游客。

05 摩根图书馆与博物馆　75分！
堪称一座艺术宝库 ★★★★ 赏

摩根图书馆位于纽约曼哈顿东36街与麦迪逊大道交界处，原是金融家皮尔庞特·摩根设在纽约的私人图书馆和住宅，现为一家收藏丰富的博物馆。摩根为表达对文艺复兴的敬意，委托著名建筑师查尔斯·麦基姆设计并建造了这座具有文艺复兴时期艺术特色的私人图书馆，如今它被称为

Tips
🏠 29 East 36th Street, NY 10016　🚇 乘地铁在33rd St.站出站步行3分钟即可到达　☎ 212-685-0008

文艺复兴的瑰宝。图书馆外观简洁，采用古典设计风格，正门是圆拱形双廊柱的16世纪罗马建筑风格。馆内的拉斐尔式壁画和古典的宗教圣像浮雕，使图书馆看上去富丽堂皇，将文艺复兴时期的艺术与思想集于一身。摩根图书馆的素描藏品丰富，涵盖了14至20世纪很多大师的作品。馆内还收藏有中世纪及文艺复兴时期的手稿、书籍装订的方法及实例、历史名人的手迹、乐谱原稿、古代印鉴等。除此之外，摩根图书馆还定期举办古典音乐会供游客欣赏。

060

06 钻石区

纽约的钻石珠宝城 ★★★★★ 买

美国有全球最大的钻石消费群，作为主要港口的纽约自然成了全球最大的钻石市场。位于曼哈顿第五大道和第六大道之间的钻石区集中了美国90%的钻石交易场所。钻石区的店铺琳琅满目，共有2600多家珠宝店，有的店面气派十足，有的历史悠久，还有一些看上去破败不堪。除了出售钻石珠宝之外，钻石区还提供与钻石珠宝有关的其他服务，如清洗、保养、鉴定等。

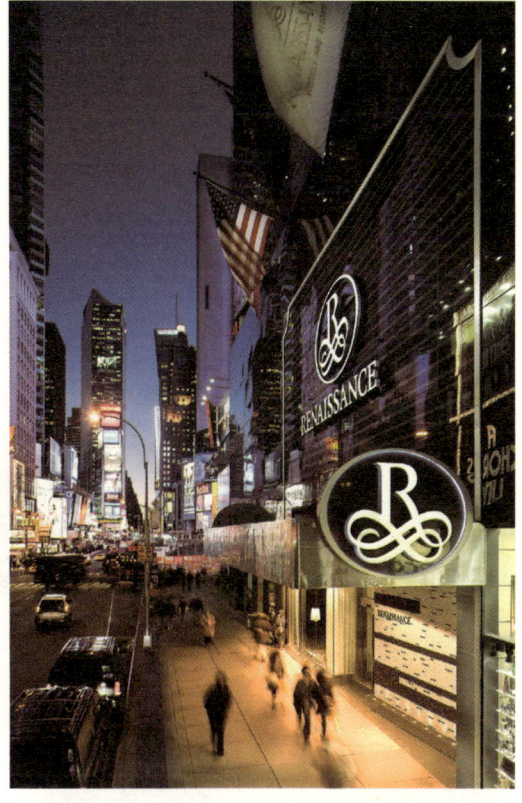

Tips
66 West 47th Street, NY 10036　乘地铁在47th-50th St. Rockefeller Center站出站步行3分钟即可到达

07 NBA专卖店

纽约最著名的NBA专卖店 ★★★★ 买

位于纽约第五大道的NBA专卖店是全球最大的一家NBA旗舰店，店内采用圆环形走道设计，让顾客仿佛置身于一个巨大的篮球场中。在这里，顾客可以买到球衣、球鞋、配饰、礼品、玩具、NBA球星签名的物品等一切与NBA有关的产品，而且店内还有供顾客试玩的篮球场地。除此之外，还经常有NBA球星到这里出席各种签售活动和球迷互动活动，因此这里成了世界各地NBA的fans最向往的地方，也是到纽约必去的地方。

Tips
666 5th Avenue, NY 10103　乘地铁在47th-50th St. Rockefeller Center站出站步行3分钟即可到达　212-515-6221

美国攻略　纽约·联合国总部

08 洛克菲勒中心

纽约乃至美国的标志之一 ★★★★★ 赏

位于纽约第五大道的洛克菲勒中心是由数栋摩天大楼组成的建筑群，各大楼底层相通，1987年被美国政府认定为国家历史地标。洛克菲勒中心是由洛克菲勒家族投资建造的，占地面积约9万平方米，共19栋建筑。其中最高的是位于第六大道旁的通用电气大楼，高260米，因通用电气公司总部设在这里而得名，它的顶楼就是被称为"巨石之顶"的观景台，在这里可以俯瞰整个曼哈顿。洛克菲勒中心还有美国最大的剧场和能容纳近6000人的无线电音乐厅，在每年的圣诞节和新年前后，都会举行踢踏舞表演。

Tips
- 1250 Avenue of the Americans, NY 10112
- 乘地铁在47th–50th St. Rockefeller Center站出站步行1分钟即可到达 ☎ 212-632-3975

09 圣帕特里克教堂

纽约最大的教堂之一 ★★★★ 赏

位于纽约第五大道的圣帕特里克教堂是美国最大的哥特式天主教堂，内部有2400个座位，至今已有130多年的历史。这座双塔式教堂外观古朴典雅，与周围奢华的顶级品牌门店形成鲜明对比，为那些在这个物欲横流的城市中饱受压力的人们提供了一个舒缓压力的场所。教堂内部由一根根立柱托起的穹顶气势恢弘，与外观的古朴不同，墙上的浮雕、精美的雕塑，以及色彩斑斓的彩窗无不显示着这里的华丽与辉煌，在柔和的灯光下又给人一种庄重、宁静的感觉。每年复活节的时候，教堂周围还会举行大游行活动，游行者身着绿色的服装，象征着春天的生命与活力，是繁华的第五大道上一道清新亮丽的风景。

Tips
- 14 East 51st. St, NY 10022
- 乘地铁在47th–50th St. Rockefeller Center站出站步行3分钟即可到达 ☎ 212-753-2261

10 纽约当代艺术博物馆
●●● 当代艺术的圣殿　★★★★★ 赏

位于纽约曼哈顿第五大道和第六大道之间的纽约当代艺术博物馆，是世界上最重要的当代艺术博物馆之一，与英国伦敦的泰特美术馆和法国的蓬皮杜国家文化和艺术中心齐名，始建于1929年，主要展示19世纪末至今的当代艺术作品。博物馆最初的藏品主要以绘画为主，随着当代艺术的发展，如今藏品主要分为油画与雕塑、摄影、影片与传媒、建筑与设计、印刷品与指南书、绘画艺术等六大部分，总计有15万多件个人艺术作品、2万多部电影和400万幅电影剧照，其中包括梵·高的《星月夜》、毕加索的《亚威农的少女》、达利的《记忆的永恒》、莫奈的《睡莲》等著名作品。纽约当代艺术博物馆每年都会吸引大批当代艺术爱好者前来参观。

Tips
- 11 West 53rd Street, NY 10019-5497
- 乘地铁在47th-50th St. Rockefeller Center站出站步行3分钟即可到达 ☎ 212-708-9400
- ¥20美元

11 西格拉姆大厦
●●● 被赞誉为"一千年以来最美丽的建筑"　★★★★★ 赏

坐落于纽约城市中央公园大道375号的西格拉姆大厦是由著名建筑师密斯·凡·德·罗和菲利普·约翰逊共同设计完成的办公楼，建成于1958年。整座建筑外形简单，是个方方正正的正六面体，充分体现了密斯追求简洁的一贯主张，实现了他在20世纪20年代对摩天大楼的构想，因此西格拉姆大厦也成为密斯·凡·德·罗的一座纪念碑，人们看到这座建筑就会想到这位优秀的建筑设计师。大厦采用琥珀色的隔热玻璃幕墙，以青铜窗格搭配，使得西格拉姆大厦在众多高楼中显得十分特别。到了晚上，灯火辉煌，更显得整座大厦高贵典雅，使美国人对玻璃摩天大楼的看法发生了改变。因此，西格拉姆大厦被认为是功能主义建筑的经典、现代主义建筑的杰作，每年都会有很多建筑设计爱好者慕名前来参观。

Tips
- 375 Park Avenue, NY 10152
- 乘地铁在51st St.站出站步行3分钟即可到达 ☎ 212-484-1200

美国攻略 | 纽约·联合国总部

063

美国攻略

纽约·联合国总部

12 萨克斯第五大道 买
世界顶级的百货公司之一 ★★★★

Tips
🏠 611 5th Avenue, NY 10022　🚇 乘地铁在51st St.站出站步行2分钟即可到达　📞 877-551-7257

　　萨克斯第五大道百货公司于1824年开业，是世界顶级的百货公司之一，始终以提高生活品质为宗旨，在全球有50多家分店，旗舰店位于纽约第五大道。萨克斯第五大道纽约旗舰店是全球首家提供个人化购物体验和送货上门服务的商店。在这里，顾客可以选购香水、化妆品、男装、女装、珠宝、手包及鞋履系列，品牌更是琳琅满目，数不胜数。萨克斯的职员会说7种不同的语言，可以让顾客不分国界地享受购物乐趣，而且萨克斯第五大道首创的个人化购物体验更是让顾客感受到这里的专业和体贴。这里常年会有一些国际大品牌打折，一些设计独特的商品只在这里限量销售，因此吸引了很多游客前来购物。

13 苹果专卖店 买
全世界最豪华、规模最大的苹果专卖店之一 ★★★★

Tips
🏠 767 Fifth Avenue, NY 10153　🚇 乘地铁在5th Ave.站出站步行1分钟即可到达　📞 212-336-1440

　　位于纽约第五大道的苹果专卖店是全球最大的苹果专卖店，面积约930平方米，全天24小时营业，提供全球最多的苹果相关产品。这家苹果专卖店大量使用玻璃造型，是一座晶莹剔透的立方体，吸引了世界各地无数果粉前来光顾。

14 川普大厦
●●● 被纽约人誉为"华尔街王冠上的宝石" ★★★★★ 赏

位于纽约曼哈顿华尔街40号的川普大厦是将购物中心与办公大楼结合为一体的一座摩天大楼，高282.5米，建于1930年，是当时世界上最高的大楼，1998年被认定为纽约的地标性建筑。川普大厦原名曼哈顿银行大厦，后来被人称"曼哈顿之王"的纽约房地产大亨唐纳德·川普收购而改名川普大厦。大厦采用新古典建筑风格，基座较大，楼层越高，建筑面越窄，顶部是海蓝色的古典尖塔顶，因此被称为"华尔街王冠宝石大楼"。大厦递减的楼层外面种有很多树木，形成一座美丽的空中花园，中庭的墙壁上设计有一道瀑布，粼粼的水光和潺潺的水声让人们在这座砖石建筑中有了不同的体验。瀑布下面是一个小小的咖啡座，给这座摩天大楼增添了很多情趣。

Tips
🏢 Ste 2401, 725 5th Avenue, NY 10022-2564 🚇 乘地铁在5th Avenue站出站步行3分钟即可到达 ☎ 212-832-2000

15 IBM大厦
●●● 麦迪逊大街590大楼 ★★★★★ 赏

位于纽约麦迪逊大街590号的IBM大厦曾是IBM公司总部所在地，1994年IBM公司将总部搬走后，这里又被叫作"麦迪逊大街590大楼"。IBM大厦始建于1983年，高184米，整个建筑呈不规则的楔形，使得人们从不同角度观看到的大厦造型不同。此外，IBM大厦最具特色的是结合玻璃和钢材、以绿色植物为装饰的沿街咖啡厅，这是林立的高楼中间的一个休闲场所。

Tips
🏢 Bsmt L4, 590 Madison Avenue, NY 10022-2593 🚇 乘地铁在5th Avenue站出站步行4分钟即可到达 ☎ 212-803-0011

美国攻略 纽约·联合国总部

16 贝格多夫古德曼百货商店
●●● 有百年历史的时尚百货公司 ★★★★ 买

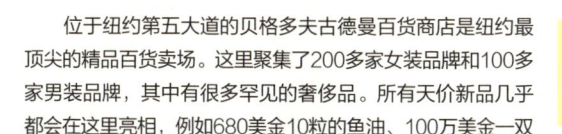

位于纽约第五大道的贝格多夫古德曼百货商店是纽约最顶尖的精品百货卖场。这里聚集了200多家女装品牌和100多家男装品牌，其中有很多罕见的奢侈品。所有天价新品几乎都会在这里亮相，例如680美金10粒的鱼油、100万美金一双的钻石高跟鞋，因此这里成了尊贵奢华的代名词。除此之外，贝格多夫古德曼百货商店精心装饰的假日橱窗也是纽约一道亮丽的风景，让人流连忘返，而且已经成了纽约一年一度的传统活动。很多纽约人都认为，没看到贝格多夫古德曼百货商店的假日橱窗，就不算过节。

Tips
🏢 754 5th Avenue, NY 10022 🚇 乘地铁在5th Ave.站出站 ☎ 800-558-1855

17 第五大道

纽约最繁华的时尚大道 ★★★★ 买

Tips
- 5th Avenue, NY 10021
- 乘地铁在5th Ave.站出站

第五大道是纽约曼哈顿的南北向中轴线，道路两旁是一座座高楼大厦，由于19世纪初美国的富豪争相在此建造私人住宅，使得第五大道现在成了最高品质与品位的代名词，而且是纽约的商业中心、文化中心和购物旅游中心。第五大道聚集了几乎所有的世界名牌门店，以货品丰富、品牌齐全为特点，因此成了好莱坞巨星、世界各国富豪名媛的购物场所，同时也是世界上租金最高的商业街。这里不仅有高档商品，各店精心设计的橱窗也形成了第五大道特有的橱窗文化。到了圣诞节，这里还有纽约最大的圣诞树，吸引许多市民和游客前来观赏。除此之外，第五大道沿路的众多博物馆也是纽约的一道风景。最南端的华盛顿广场因为纽约大学和格林威治村的围绕而成为纽约最有文化气息的地方，这里还有纽约最古老的剧场，因此纽约的作家、画家、艺术家都喜欢在这里聚会。

18 施瓦兹玩具店

北美大陆历史最悠久的玩具店之一 ★★★★ 买

Tips
- 767 5th Avenue, NY 10153
- 乘地铁在5th Ave.站出站步行1分钟即可到达
- 212-644-9400

位于纽约第五大道的FAO施瓦兹玩具店是美国最有名的玩具店，有"玩具帝国"之称。无论是婴儿玩具还是成人收藏玩具，在这里都可以找到。这家玩具店分为地上两层和地下一层，至今已有100多年的历史。玩具店一层是填充动物专区，从小型的猴子玩偶到庞大的大象玩偶应有尽有，而且做工精美，栩栩如生，就像一座动物园，让人惊叹。二层有芭比专区、娃娃专区、星战产品专区、乐高玩具专区、风火轮专区、火车及轨道专区、科学探索专区和游戏专区，让人眼花缭乱。地下一层是礼品、婴幼儿玩具和用品专区，这里有很多独特的原创礼品供游客选择。玩具店里还有图书专卖区和糖果冷饮店，供游客们休息。

19 亨利·帮戴尔百货公司

纽约最古老的大型百货公司之一 ★★★★ 买

Tips
🏠 712 5th Avenue, NY 10019-4108 🚇 乘地铁在5th Ave.站出站步行2分钟即可到达 ☎ 800-423-6335

亨利·帮戴尔百货公司是美国纽约曼哈顿的老牌名店，始建于1895年，以销售女帽起家，如今已是专卖女士品牌的名店。帮戴尔百货公司第一个将Coco Chanel的设计带到美国，现在已经成了上流社会的标志，著名美剧《绯闻女孩》就多次在这里取景，而且剧中很多华丽的戏服也出自这里。帮戴尔百货公司采用浓郁的美国特色的店面设计，明亮剔透的落地窗里摆满了顶级的欧洲经典品牌的奢华商品，使这家充满故事的老店绽放无限光彩。

20 布鲁明戴尔百货店

美国最著名的连锁百货商店 ★★★★ 买

Tips
🏠 59th Street & Lexington Avenue, 1000 Third Avenue, NY 10022 🚇 乘地铁在59th St.站出站步行1分钟即可到达 ☎ 212-705-2000

布鲁明戴尔百货店是美国著名的百货商店，在美国有36家分店。这里不但是纽约人和游客喜爱的购物天堂，还是电影人喜爱的取景地，美剧《老友记》和电影《缘分天注定》中都有布鲁明戴尔百货店的身影。布鲁明戴尔百货店的气氛和品牌时尚而前卫，又不失典雅和务实，因此受到大多数人的喜爱。到了圣诞节和新年，这里还有漂亮的橱窗展示，让人流连忘返。

美国攻略 | 纽约·联合国总部

美国
攻略HOW

Part.5 纽约·帝国大厦

摩天大厦鳞次栉比的纽约最著名的大楼之一就是建于1930年的帝国大厦。高102层的帝国大厦曾经是纽约的制高点,现今也是纽约人的骄傲和城市标志。

纽约·帝国大厦 特别看点！

第1名！
帝国大厦！
100分！ 
★ 高耸入云的纽约地标，纽约人的骄傲！

第2名！
麦迪逊广场公园！
90分！
★ 纽约的娱乐圣殿，美国最著名的体育馆！

第3名！
联合广场！
75分！
★ 地处要冲的广场，纽约最重要的广场！

01 帝国大厦 (100分！)
纽约的标志之一 ★★★★★ 赏

帝国大厦位于纽约曼哈顿第五大道350号，是一座现代化的办公大楼，也是美国和纽约最著名的地标性建筑和旅游景点，同自由女神像一起成为纽约的标志。整座大厦共有102层，高448米，采用装饰艺术建筑风格，建于1930年，仅用410天建成，被美国土木工程师学会评为"现代世界七大工程奇迹"之一。在1971年世贸中心建成以前，帝国大厦一直是世界上最高的建筑，"9·11"事件发生后，帝国大厦成为纽约最高的建筑。帝国大厦的86层和102层都有观景台，天气好的时候可以看到100公里远的地方。帝国大厦不仅吸引了成千上万的游客前来参观，还是很多电影的取景地，其中包括《西雅图不眠夜》和《金刚》。除此之外，帝国大厦还是纽约人庆祝情人节和举行婚礼的最佳场所，但并不是所有人都可以在这里举行婚礼，要经过申请和帝国大厦的挑选，才有可能获得资格。

Tips
- 350 5th Avenue # 3304, NY 10118-3304
- 乘地铁在34th St.站出站
- 212-736-3100
- 86层观景台18.45美元，102层观景台另加15美元

02 熨斗大厦
纽约最古老的摩天大楼 ★★★★★ 赏

位于纽约曼哈顿第五大道175号的熨斗大厦建成于1902年，当时被称为"福勒大厦"。由于建筑外形是三角形，像熨斗的形状，因此而得名"熨斗大厦"。熨斗大厦是继多伦多古德汉大厦和亚特兰大某大楼之后的第三座熨斗形状的大楼。大厦由芝加哥建筑师丹尼尔·伯恩罕设计建造，采用布杂艺术建筑风格，高87米，尖端部分只有2米宽，是最早使用钢筋混凝土建造的摩天大楼之一。作为纽约早期的著名地标性建筑的熨斗大厦是一座功能性很强的办公大楼，而且经常出现在电视广告和纪录片中，因此吸引了世界各地的游客前来参观。

Tips
🏠 1 East 23rd St. NY 10010

03 时尚工艺学院博物馆
展示时尚工艺的中心 ★★★★★ 赏

Tips
🏠 7th Avenue, NY 10001　🚇 乘地铁在28th St.站出站　☎ 212-217-4558

时尚工艺学院博物馆隶属于纽约时尚工艺学院。该学院成立于1944年，经过不懈的努力，如今已成为一所国际著名学府，而时尚工艺学院博物馆则是纽约最著名的时尚艺术博物馆。这座博物馆最出名的是经常举办一些形式新颖的展览，并多次获得各种奖项。馆内藏品有5万余件，主要是18世纪至今的时尚服装及配饰。除此之外，博物馆还会展示时尚工艺学院历届毕业生的优秀作品。

04 古董与跳蚤市场

纽约淘宝的好地方 ★★★★ 买

Tips
123 W 18th St. #8, NY 10011-4127　乘地铁在23rd St.站出站　212-243-5343

　　纽约有很多古董与跳蚤市场，这种形式的市场在20世纪80年代的时候最为盛行。跳蚤市场的经营范围很广，从旧衣物、旧家具、旧电器到旧书刊、旧邮票、旧钱币，甚至是黑胶唱片都应有尽有。识货的人很可能淘到一些有价值的古董，一般的顾客即使淘不到古董，淘到一些自己喜欢的衣服或物件也是一件令人开心的事情。古董与跳蚤市场在纽约很兴旺，除了平时一些散客的小生意，还会有博物馆或影视剧组前来收购。

05 切尔西旅馆

深受艺术家喜爱的旅馆 ★★★ 住

Tips
222 West 23rd St. NY 10011-2393　乘地铁在23rd St.站出站　212-243-3700

　　位于纽约第23街、第七大道和第八大道之间的红色砖造楼房就是著名的切尔西旅馆，这里因曾住过很多著名作家、哲学家、歌手和电影艺术家而闻名于世，著名作家马克·吐温、纳博科夫、欧·亨利，剧作家阿瑟·米勒，电影导演斯坦利·库布里克，著名歌手麦当娜，演员简·方达等都曾在这里居住过，英国诗人狄兰·托马斯甚至就是在这里去世的。切尔西旅馆建成于1884年，是当时纽约最高的建筑，也是纽约早期的地标性建筑，后来被列为文化遗产，受到保护。切尔西旅馆与其他旅馆最不同的是，这里的每个房间都是不一样的，每个房间都有自己的风格。旅馆里有一间办公室专门存放那些在这里完成并出版的图书首版，非常有纪念意义，也因此吸引了很多游客前来参观。

06 古仕曼排屋
富有英伦风情的住宅群 ★★★★ 赏

Tips
- 406-418 West 20th St. NY 10011-2393
- 乘地铁在23rd St.站出站

位于纽约切尔西区的古仕曼排屋是纽约最具有英国风情的地方，一排红色砖砌的房子，搭配上门口茂密的绿色植物及路边古典的弯头路灯，让人感觉仿佛置身于20世纪的伦敦，因此古仕曼排屋成了切尔西一道亮丽的风景线。现在古仕曼排屋是私人住宅，没有对外开放，游客只能观看外观，从外部的装饰去感受传统的魅力。

07 圣公会神学院
纽约最著名的神学院 ★★★★ 赏

Tips
- 175 9th Avenue, NY 10011-4983
- 乘地铁在23rd St.站出站
- 212-243-5150

圣公会是英国的国教，位于纽约的圣公会神学院是圣公会在美国的主要据点，因此，这里到处都是浓郁的英伦气息，建筑大都是英国传统的红色砖造建筑和带有十字架的尖顶塔楼。圣公会神学院是一所私立学校，主要研究神学宗教，可以提供硕士、博士和证书类的课程。神学院成立于1817年，经过近200年的发展，如今已经成为美国著名的宗教神学研究学院，并推动了该专业领域的发展。走在充满神圣和安静气氛的神学院里，可以让浮躁的心情沉静下来，心中的压力得到舒缓，心灵受到洗涤。

美国攻略

纽约·帝国大厦

08 切尔西艺术博物馆
首屈一指的艺术作品展馆 ★★★★ 赏

切尔西艺术博物馆是切尔西区最有名的艺术博物馆，主要展示当代艺术作品。切尔西博物馆是一座3层红砖建筑，开放式的展厅由玻璃楼梯连接，显得现代感十足。馆内展品种类繁多，有版画、雕塑、陶瓷、挂毯等，都是由世界各地的艺术家们精心设计的。此外，切尔西艺术博物馆还会经常举办主题展览，推动了当代艺术的发展，在艺术界具有一定的影响力。

Tips
556, West 22rd St. NY 10011　乘地铁在23rd St.站出站　212-255-0719
8美元

09 切尔西码头
纽约最著名的码头 ★★★★★ 赏

Tips
Chelsea Piers, NY 10011　乘地铁在23rd St.站出站　212-336-6666

切尔西码头曾是纽约最重要的码头之一，在20世纪初期，每一艘穿越大西洋的豪华邮轮都曾在这里停靠，只有"泰坦尼克号"例外。如今，随着传统航运服务的衰退，这里已经被建成了切尔西著名的体育和娱乐综合中心，供市民进行休闲娱乐和体育活动。高尔夫俱乐部、健身俱乐部、水疗中心、露天溜冰场、保龄球馆、足球俱乐部、篮球俱乐部等众多项目，吸引了大批市民和体育爱好者。

美国攻略　纽约·帝国大厦

10 罗斯福纪念馆
维多利亚风格的传统建筑 ★★★★★ 赏

西奥多·罗斯福是美国第26任总统，也是美国著名的军事家、政治家，被称为"现代美国之父"。他于1858年出生在麦迪逊大道附近的第20街28号，并在此度过了童年时代，如今，这里已经被建成了罗斯福纪念馆。纪念馆是一座维多利亚风格的红砖建筑，显得古朴典雅，里面的房间装饰保留了罗斯福一家住在这里时的原貌，再现了罗斯福总统童年时代的生活场所。除此之外，这里还有很多图片和实物资料向游客展示这位伟大的美国总统辉煌的一生，吸引了历史爱好者前来参观。

Tips
- 28 East 20th Street, NY 10003-1399
- 乘地铁在23rd St.站出站
- 212-260-1616

11 圣马可教堂
纽约最古老的教堂之一 ★★★★★ 赏

Tips
- 131 East 10th Street, NY 10003-7504
- 乘地铁在1st Ave.站出站
- 212-674-6377

位于纽约曼哈顿东区的圣马可教堂是纽约最古老的教堂之一，也是纽约早期重要的宗教场所。这里曾是荷兰殖民时期阿姆斯特丹总督买下来的种植园，总督死后就埋葬在这里，后来这里成了很多名人的墓葬地，其中包括菲利普·霍恩、基甸·李等多位纽约市长，以及纽约的富豪和律师。圣马可教堂虽然外形传统，但能容纳并支持很多现代新兴艺术活动，成了一个多元文化的交流区。此外，这里最有特色的活动是游客可以加入教堂的唱诗班中一起演唱。

美国攻略 纽约·帝国大厦

12 麦迪逊广场公园　90分！

纽约最著名的室外演出场地　★★★★★ 赏

Tips
🏠 East 23rd Street, NY 10010　🚇 乘地铁在23rd St.站出站　☎ 212-538-6667

　　麦迪逊广场公园占地面积约25000平方米，位于熨斗大厦附近，东临麦迪逊大道，西到第五大道和百老汇路口。公园里植物丰富，绿树成荫，每个季节都会有不同的鲜花盛开，吸引了大批游客前来观赏，此外，公园里还有很多名人雕像供游客参观纪念。麦迪逊广场公园不仅是个让人放松心情的地方，还是一个室外演出胜地，著名乐队"林肯公园"、潮流女星Lady Gaga等都曾在这里开演唱会。这些演唱会为麦迪逊广场公园增添了别样的风采，让人们看到一个与平常不一样的广场公园。

13 高架铁道公园

纽约新兴的一处旅游休闲区　★★★★★ 赏

Tips
🏠 529 West 20th Street, Suite 8W, NY 10011　🚇 乘地铁在14th St.站出站　☎ 212-500-6035

　　切尔西地区的标志——高架铁道公园位于纽约曼哈顿中城西侧，是一个线形空中花园，由一条1930年建造的高架铁路改建而成。这条铁路全长2400米，距地面9米，沿途景色优美，还可以看到自由女神像、帝国大厦、洛克菲勒中心等纽约地标性建筑。1980年，这条铁路停用，政府曾经想将其拆除，后来在铁路爱好者们的努力下将这条铁路留了下来，并建造成了现在的空中花园走廊。铁路的部分铁轨被保留下来，周围增加了很多绿色植物和艺术走廊，使这条荒废已久的铁路变成了一个创意十足的公园，为市民提供了更多的户外休闲空间。高架铁道公园推动了纽约的经济发展，而且成为国际上旧物重建的经典之作。

14 Strand
世界上最大的旧书书店　★★★★★ 买

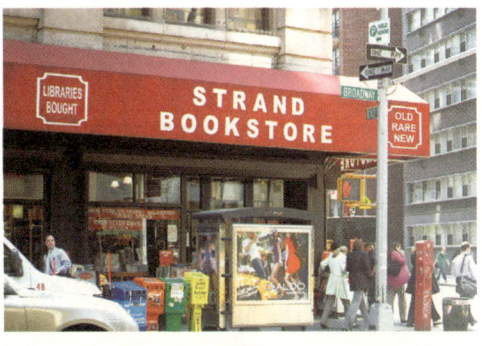

Tips
828 Broadway, NY 10003　乘地铁在14th St.–Union Square站出站　212-473-1452

美国攻略　纽约·帝国大厦

Strand是世界上最大的旧书书店，总店在百老汇大道与第12街交会的地方，还有两家分店分别在曼哈顿中城和下城。位于百老汇大道的总店共有两层，每层有数百平方米，这里的书籍种类繁多，数量巨大，而且价格便宜，因此吸引了很多热爱读书的人。书店的广告语曾是"8英里的图书长廊"，如今已改成了"16英里的图书长廊"，可见这里的书籍之多。进入书店，看到的是一排排的书架，让人感觉像进入了一个巨大的图书馆，很多稀有版本都可以在这里找到，就是纽约著名的大腕也来这里买书。除了旧书，这里还出售一些古籍珍本，是纽约最大的珍本书店，著名的1632年版的《莎士比亚戏剧作品集》就在这里出售。

15 联合广场
纽约最为重要的广场之一　75分！　★★★★ 玩

Tips
Union Square, NY 10003　乘地铁在14th St.–Union Square站出站

位于百老汇大街和第四大街交会处的联合广场是纽约的一个重要广场，人群密集，广场上有供应蔬果、杂粮的大型露天市集，还有很多艺术创作者在这里摆摊，各种艺术风格展现了多元化的纽约文化。联合广场建于19世纪30年代，19世纪后期，广场周围开设了很多大型商店，变成了像第五大道一样的女士时尚购物街。此外，联合广场一直是革命者进行游行和抗议的场所，美国早期的共产党和社会主义人士就曾在这里进行对资本主义的抗议，第一次国际劳动节游行也是在这里进行的。

16 韩国村

●●● 展示韩国风情 ★★★★★ 玩

Tips

📍 32nd St. NY 🚇 乘地铁在34th St.站出站

　　帝国大厦附近有一个美国最大的韩国移民区，这里到处都是韩国风格的商店和饭店，街上来来往往着很多黄皮肤黑头发的韩国人，甚至路牌上都有韩文，让人仿佛身处于首尔的商业街，而不是纽约。韩国村的韩国料理味道鲜美，风味正宗，受到了当地韩国人和美国人的一致好评。

17 圣马可广场

●●● 多种文化交融的见证 ★★★★★ 玩

Tips

📍 St. Mark's Place, NY

　　纽约市是世界大都会，因其历史、文化多元化和商业领导地位而在世界上拥有超高知名度和吸引力。位于纽约曼哈顿的圣马可广场是根据威尼斯同名广场建成的，常被称为嬉皮士聚集地。街边有各种各样的商铺，其中包括咖啡厅、水疗中心、圣马可酒店、漫画店、个性T恤店、餐厅和唱片行等。20世纪70年代和80年代是美国朋克摇滚的黄金时代，当时最为流行的朋克服装品牌店Trash & Vaudeville就在圣马可广场，现在依然可以在Trash & Vaudeville店里买到朋克风格的服装，感受曾经风靡一时的朋克摇滚文化。圣马可广场到了晚上就会亮起五颜六色的路灯，街边的店铺也会亮起各种彩灯，使这里充满现代艺术感，向游客展示圣马可广场"不夜城"的风采。

18 梅西百货

● ● ● 纽约著名的购物中心　★★★★　买

Tips
- 151 West 34th Street, NY 10001-2101
- 乘地铁在34th St.站出站　☎ 212-695-4400

坐落于纽约曼哈顿第34街与百老汇大街、第七大道交界处的梅西百货是美国著名的高档连锁百货公司，也是世界上最大的百货公司，主要经营服装、鞋帽及家庭装饰品，以优质的服务获得广泛的好评，因而吸引了很多顾客前去购物。梅西百货公司的创始人内森·施特劳斯是一位优秀并且有野心的企业家，通过对美国市场的研究，与专家讨论并制定了自己的发展策略，他要求梅西百货公司的每个推销员都要站在顾客的立场考虑问题，通过介绍商品带来的利益来激发顾客的购买兴趣。同时，他还推出了"给消费者赠品"、"消费积分"等促进消费的措施。不幸的是，施特劳斯和他的妻子都同"泰坦尼克号"一起沉入了海底，尽管他们都有机会登上救生小艇，但他们还是把机会留给了更需要的人。

美国攻略

纽约·帝国大厦

079

美国
攻略HOW

Part.6 纽约·中央公园

位于曼哈顿岛中央的中央公园建于1873年,不仅是纽约最大的公园,同时也被誉为世界各大城市中最美的城市公园。

纽约·中央公园 特别看点！

美国攻略

纽约·中央公园

第1名！
中央公园！
100分！
★ 全纽约最不容错过的地方，世界上最美的城市公园！

第2名！
大都会艺术博物馆！
90分！
★ 世界四大美术馆之一，收藏珍贵艺术品的圣殿！

第3名！
麦迪逊大道！
75分！
★ 现代广告业的圣地，繁华的大道！

---

01 天安教堂
纽约著名的教堂之一 ★★★★ 赏

坐落于纽约第五大道上的天安教堂是由南北战争时期的退伍军人建造的，始建于1865年，采用哥特式塔楼建筑风格，气势宏伟。教堂内部有很高的天顶，视野开阔，而且突出了中间的圣坛。圣坛周围还有色彩斑斓的玻璃壁画，使教堂散发出独特的魅力。

Tips
🚇 2 East 90th Street, NY 10128-0674 🚌 乘地铁在86th St.站出站 ☎ 212-369-8698

02 中央公园

美国最美的城市公园

位于纽约市曼哈顿区正中央的纽约中央公园于1873年建成，占地约3.4平方千米，是曼哈顿岛上最大的公园，被称为"纽约的后花园"，很多电影、电视剧都曾在此取景。整个公园呈长方形，大片茂密的树林和草坪与周围的高楼大厦形成了鲜明的对比，犹如这个喧嚣的大都市中的世外桃源，吸引了大批的游客。公园内还有动物园、运动场、美术馆、剧院和儿童游乐场。在这里，游人可以放风筝、溜冰、晒太阳，也可以在草坪上野餐，是纽约人在紧张忙碌的生活之余进行休闲放松的好地方。公园中有一座为纪念约翰·列侬而建的花园——草莓园，里面有世界各地的歌迷捐赠的各种花卉，每年歌迷都会在这里举行纪念活动。中央公园一年四季都适合游玩，每个季节都有不同的特色，因此成了全球最负盛名的旅游胜地之一。

Tips
- 5th Avenue, NY 10028
- 乘地铁在86th St.站出站
- 212-310-6600

美国攻略　纽约·中央公园

083

纽约·中央公园 | 美国攻略

03 大都会艺术博物馆 90分！
世界四大美术馆之一 ★★★★★ 赏

Tips
🏠 1000 5th Avenue, NY 10028　🚇 乘地铁在86th St.站出站　☎ 212-535-7710

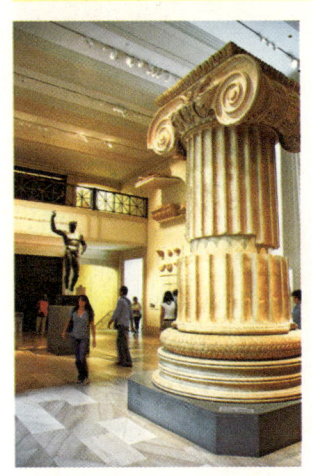

坐落于纽约中央公园旁边的大都会艺术博物馆是美国最大的艺术博物馆，它将罗马时期和文艺复兴时期的建筑风格巧妙地融合在一起，占地面积约13万平方米，收藏展品近300万件。它与大英博物馆、卢浮宫和列宁格勒美术馆并称为世界四大美术馆。博物馆的展厅有3层，展品的种类繁多，十分丰富，有各历史时期的雕塑、绘画、乐器、服装、装饰品、武器、盔甲等，分为欧洲绘画、美国绘画、原始艺术、中世纪绘画和埃及古董五大展厅。其中最受欢迎的是莱曼藏品馆，展品都是罗伯特·莱曼家收藏的14至20世纪的稀世珍品，而且在装饰和布局上也都保留了莱曼家原来住宅的环境，让游客仿佛置身于19世纪末的华丽住宅中。博物馆还有很多花园供游客休息，在参观之余可以放松心情，缓解压力。

04 古根汉姆美术馆
纽约最著名的地标性建筑之一 ★★★★★ 赏

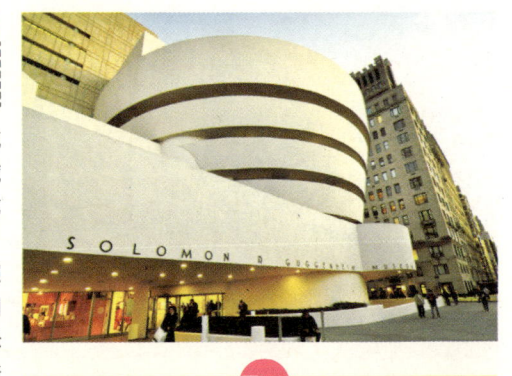

位于纽约第五大道的古根汉姆美术馆由美国著名建筑师赖特设计，建成于1959年，陈列着企业家古根汉姆收藏的欧美现代艺术品。美术馆建筑本身就是一个杰出的现代艺术品，它以贝壳状大厅为主体，中间是螺旋状的参观走道。由于展厅墙壁上没有窗户，利用天花板的玻璃窗进行采光照明，所以游客可以在不同的角度看到不一样的色彩变化，因此吸引了大批游客前来参观。贝壳状大厅旁边的小厅展示美术馆的永久藏品，主要是莫奈、毕加索、莫迪利亚尼、康丁斯坦、保罗·克利、夏卡尔等著名画家的法国后印象派作品。为了增加美术馆的展览空间，1992年又在主题建筑旁新建了一座高塔画廊，用于定期展示艺术家的现代作品。

Tips
🏠 1071 5th Avenue, NY 10128-0173　🚇 乘地铁在86th St.站出站　☎ 212-423-3500　¥ 18美元

05 库珀·海威特博物馆

展示现代设计创意和装饰艺术的殿堂

库珀·海威特博物馆隶属于史密森博物馆，是世界上最大的收藏杰出设计作品的博物馆，充分展现了美国的设计历史和当代设计作品。馆内藏品种类繁多，从米开朗基罗的素描作品，到匈牙利设计师Eva Zeisel设计的盐瓶，一应俱全。而且，库珀·海威特博物馆还与帕森设计学院合作，提供讲授装饰艺术和设计历史的硕士课程。

Tips
2 East 91st Street, NY 10128-0669　乘地铁在86th St.站出站　212-849-8400　15美元

06 弗里克收藏馆

气质高雅的私人博物馆

弗里克收藏馆位于纽约第五大道和70街交会的地方，它曾是弗里克的豪宅，建成于1914年，里面收藏了弗里克夫妇生前的私人藏品，有放于主客厅内的《戴红帽的男人肖像》、西厢美术馆内伦勃朗的自画像《一名年轻画家的肖像》等大师级的绘画作品，以及一些雕塑和装饰品。弗里克收藏馆的房间是洛可可风格，以浅色为主，墙壁和家具上有很多火焰、树叶或贝壳形状的花纹。房间的装饰和布局基本保留了当初的原貌，水晶吊灯璀璨夺目，沙发图案精致，地毯舒适有质感。收藏馆中庭还有一个室内庭园，里面有一个小喷水池，周围还有很多椅子供游人休息。在这里，游客不仅可以参观很多大师级的艺术品，还可以感受纽约上流社会的生活环境，因此，弗里克收藏馆又被称为"豪宅与艺术的完美结合"。

Tips
1 East 70th Street, NY 10021-4994　乘地铁在68th St.站出站　212-288-0700　18美元

美国攻略　纽约·中央公园

085

07 纽约市博物馆

纽约历史的缩影

纽约市博物馆位于第五大道和103街、104街交界的地方，是为记录纽约历史而建的。博物馆内收藏了从荷兰殖民时代至今近300万件藏品，从消防用品、玩具到剧院设施、版画应有尽有。在这里，游客可以看到纽约的发展历程，为对纽约历史感兴趣的游客提供了一个一探究竟的好地方。在博物馆的5楼还有一个再现美国资本家老洛克菲勒极其奢华的卧室和更衣室的展览室，游客可以一睹20世纪第一个亿万富翁豪宅的风采。

Tips
🏠 1220 5th Avenue, NY 10029　🚇 乘地铁在103rd St.站出站　☎ 212-534-1672　¥ 10美元

08 美国民间艺术博物馆

展示五花八门的民间艺术

位于纽约第五大道和第六大道之间的美国民间艺术博物馆是纽约唯一一家民间艺术博物馆，也是纽约第一家致力于民间艺术品收藏和展览的博物馆。博物馆共分为8层，地上6层，中心楼梯上方的天光通过每层楼板的开口进入各层展厅，使室内空间产生变化，再配合展品摆放的独特设计，极大地丰富了游客的观展体验。博物馆的收藏品种类繁多，十分丰富，总计有4000多件民间艺术作品，其中包括著名画家亨利·达戈的绘画、图书，以及档案收藏品，还有颜色亮丽的织毯和艺术家的雕塑作品等，充分体现了民间文化的多样性。

Tips
🏠 45 West 53rd Street, NY 10019-5401　🚇 乘地铁在47th-50th St. Rockefeller Center 站出站步行2分钟即可到达　☎ 212-265-1040

09 Maxilla & Mandible
出售动物标本的商店 ★★★★ 买

Tips
- 451 Columbus Avenue, NY 10024
- 乘地铁在81st St.站出站
- 212-724-6173

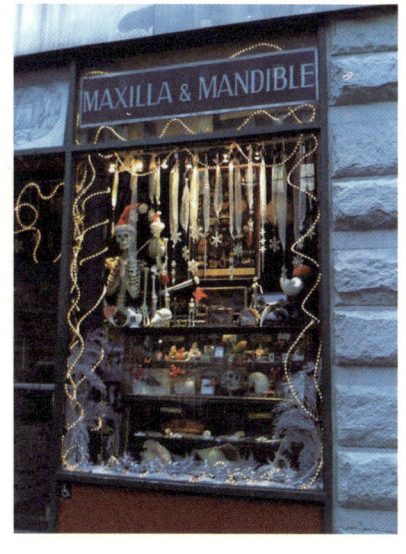

Maxilla & Mandible是一家专卖动物标本的商店，与美国自然历史博物馆相邻，面积不大，堆满了各种动植物标本，包括鲨鱼齿项链、象鼻虫手镯、有蜘蛛的玻璃幕墙，以及各种骨骼化石。这家商店因其独特的商品而吸引了很多艺术家、科学家、收藏家和青少年的眼光。如果胆子够大的话，不妨在参观完自然历史博物馆后再走进这家小店，去感受一下这里的独特魅力。

10 巧克力之家
全球知名的巧克力店 ★★★ 吃

Tips
- 1018 Madison Avenue, NY 10075-0113
- 乘地铁在77th St.站出站
- 212-744-7117

法国最著名的巧克力店之一，1977年由当代最著名的巧克力大师Robert Linxe创立，在纽约、伦敦和东京都有分店。Robert Linxe是将产地与品质观念引入主流市场的第一人，并因制作巧克力时的专业水准和近乎严苛的品质要求而受到人们的赞扬。这里的巧克力制作精致，口味细致醇厚，余韵绵长，让人久久不能忘怀，是喜爱巧克力的游人不可错过的好地方，而且这里的每一款新品都牵动了巧克力的流行风向。同时，店里的其他甜点也都极为可口，而那精致如珠宝盒般的包装也成为很多人的收藏品。

美国攻略 · 纽约 · 中央公园

087

11 惠特尼美国艺术博物馆

··· 展览艺术作品的场馆 ★★★★ 赏

Tips
📍 945 Madison Avenue, NY 10021　🚇 乘地铁在77th St.站出站　📞 212-570-3600　💰 18美元

　　惠特尼美国艺术博物馆成立于1931年，位于纽约曼哈顿区，以收藏美国现代艺术作品而闻名于世。惠特尼美国艺术博物馆的成立对美国艺术具有重大历史意义。它推动了美国艺术的发展，打破了美国艺术保守崇欧的局面。同时，惠特尼美国艺术博物馆的发展与时俱进，始终位于美国当代艺术的前沿，收藏品从早期的写实派绘画作品发展到抽象化、概念化的作品，后来又增加了雕塑的收藏和展览。从1975年开始，将逐渐发展起来的影片艺术列入博物馆的收藏行列，1981年又增加了装置艺术作品，到了1989年，行为艺术作品也可以在这里看到。惠特尼美国艺术博物馆自1973年开始，为推动美国现代艺术的发展，两年举办一次双年展。如今，惠特尼双年展已经成为惠特尼美国艺术博物馆最重要的活动之一，同时也成为美国艺术界最著名的活动，吸引了众多美国艺术家前来参加。

12 札巴超市

··· 纽约的"食物天国" ★★★★ 买

Tips
📍 2245 Broadway, NY 10024-5899　🚇 乘地铁在79th St.站出站　📞 212-787-2000

　　位于纽约曼哈顿上东区百老汇大道的札巴超市可以算是纽约的一张名片，这里食材齐全，还有物美价廉的厨房用具供顾客选择。当你穿过超市楼下狭窄的过道时，你会感觉自己已经融入了纽约这个繁华的城市。札巴超市的食物非常美味，游客可以在这里把食物打包去中央公园野餐，也可以带回家品尝。这里的咖啡、巧克力蛋糕以及樱桃馅饼都是不错的选择。

美国攻略 纽约·中央公园

13 哥伦布圆环
纽约的地标性建筑之一 ★★★★★ 赏

哥伦布圆环位于纽约百老汇大街、中央公园西大道、59街和第八大道的交叉口，是纽约曼哈顿的一个地标性建筑，建成于1905年，由威廉·菲尔普斯·伊诺设计。哥伦布圆环的中心是1892年为纪念哥伦布美洲探险航行400周年而建的哥伦布纪念碑，一座哥伦布的大理石雕像立在21米高的花岗岩石柱上。纪念碑上还有哥伦布的青铜浮雕，以及天使和鹰的雕塑。哥伦布圆环还有喷泉、花坛、长椅等设施，使哥伦布圆环的景色更加漂亮，同时也为街上的游客提供了休息的地方。哥伦布圆环自建成以来，一直是纽约的重要交通枢纽，很多公交、地铁线路都在这里停靠。

Tips
- Columbus Cir, NY
- 乘地铁在59th St.站出站

089

14 美国自然史博物馆
美国自然历史的展示中心

Tips
- 79th Street And Central Park West, NY 10024
- 乘地铁在81st St.站出站　☎ 212-769-5100　¥ 16美元

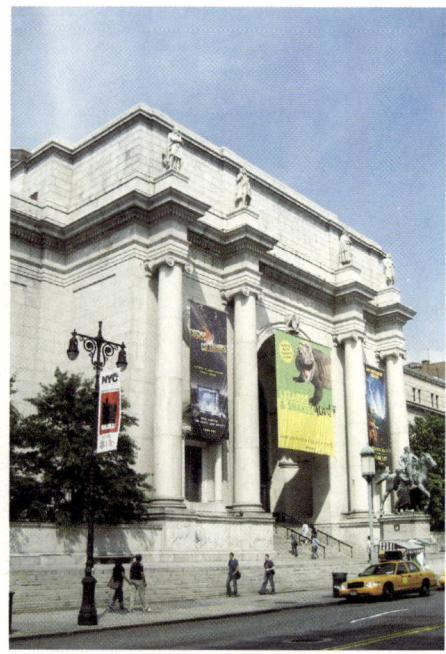

美国自然史博物馆是世界上最大的自然史博物馆，隶属于史密森学会，是一座结合了罗马风格与文艺复兴建筑风格的雄伟大厦，占地面积约7万平方米，始建于1869年。博物馆内展品种类丰富，藏品约有3600万余件，主要有天文、矿物、人类、古生物和现代生物5个方面，还有大量保存完好的古今哺乳动物、鸟类、两栖动物、爬行动物、昆虫和海洋生物的标本，以及大量珍稀矿物、火星陨石、宝石等，一些展厅还展示了人类最早的历史和世界各种文化的发展。著名电影《博物馆奇妙夜》就是以美国自然史博物馆为背景，讲述了夜晚降临时，馆内所有展品复活的奇妙景象。美国自然史博物馆除展览外，还进行科研活动，研究生命的起源和进化以及行星的形成和变化过程。

15 艺术与设计博物馆
极具现代艺术感的场馆

艺术与设计博物馆原为美国工艺品美术馆，主要展品是美国当代艺术家与世界各地的艺术家以各种材质创作的珍贵艺术作品。2008年迁址到纽约曼哈顿哥伦布圆环2号，总面积约5000平方米，比老馆大了一倍，收藏的艺术珍品有2000余件。馆内有一个155个座位的大礼堂，顶楼还有一个可以俯瞰中央公园美景的餐厅。艺术与设计博物馆新馆建筑造型前卫，采用自然光照明，从室内可以看到独特的室外美景。现在，艺术与设计博物馆已经成为公共教育场所，每年有近万人来此接受艺术教育。

Tips
- 2 Columbus Circle 10019　乘地铁在59th St.站出站　☎ 212-299-7777　¥ 15美元

16 达科塔大厦

曼哈顿第一家豪华公寓

Tips
1 West 72nd St. NY 10023-3486　乘地铁在72nd St.站出站

达科塔大厦是纽约市曼哈顿最具名气的豪宅大厦，具有哥特式建筑风格，与中央公园相邻，共有大小不一的85间公寓，住户全部是富商巨贾或社会名流，因此被人称为"最不寻常的地址"。著名的甲壳虫乐队的主唱约翰·列侬就曾住在这里，也是在这里被精神异常的歌迷射杀身亡的。因此，这里也成为歌迷们追思列侬的场所。除此之外，著名作曲家兼指挥家伯恩斯坦和芭蕾舞巨星纽瑞耶夫也曾住在达科塔大厦。

17 道利顿大厦

纽约街头最出风头的公寓

位于中央公园西侧、百老汇大道转角处的道利顿大厦建成于1902年，曾是百老汇最高的公寓楼，采用欧洲城堡建筑风格。灰白色的石灰石和红砖搭配铁艺阳台和精致的装饰，从整体到细节无不显示着法国王宫般的华丽和富贵。大厦顶部采用两层斜坡结构，增加了顶部阁楼的面积，还配有装饰精美的烟囱。楼上的装饰和花纹时刻体现着这里上流社会的气质，因此道利顿大厦被称为"纽约最出风头的公寓"。

Tips
171 West 71st Street, NY 10001-6103　乘地铁在72nd St.站出站

美国攻略　纽约·中央公园

091

18 安松尼亚旅馆
纽约高档公寓的代表 ★★★★★ 赏

安松尼亚旅馆是一座风格独特的18层建筑，将艺术酒店和公寓楼结合在一起，是纽约最大的酒店式公寓，也是纽约的地标性建筑。著名音乐家卡罗素、斯特拉文斯基、托斯卡尼尼等都曾在这里住过。

> **Tips**
> 🏠 Ansonia Hotel 2109 Broadway, NY 10023-2199　🚇 乘地铁在72nd St.站出站

19 格雷的木瓜
美国知名的小吃店 ★★★ 吃

> **Tips**
> 🏠 2090 Broadway New York, NY 10023, United States　🚇 乘地铁在72nd St.站出站
> ☎ 212-799-0243

格雷的木瓜是曼哈顿一家百年热狗老店，虽然店内装潢并不精美，但由于热狗的味道好，每天都会有很多人排队购买。新鲜松软的面包，搭配上热狗和酸菜，让人回味良久，而且价钱也不贵，喜爱美食的人不妨去尝试一下。

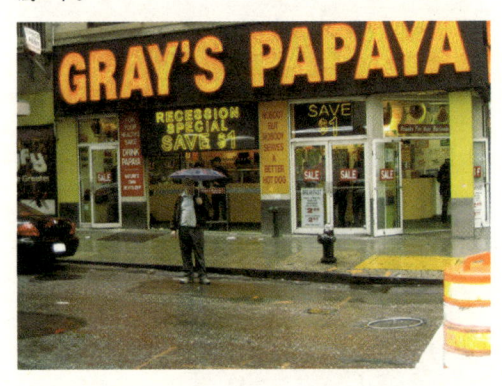

20 77街跳蚤市场
二手货大市场 ★★★★ 买

> **Tips**
> 🏠 77th St, NY 10024　🚇 乘地铁在72nd St.站出站
> ☎ 212-239-3025

位于纽约曼哈顿哥伦布大道上的77街跳蚤市场又叫绿色跳蚤市场，是曼哈顿第一个露天市场，已经经营了25年以上。这里商品种类繁多，从古董、饰品到家具、服装，甚至盆栽、蔬菜、水果都可以在这里找到。有时间的话，不妨到这里来淘宝，可能会有意想不到的收获，而且还有美食可以品尝。

21 林肯表演艺术中心
世界上最大的艺术会场

Tips
- 1941 Broadway, NY 10023
- 乘地铁在66th St.站出站
- 212-875-5050

　　位于中央公园西边、百老汇大街与哥伦布大道交会处的林肯表演艺术中心是纽约著名的艺术中心，也是世界上最大的艺术中心，被称为"古典艺术的殿堂"。林肯中心占地约6.6万平方米，同时可容纳18000名观众。林肯中心是模仿米开朗基罗市民广场设计的，由纽约州立剧院、大都会歌剧院、林肯中心剧院、艾弗里·费雪厅和茱莉亚音乐学院构成。纽约州剧院是纽约市立芭蕾舞团和歌剧院的所在地，能够容纳2800名观众。每年圣诞节期间的传统剧目《胡桃夹子》吸引了大批观众。大都会歌剧院是林肯表演艺术中心最华丽的建筑，是大都会歌剧团和美国芭蕾舞剧团的所在地，著名歌唱家卡雷拉斯、多明戈和帕瓦罗蒂等都曾在这里表演过。林肯表演艺术中心各大剧场主要上演高雅严肃的音乐、歌剧和芭蕾舞剧，是喜爱古典艺术的人们不能错过的好地方。

22 卡内基音乐厅
音响效果号称世界第一

Tips
- 881 7th Avenue, 10019
- 乘地铁在57th St.站出站
- 212-247-7800

　　卡内基音乐厅是由美国钢铁大王卡内基于1891年建造的，是一座意大利文艺复兴时期建筑风格的音乐厅，拥有世界一流的音响设备，曾是纽约爱乐乐团的常驻地，人们把能够在这里演出视为成功的标志。卡内基音乐厅内的主要演奏厅有三个，分别是主厅、小厅和独奏厅。主厅以小提琴家艾萨克·斯特恩的名字命名，称为"艾萨克·斯特恩礼堂"，分为5层，可容纳2804名听众。主厅的顶棚很高，声音效果浑厚，吸引了众多古典音乐家来这里表演。小厅以慈善家朱迪和阿瑟·赞克尔夫妇的名字命名，称为"赞克尔厅"，可容纳559名听众。独奏厅又名"威尔独奏厅"，可容纳268名听众。1991年，卡内基音乐厅新增了一所美术馆，用于展出珍藏的摄影作品和音乐手稿，成为喜爱高雅音乐的人最向往的地方之一。

美国攻略

纽约·中央公园

23 麦迪逊大道
75分！
● ● ● 现代广告业的圣地　★★★★ 赏

美国人口占世界6%，却消费了世界57%的广告，可以说美国立于世界广告业的前沿，而纽约的麦迪逊大道则是美国广告业的代名词，集中了许多知名广告公司的总部，是世界广告业的中心，也是全球广告人向往的圣地。麦迪逊大道两旁的写字楼里有美国最大的CNN广播电视网和50家电台，以及《时代》等美国主要刊物的编辑部、销售部和办事处，还有近千种国际报纸的广告代理处，近万家广告公司及下属的制作、代理、服务公司，是一条庞大的财富链。随着美国著名作家马丁·迈耶所著的《麦迪逊大道》一书的走红，这里更是吸引了大批游客前来参观。除此之外，麦迪逊大道还聚集了很多高档精品店、时尚设计师品牌，以及上流社会发型沙龙，因此又被称为"时尚街"。

Tips
🏠 Madison Avenue, NY 10075-0113　🚇 乘地铁在68th St.站出站

094

24 广场饭店

纽约城市发展历史的标志之一 ★★★★★ 吃

Tips
- 5th Avenue, NY 10019
- 乘地铁在5th Ave.站出站步行2分钟即可到达
- 212-759-3000

与纽约大军团广场相邻，且与中央公园仅一街之隔的广场饭店是由著名设计师亨利·哈登伯格设计的，具有法国文艺复兴时期的建筑风格，它长122米，高76米，分为19层。广场饭店现在已有100多年的历史，是纽约百余年发展历史的见证者，也得到了纽约市地标建筑保护委员会的指定，成为纽约市地标性建筑之一。广场饭店内部装饰豪华，服务优质，一直是世界各地的社会名流，甚至是国王、总统访问纽约时的下榻地点。著名影星玛丽莲·梦露、伊丽莎白·泰勒、汤姆·克鲁斯，以及甲壳虫乐队都曾是广场饭店的客人，因此广场饭店成了美国最著名的饭店之一，并吸引了很多电影、电视剧在此取景拍摄，成了名流聚集地的代名词。

美国攻略

纽约·中央公园

095

美国
攻略HOW

Part.7 纽约·时报广场

位于纽约市中心的时报广场四周林立着摩天大厦,各种广告牌和霓虹灯令人目不暇接。它是纽约市举办各种庆典活动的场所,同时也是全世界最有名的广场之一。

美国攻略

纽约·时报广场

纽约·时报广场 特别看点！

第1名！
时报广场！
100分！ 
★ 美国最著名的广场，纽约的城市标志！

第2名！
百老汇大道！ 
90分！
★ 全球最著名的音乐剧中心，美国戏剧和音乐剧的代名词！

第3名！
布莱恩特公园！ 
75分！
★ 纽约著名的市区公园，各种影视剧青睐的外景地！

01 杜莎夫人蜡像馆 赏
纽约最受欢迎的景点之一 ★★★★★

Tips
234 West 42nd Street, NY 10036　乘地铁在Times Square 42nd St.站出站　800-246-8872　35.5美元

杜莎夫人蜡像馆成立于英国伦敦，在纽约、曼谷、柏林、香港、上海等地设有分馆。纽约分馆位于纽约第七大街和第八大街之间，共分为4层，里面有很多历史名人和社会名流的蜡像，非常逼真。展馆内的蜡像并不是整齐地摆放在一起，而是分布在展馆的各个角落，让游客难辨真假，增添了许多乐趣。杜莎夫人蜡像馆为人们提供了一个与自己的偶像见面合影的机会，在这里，游客还可以通过触摸去感受那些蜡像。同时，蜡像馆还开展了一系列体验互动活动，包括和詹妮弗·安妮斯顿一起走过红地毯，与亚瑟小子一起制作音乐，在詹妮弗·洛佩兹旁边低声耳语让她脸红，以及在偶像明星旁边唱歌，在环法自行车计赛选手旁边骑车。这样使得杜莎夫人蜡像馆从众多枯燥无味的博物馆中脱颖而出，给游客提供了独特的观展体验，受到了游客们的一致好评。

02 国际摄影中心
摄影艺术的圣地 ★★★★★ 赏

Tips
🏠 1114 Avenue of the Americas at 43rd Street, NY 10036 🚇 乘地铁在Times Square 42nd St.站出站 ☎ 212-857-0000 ¥ 12美元

位于纽约第五大道的国际摄影中心成立于1974年，为了探索摄影的可能性，国际摄影中心一直在开展展览、培训和社区拓展等活动。30多年来，举办了500多次摄影展览，展出了2000多位摄影家的作品，收藏有10万多张照片原作。这里有一流的教学设备、图书馆、实验室等，并请世界上最有成就的业内人士对学生教授硕士课程，每年有5000多名学生在这里参加培训。为表彰每年对摄影做出重要贡献的人，国际摄影中心设立了无限摄影奖、年轻摄影师奖、终身成就奖等多个奖项。

03 红龙虾餐厅
纽约最有人气的海鲜餐厅之一 ★★★★ 吃

Tips
🏠 5 Times Square, Nyc/5, NY 10036 🚇 乘地铁在Times Square 42nd St.站出站 ☎ 212-730-6706

红龙虾餐厅是美国最著名的海鲜连锁餐厅，创立于1968年，有很多分店。这里的海鲜新鲜、味道好，而且服务态度好，因此成了美国最受欢迎的海鲜餐厅。到了吃饭的时间，红龙虾餐厅经常客满，如果没有预订，通常需要等很久才能有空位。

美国攻略 | 纽约·时报广场

04 布莱恩特公园 75分!
闹市中的绿洲

Tips
🏠 25 West 40th New York, NY 10018, United States 🚇 乘地铁在Times Square 42nd St.站出站

美国攻略

纽约·时报广场

布莱恩特公园始建于1884年，位于纽约市中心地带、时报广场附近，是个私人管理的公共公园，但却与时报广场截然不同，没有时报广场的喧嚣和繁华，算是闹市中的绿洲，是一个放松心情的好地方。布莱恩特公园里绿草如茵，还有室外阅览室和餐厅，游客参观完纽约的各大景点可以到这里晒晒太阳，看看书，感受一下纽约的休闲时光。公园每年都会举办户外电影放映、拉丁舞会、音乐会、冰上表演等一系列活动，很受市民欢迎。除此之外，布莱恩特公园里还有很多对国家做出贡献的名人的铜像，如布莱恩特雕像、安德拉达·席尔瓦雕像、格特鲁德·斯泰因雕像等。

100

美国攻略

纽约·时报广场

05 百老汇大道 90分!玩
纽约最有人气的地方 ★★★★★

Tips

📍 Broadway Avenue，NY 10036-3902 🚇 乘地铁在Times Square 42nd St.站出站

百老汇大道是纽约市的一条重要道路，从南北方向上贯穿曼哈顿岛，可以说是曼哈顿最长的道路。由于道路两旁聚集了很多剧院，随着美国戏剧和歌舞剧的发展，"百老汇"逐渐成为美国戏剧和歌舞剧的代名词。百老汇歌舞剧娱乐性强，舞台灯光富丽堂皇，因此每年都有无数世界各地的游客到这里欣赏百老汇的歌舞剧。其中最著名的剧目有《悲惨世界》、《美女与野兽》、《歌剧魅影》、《西贡小姐》、《国王与我》等。许多好莱坞的明星都是从百老汇的舞台走上大荧幕的，如著名音乐故事片《音乐之声》的女主角朱莉·安德鲁斯就是在百老汇出演同名音乐剧而被导演发现的。因此，演员都将登上百老汇的舞台视为一种荣耀。除此之外，百老汇大道上有一段舞步地砖，只要按照地上的舞步顺序就可以跳出正确的伦巴、探戈、华尔兹等舞步。路两旁还有很多有趣的商店，吸引了很多潮人。

101

06 时报广场

美国最受欢迎的广场

Tips
📍 Times Square, NY 10036　🚇 乘地铁在Times Square 42nd St.站出站

位于西42街与百老汇大道交界处的纽约时报广场是纽约商场和剧院最集中的地带，原名是"朗埃克广场"，后因《纽约时报》的总部设在这里而得名。19世纪，时报广场因百老汇歌舞剧的盛行而风靡一时，到了20世纪30年代开始陷入了大萧条时期。如今，时报广场上耀眼的霓虹灯牌和五颜六色的广告宣传板充分现着曼哈顿强烈的都市气息，而且已经成为纽约的标志，还被称为"世界的十字路口"。现在的时报广场已经成为纽约最大的市集，无论是棒球大赛还是总统选举，人们都会聚集到时报广场来等待和庆祝。到了新年除夕夜，这里还会举办降球仪式和狂欢活动，吸引了全美甚至世界各地的无数游客。

07 Joe Allen

充满了温馨气息的酒吧

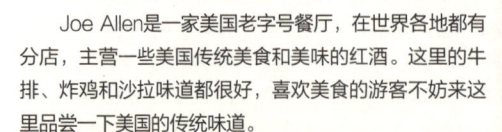

Joe Allen是一家美国老字号餐厅，在世界各地都有分店，主营一些美国传统美食和美味的红酒。这里的牛排、炸鸡和沙拉味道都很好，喜欢美食的游客不妨来这里品尝一下美国的传统味道。

Tips
📍 326 West 46th Street, NY 10036　🚇 乘地铁在42nd St. Port Authority Bus Terminal站出站
☎ 212-581-6464

08 玩具反斗城
美国第一家玩具超市 ★★★★★ 买

Tips
📍 1514 Broadway, NY 10036 🚇 乘地铁在 Times Square 42nd St.站出站 ☎ 646-366-8800

玩具反斗城是全球最大的玩具零售商，通过对各类玩具品牌进行整合，带给顾客一站式购物体验。它的总部设在美国韦恩，全球各地都有分店。纽约的时代广场就有一家分店，店里根据不同的主题分成了7个区域。反斗一族区域专卖男孩感兴趣的各种遥控车、模型车、玩具飞机、电影英雄模型等；女孩至爱区域主营女孩感兴趣的各种洋娃娃、毛绒玩具、玩具服装、角色扮演玩具等；合家欢游戏区域专卖适合一家人玩的纸板游戏、策略游戏等；益智玩具区域专卖积木、拼图、科学玩具、书包等各种教育和学习辅助用品；潮流新领域专卖适合所有年龄段的各种电子产品、收藏玩具等；户外运动站专卖球类、滑板、自行车等户外用品，还有专卖婴儿用品、食品、玩具的Babies Ru区域。因此，玩具反斗城不仅吸引了小朋友，也吸引了大批成年游客。

09 大满贯
纽约著名的购物中心之一 ★★★★★ 买

Tips
📍 1557 Broadway, NY 10036 🚇 乘地铁在 Times Square 42nd St.站出站 ☎ 212-398-6388

位于纽约曼哈顿百老汇大道的大满贯是纽约最大的礼品、纪念品商店，来自世界各地的观光客都会到这里选购与纽约有关的纪念品。这里有很多店铺，除了印有纽约风景的书签、明信片等普通的纪念品，还有许多设计独特的装饰品，如上面印有"I Love New York"字样的T恤或装饰品，以及一些纽约标志性建筑的模型。

10 殖民地
具有艺术文化气息的商店 ★★★★★ 买

Tips
📍 1619 Broadway, NY 10019-7412 🚇 乘地铁在 Times Square 49th St.站出站 ☎ 212-265-2050

位于百老汇大道的殖民地音乐中心是纽约最著名的音乐艺术品商店，在这里可以买到各种音乐CD、VCD、DVD以及黑胶碟。除此之外，这里还有很多百老汇演出的相关产品，是音乐爱好者必去的地方。

美国攻略 | 纽约·时报广场

美国
攻略HOW

Part.8 华盛顿

作为美国首都的华盛顿被美国人称为"国家的心脏",其城市始建于1789年,是一座呈标准四边形、建筑布局匀称的城市。

美国攻略 | 华盛顿

华盛顿 特别看点！

第1名！ 白宫！  100分！
★ 美国总统府，华盛顿最著名的景点！

第2名！ 国会大厦！ 90分！
★ 美国的象征，华盛顿最雄伟的建筑！

第3名！ 五角大楼！ 75分！
★ 大名鼎鼎的美国国防部，美国最高的军事指挥机构！

01 白宫 (100分)
美国总统府 ★★★★★ 赏

Tips
🏠 1600 Pennsylvania Avenue, WA　🚇 乘地铁在 Farragut West站出站　☎ 202-456-1414

　　坐落于华盛顿宾夕法尼亚大街的白宫是历届美国总统的官邸和办公地，同样也是游客们最想去的景点之一。白宫占地7万多平方米，分为主楼、东翼和西翼。主楼分为三层，底层是外宾接待室、图书室以及一些收藏陈列室，二层是一些供宴会、聚会用的大厅，三层则是总统及家人的住所。神秘的总统办公室位于西翼内，窗外是总统经常举行新闻发布会的玫瑰园。白宫的花园干净整洁，大约有6万多平方米，包括杰奎琳·肯尼迪花园、玫瑰园、南草坪和儿童花园。其中南草坪主要用于举行盛大的欢迎仪式和停放总统直升机，儿童花园则因留有历届总统未成年子女的手印和脚印而吸引了大批游客的注意。

02 拉法耶特广场
华盛顿著名的市政广场 ★★★★★ 赏

Tips
📍 Pennsylvania Avenue Northwest, WA
🚇 乘地铁在Farragut West站出站 ☎ 202-755-7798

拉法耶特出身于法国贵族家庭，志愿参加美国革命，曾参与美国独立战争和法国大革命，都立下了汗马功劳，因此被称为"新旧两个世界的英雄"。为了纪念这位法国侯爵，美国华盛顿政府在白宫的北边建立了一座拉法耶特广场，如今已经成为华盛顿著名的市政广场，美国政府也经常在这里举行新闻发布会。拉法耶特广场上有很多历史名人的雕像，除了拉法耶特侯爵外，还有美国第7任总统杰克逊等，而且这里也是拍摄白宫景色的好位置，吸引了世界各地的观光者前来拍照合影。

03 五角大楼
大名鼎鼎的美国国防部 75分! ★★★★★ 赏

Tips
📍 401 12th Street S, Arlington, VA 🚇 乘地铁在Pentagon站出站 ☎ 703-697-1776

位于华盛顿西南部阿灵顿区的五角大楼是美国国防部和美国最高军事指挥机关的所在地，因建筑呈五角形而得名。五角大楼共有六层，一层有银行、邮局、书店、电报局以及各种商店；二层是被称为"国防部灵魂"的参谋长联席会议召开地，因为铺有金色的地毯而被称为"金厅"；三层有陈列着独立战争以来"最高荣誉勋章"获得者信息的"英雄厅"，还有纪念马歇尔、艾森豪威尔和麦克阿瑟三位元帅的陈列厅，陈列着他们各个时期的照片、军装、勋章、手枪，以及他们签署的命令和文物等；三层以上是海军部和空军部。在这里，游客可以充分了解美国军队的战争历史及美国各个时期的军事装备情况，因此吸引了很多军事爱好者前来参观。

美国攻略　华盛顿

107

04 国会大厦 90分!
美国的象征 ★★★★★ 赏

Tips
📍 E. Capitol St., WA 🚇 乘地铁在Capitol South站出站 ☎ 202-225-6827

坐落于华盛顿国会山上的美国国会大厦是美国最高立法机构——国会的办公大楼，1793年由华盛顿总统亲自奠基。国会大厦曾在美英战争中遭到损坏，战后经过多次改建和扩建，建成了现在我们经常在电影电视中看到的白色带圆顶的建筑。大厦全长233米，共有三层，中央的圆顶上有一座左手扶盾、右手拿剑的自由女神像。国会大厦中央的圆形大厅有很多美国重要历史人物的雕塑以及记录美国历史的壁画，大厅穹顶则有意大利画家康斯坦丁·布卢米狄创作的《天堂中的华盛顿》。国会大厦的南侧是众议院，北侧是参议院，虽然整体建筑庄严肃穆，但大厦前的草坪和湖水则让人感到轻松和享受。而历届总统举行就职典礼的地方就是国会大厦东面的草坪。到了晚上，国会大厦与林肯纪念堂和华盛顿纪念碑灯火辉映，更是美不胜收。

05 美国国家宇航博物馆

世界上最大的航空航天博物馆 ★★★★★ 赏

位于华盛顿国家大草坪的美国国家宇航博物馆隶属于史密森学会，是世界上收藏展品最丰富的宇航博物馆，展览面积近两万平方米。馆内收藏着具有重要历史意义的飞机、火箭、导弹、宇宙飞船，以及重要航空史实的遗留物，其中大部分都是原物，只有一些体积比较大的展品使用仿真模型。博物馆中不仅收藏有美国的展品，还有对人类有重大意义的其他国家的航空航天成果的复制品，包括莱特兄弟的"飞行者1号"飞机、时速7296千米的x-15火箭飞机、世界上第一颗人造卫星"斯帕特尼克1号"，以及"阿波罗11号"第一次登月时的登月舱。在这里，游客可以自己操作，亲身体验在空中飞翔和在太空遨游的奇妙感觉。同时，博物馆中的IMAX影院和爱因斯坦天文馆可以给游客提供更加直观的视觉体验。

Tips

- Independence Avenue Southwest, WA
- 乘地铁在Smithsonian站出站
- 202-633-2214

美国攻略 华盛顿

06 国会图书馆

全球最著名的图书馆 ★★★★★ 赏

Tips
- 101 Independence Avenue SE 634, WA
- 乘地铁在Capitol South站出站
- 202-707-8000

位于国会山的国会图书馆建于1800年，是美国官方图书馆之一，也是世界上最重要的图书馆之一。馆内有1亿多项收藏品，包括稀有图书、世界上最大的地图、电影胶片等，在美国文化中占有重要地位，是美国知识与民主的象征，也是世界上最大的知识宝库。国会图书馆的首要任务是满足美国国会的研究需要，馆内设有22个阅览室，与国会图书馆网站一起为全美国人民服务。除此之外，图书馆使用的图书编目系统和题录标准已经在世界上其他图书馆中得到广泛使用。目前，国会图书馆的工作人员正在研究一种新的电子技术，可以使美国众多学校和科研机构共享图书馆资源，最终达到全世界图书馆资源共享的目的。国会图书馆由三座建筑构成，都以总统的名字命名，分别是杰斐逊大厦、亚当斯大厦和麦迪逊大厦，采用文艺复兴时期的建筑风格，古朴典雅，充满了学术氛围。

07 华盛顿纪念碑

全球最高的石质建筑物 ★★★★ 赏

Tips
- Madison Dr NW & 15 Street Northwest, WA
- 乘地铁在Smithsonian站出站

位于华盛顿国家大草坪上的华盛顿纪念碑是华盛顿的标志性建筑，是为了纪念美国第一位总统华盛顿的丰功伟绩而建的。这座内空的方形尖碑，始建于1848年，底边宽22.4米，高169米，是世界上最高的石质建筑物。纪念碑的内墙上还镶嵌着188块由世界各地的个人或团体捐赠的纪念石，其中一块是清政府赠送的，上面刻有文言文。纪念碑的四面被国会大厦、林肯纪念堂、白宫和杰斐逊纪念堂包围，内部有897级台阶，游客可以选择拾阶而上，也可以选择乘坐电梯到达纪念碑顶端，从顶端的观景窗里俯瞰整个华盛顿，从另一个角度领略这座城市的独特魅力。每年美国独立日的晚上会有焰火在这里燃放，五彩缤纷的焰火与纪念碑交相辉映，吸引了无数游客的目光。

08 旧行政办公大楼

美国副总统办公的地点 ★★★★★ 赏

Tips

📍 17th Street and Pennsylvania Avenue, WA　🚇 乘地铁在Farragut West站出站　☎ 202-395-5895

位于华盛顿特区宾夕法尼亚大道上的艾森豪威尔行政办公楼，又叫旧行政办公大楼，曾是美国国务院、国防部和海军部的办公场所，如今经过修建，成为美国副总统办公的场所，而且是许多重要的签约仪式的举办场所。旧行政办公大楼采用维多利亚时代流行的第二帝国建筑风格，是典型的美国建筑风格。整个大楼看上去简洁大方，窗口、烟囱、屋顶装饰等细节部分设计独特，为大楼增添了几分魅力。旧行政办公大楼部分对游客开放，已经成为华盛顿著名的旅游景点之一。

美国攻略

华盛顿

美国攻略

华盛顿

09 肯尼迪中心
华盛顿著名的艺术殿堂 ★★★★★ 赏

位于华盛顿特区西北部波托马克河畔的肯尼迪中心是在美国文化界具有重要意义的国家文化中心，同时也是为了纪念美国这位年轻的遇刺总统。肯尼迪中心毗邻水门大厦，一面临水，风景秀丽，站在屋顶的露台上还可以欣赏托马克河及华盛顿的美丽风光。肯尼迪中心包括一个歌剧厅、两个舞台表演厅、一个实验剧院、一个音乐厅、一个电影院，以及表演艺术图书馆。这里的设备先进，无论是歌剧厅还是音乐厅，声光效果都非常震撼人心。因此，作为美国最好的艺术表演中心，肯尼迪中心吸引了来自世界各地的艺术爱好者前来欣赏世界顶级的艺术表演。除此之外，肯尼迪中心还拥有世界各国送来的礼物，集合了各国艺术作品的精华，成为视觉艺术的展示厅。

Tips
🏛 2700 F Street, NW Washington, D.C. 🚇 乘地铁在Foggy Bottom站出站 ☎ 202-467-4600

112

10 林肯纪念堂
●●● 一座气势雄伟的建筑　★★★★ 赏

Tips
🏠 900 Ohio Drive Southwest, WA　🚇 乘地铁在Foggy Bottom站出站　☎ 202-426-6381

坐落于华盛顿国家大草坪的林肯纪念堂是为了纪念带领美国奴隶获得解放的著名总统亚伯拉罕·林肯而建造的，采用了古希腊神殿的建筑风格，并与华盛顿纪念碑和美国国会大厦相邻。纪念堂长57米，宽36米，整体呈长方形，周围有36根洁白的大理石圆柱，并刻有林肯任总统时美国36个州的州名。纪念堂正中央摆放着一座由纯白大理石打造的巨型林肯坐像，威严而肃穆，墙上还刻着林肯总统的两篇演讲词。著名电影《博物馆奇妙夜》曾在这里取景。林肯纪念堂还是民权运动的圣地，马丁·路德·金的著名演讲《我有一个梦想》就是在这里发表的。因此，林肯纪念堂作为华盛顿的标志而受到游客们的一致好评，成为华盛顿最值得一看的景点之一。

11 国会山映像池
●●● 巨大的人工水池　★★★★★ 赏

Tips
🏠 WA 20245　🚇 乘地铁在Foggy Bottom站出站

位于华盛顿特区林肯纪念堂前的国会山映像池是一个长300多米的巨大的水池，水池两侧是柔软的草坪和茂密的树林，让人感到舒适。在这里，游客不仅可以看到波光粼粼的水池中倒映的蓝天白云、翠绿的树林，还可以看到华盛顿纪念碑等建筑物的倒影。而且，随着时间和季节的变换，映像池中倒映的景象也会发生变化，吸引了很多游客前来参观。

美国攻略

华盛顿

113

12 富兰克林·罗斯福纪念碑

华盛顿著名的景点

Tips
- 1850 West Basin Drive Southwest, WA
- 乘地铁在Foggy Bottom站出站
- 202-426-6895

富兰克林·罗斯福纪念碑是华盛顿第一座由风景园林师设计的重要纪念碑，建成于1997年。设计师劳伦斯·哈普林将空间的纪念性与游客的参与体验结合在一起，从入口向内按时间顺序设计了4个主要空间，对罗斯福总统长达12年的任期经历进行叙述，也是对言论自由、宗教自由、免于匮乏的自由和免于恐惧的自由等4个"自由"的纪念。设计师将这种纪念性融入了花岗岩石墙、瀑布和雕塑中，通过石刻记录罗斯福总统最具影响力的语录，并利用表现全球经济大萧条、第二次世界大战等众多历史事件的雕塑，从侧面反映当时的时代精神，让游客漫步于雕塑中间，感受那些雕塑，追忆那些逝去的时光，以此表达对罗斯福总统的纪念。

13 托马斯·杰斐逊纪念堂

象征着美国独立精神的殿堂

Tips
- 900 Ohio Drive Southwest, WA
- 乘地铁在Smithsonian站出站
- 202-426-6822

　　杰斐逊纪念堂，位于华盛顿潮汐湖畔，是为了纪念美国第三任总统托马斯·杰斐逊而建造的，是采用白色大理石建造的罗马万神殿风格的圆顶建筑。这座造型独特的纪念堂高约30米，外围的54根花岗岩石柱让人感到安宁和沉稳。走进纪念堂，首先看到的是一幅大理石浮雕，展现的是杰斐逊总统同本杰明·富兰克林、约翰·亚当斯、罗杰·谢尔曼和罗伯特·利文斯顿一起起草《独立宣言》的情景。纪念堂正中央是一座高约6米的杰斐逊巨型雕塑，威严而肃穆，十分传神，让人肃然起敬。每到樱花盛开的季节，美丽的樱花与湖中的纪念堂倒影交相辉映，总是会吸引一大批游客前来观赏。

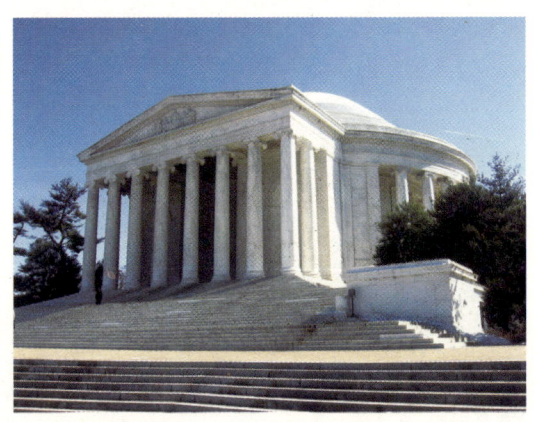

14 国家地理学会
闻名世界的国家地理学会的总部

Tips
📍 1145 17th St.N.W., WA　🚇 乘地铁在 Farragut North站出站　☎ 202-647-5463

国家地理学会成立于1888年，是一个以"增进和普及地理知识"为目的的非营利性科学与教育组织。经过100多年的发展，国家地理学会现在通过优秀的杂志、地图、书籍、电影和交互媒体产品鼓励人们保护地球，并且已拥有千万会员。来自世界各地的众多优秀科学家、探险家、摄影师、电视工作者和作者都在为学会赢得显赫的荣誉而辛勤工作。学会的官方刊物《国家地理》（月刊）不仅向读者推广地理知识和资讯，还热衷于赞助国际性的地理探索和调查活动，推动世界地理的探索和发展。国家地理学会的总部设在华盛顿，总部大楼一层是国家地理博物馆，不仅有世界各地的地理奇观介绍，还有风土人情和考古发现的展示，吸引了世界各地的地理爱好者前来参观。

15 莎士比亚图书馆
私人捐助的图书馆

Tips
📍 201 East Capitol Street Southeast, WA　🚇 乘地铁在Capitol South站出站　☎ 202-544-4600

位于华盛顿的莎士比亚图书馆是一个私人捐助的图书馆，建于1932年，收藏有大量与莎士比亚有关的资料、作品和文件，是研究莎士比亚最权威的机构之一。除此之外，这里还有很多珍稀英文书籍和历史文物，包括莎士比亚的画像和雕像。莎士比亚图书馆环境优雅、典藏丰富，通过莎士比亚的生平事迹和作品解读让游客更加了解这位伟大的作家。对于莎士比亚迷来说，这里是不能错过的好地方。

16 美国最高法院
●●● 美国最高的司法机构 ★★★★ 赏

Tips
🏠 1 First Street Northeast, WA　🚇 乘地铁在 Capitol South站出站　☎ 202-479-3000

　　美国最高法院是美国最高的审判机构，也是美国最重要的权力机构，由9位经过总统提名和参议院听证后批准委任的大法官组成，曾审理和判决过很多影响深远的案件。法院建筑采用古希腊式建筑风格，排列整齐的巨大石柱使这里充满了神圣庄严的氛围，让人肃然起敬。在最高法院的正门两侧分别矗立着"正义之沉思女神"和"法律守护神"的雕塑，前门中间镌刻着一句《圣经》中的名言："世人哪，耶和华已指示你何为善。他向你索要的是什么呢？只要你行公义，好怜悯，存谦卑之心，与你的上帝同行。"

17 邮政博物馆
●●● 华盛顿最为有趣的博物馆之一 ★★★★ 赏

Tips
🏠 2 Massachusetts Avenue Northeast, WA　🚇 乘地铁在Union Station站出站　☎ 202-633-5555

　　邮政博物馆位于华盛顿联合车站对面的邮局大楼中，主要收藏了美国各个时期与邮电业相关的物品和其他国家的邮政服务相关藏品，详细记录了美国邮政的发展历史。除此之外，馆内还收藏有世界上最大的邮票和各种集邮工具，主要分为"装订美国"、"客户与社区"、"传送邮件"、"卡片与信件的艺术"和"邮票的故事"等陈列室，分别介绍了美国各个时期邮政人员使用的工具、邮筒、邮政文件、精美的明信片和邮票等，吸引了世界各地的集邮爱好者前来参观。

18 国立自然历史博物馆
●●● 全球最大的自然博物馆之一   ★★★★★ 赏

Tips
🏠 National Museum of Natural History, Constitution Ave. N.W.,WA 🚇 乘地铁在Smithsonian站出站 ☎ 202-633-1000

位于华盛顿的美国国立自然历史博物馆隶属于世界上最大的博物馆体系——史密森尼博物馆，开放于1910年，是专门展示自然发展的博物馆。博物馆内藏品丰富，数量繁多，全面反映了人类及自然环境的面貌和演化，从恐龙化石、各种矿物到美国的印第安文物等应有尽有。除此之外，博物馆还有很多珍贵的矿物宝石，以世界上最大的钻石"希望之星"作为中心展品。游客可以在这里看到世界各地的各种矿物标本、精美的首饰配件以及璀璨的巨型宝石，同时可以听到各种宝石的神奇传说。

19 史密森尼博物馆总部
●●● 华盛顿最有魅力的博物馆   ★★★★ 赏

Tips
🏠 1000 Jefferson Drive Southwest, WA 🚇 乘地铁在Smithsonian站出站 ☎ 202-633-1000

史密森尼博物馆是世界上最大的博物馆体系，也是一个从事公共教育、国民服务，以及艺术、科学和历史等各方面研究的研究中心。史密森尼博物馆下属16家博物馆，其中包括最著名的国立美国历史博物馆、艺术工业大楼、赫希洪博物馆、国立美国艺术博物馆、国立非洲艺术博物馆、国立航空航天博物馆、国立自然历史博物馆等。史密森尼博物馆总部位于美国首都华盛顿特区，内设行政总部、办公室以及史密森尼信息中心。在这里不仅可以欣赏珍贵藏品，还可以查询其他属于史密森尼博物馆体系的藏品的信息，让游客了解到更多这个体系内展馆的情况。

美国攻略　华盛顿

20 美国国家美术馆
美国最好的艺术品展览馆 ★★★★★ 赏

Tips
🏠 4th St. N.W., WA　🚇 乘地铁在Archives站出站　☎ 202-737-4215

位于美国国会大厦西阶的美国国家美术馆由两座风格截然不同的建筑组成，一座是新古典式建筑，采用古希腊建筑风格，整齐的圆立柱使整个建筑显得气势宏伟；另一座是现代风格的三角形建筑，不规则的外形结构充满了现代感。国家美术馆是美国收藏最丰富的美术馆，收藏了欧洲从中世纪到现代、美国从殖民时代到现代的各种艺术品，约有4万件，是艺术爱好者最向往的地方之一。馆内藏品包括达·芬奇的《吉内夫拉·德本奇像》、拉斐尔的《圣母图》、凡·爱克的《圣母领报图》、美国著名画家斯图尔特的《华盛顿像》，还有安吉利科修士、彼埃德罗·德拉·弗朗西斯卡、伦勃朗、马奈、莫奈等大师的作品。

21 硫磺岛纪念碑
美国最著名的军人纪念碑 ★★★★ 赏

Tips
🏠 1400 North Meade Street, Arlington, VA　🚇 乘地铁在Arlington Cemetery站出站　☎ 703-289-2500

在"二战"中，太平洋战场上有许多惨烈的战役，硫磺岛纪念碑就是为了纪念在"二战"中牺牲的美国海军陆战队战士而建的。纪念碑建于1954年，是根据当时的一张新闻照片而设计的，通过写实的手法塑造了6位冒着枪林弹雨将美国国旗插上硫磺岛折钵山的海军陆战队战士的形象，将当时紧张的情况和战士们大无畏的神情生动地表现出来，让人肃然起敬，并感叹现在和平生活的来之不易。纪念碑位于阿灵顿国家公墓，每天都有守卫公墓的战士将纪念碑上的国旗晨升暮降。

22 国际间谍博物馆

具有神秘色彩的博物馆 ★★★★★ 赏

Tips
🏠 800 F Street, WA 🚇 乘地铁黄线在Gallery Place站出站 ☎ 202-393-7798

在"间谍之都"华盛顿的众多博物馆中，国际间谍博物馆是唯一一个收费的博物馆，它与联邦调查局相邻，由5座建筑构成，总面积约5400平方米。博物馆的创建者曾在国家安全局工作，主要负责电子窃听工作，因此博物馆内收藏了从世界各地收集来的间谍设备和窃听工具等物品。在这里，游客可以通过亲身体验来了解神秘的间谍工作，走进间谍的精神世界。博物馆内的展品使人大开眼界，有苏联情报员使用的鞋跟窃听器、纽扣相机、克格勃女特工使用的口红手枪，还有在独立战争期间美国总统华盛顿写给情报员的"无字天书"等。如果想体验一下"007"式的间谍工作，华盛顿国际间谍博物馆是个不错的选择。

23 福特剧场

林肯总统遇刺的地方 ★★★★★ 赏

Tips
🏠 511 10th Street, WA 🚇 乘地铁橙、蓝、红线在Metro Center站出站 ☎ 202-347-4833

福特剧场是华盛顿一家著名的古老剧场，因美国历史上最重要的总统之一——亚伯拉罕·林肯在这里被暗杀而闻名于世。现在，福特剧院依然保留着不少当时的细节，包括舞台外沿上划擦的痕迹、总统包厢门上的弹孔等。馆内还有陈列着林肯总统遇刺当日的节目单、刺杀用的手枪等相关物品的陈列室供游客参观。除此之外，还有专门的讲解员为游客们解说这一历史事件，因此这里也成为来华盛顿旅游必到的景点之一。

24 阿灵顿国家公墓
美国著名的国家公墓 ★★★★ 赏

Tips
📍 McNair Road, Arlington, VA 22211　🚇 乘地铁在Arlington Cemetery站出站　☎ 703-607-8000

坐落于弗吉尼亚州阿灵顿郡的阿灵顿国家公墓与林肯纪念堂隔波托马克河相望，占地面积2.48平方千米。整个公墓绿树环绕，绿草成茵，没有一般墓地的阴森凄冷，更像是一座美丽的公园，一排排简洁的白色墓碑让人感到纯洁和神圣。阿灵顿国家公墓不仅环境优美，美国人民还把能够安葬在这里视为一种无上的荣耀，因为长眠在这里的主要是在战争中为国捐躯的士兵，以及曾对国家有杰出贡献的人们。安葬在这里的名人有美国总统约翰·肯尼迪、第一次世界大战中任美军总司令的约翰·潘兴将军、曾任美国国务卿的乔治·马歇尔将军。除此之外，墓园内还有一座无名战士墓，用来安葬那些为国捐躯的无名英雄。无名战士墓是整个墓园中唯一一座有哨兵日夜守护的墓碑，充分体现了美国人尊崇为国献身的国家精神。

25 乔治敦大学
美国最好的大学之一 ★★★★ 赏

Tips
📍 600 New Jersey Avenue Northwest, WA　🚇 乘地铁在Dupont Circle站出站　☎ 202-662-9220

乔治敦大学位于华盛顿市中心，是华盛顿特区声誉最高的综合性私立大学，与哈佛大学、耶鲁大学、普林斯顿大学、斯坦福大学等一起被公认为美国最好的大学。它建于1789年，拥有悠久的历史，是美国最古老的大学之一，也是美国门槛最高的大学之一。乔治敦大学坐落于波多马克河畔、风景如画的乔治城中，毗邻联邦政府的办公厅，因此充满了国际化色彩，其国际关系专业还被全美各大学的国际关系专业的教授们评为最佳。校园内景色优美，还有很多名人留下的痕迹，著名的美国NBA篮球运动员阿伦·艾弗森、美国前总统比尔·克林顿、前国务卿奥尔布赖特、前国防部长罗伯特·盖茨、台湾政治人物宋楚瑜等名人都曾在这里就读。

26 威廉玛丽学院
历史悠久的高等学府 ★★★★★ 赏

Tips
📍 West end of Duke of Gloucester Street, VA ☎ 757-221-4000

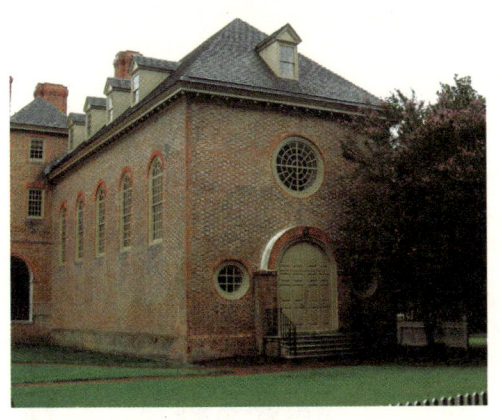

威廉玛丽学院位于弗吉尼亚州，成立于1693年，是美国仅次于哈佛大学的历史第二悠久的大学，由英国国王威廉三世和女王玛丽二世创建，地处历史名城威廉斯堡，因此具有重要历史意义，1967年成为现代综合性大学。威廉玛丽学院环境条件一流，校园内风景优美，建筑古朴典雅，是美国公立常春藤院校之一，也是美国最美的校园之一。威廉玛丽学院人才辈出，培养了一代又一代的精英。从乔治·华盛顿、托马斯·杰斐逊等早期美国历史中的重要政治人物，以及麻省理工学院的创始人威廉·巴顿·罗杰斯，到美国最伟大的棒球手之一的普莱德，以及前中央情报局局长罗伯特·盖茨、前白宫经济顾问委员会主任克里斯蒂娜·罗默等社会各界名人都曾就读于威廉玛丽学院。

27 国家档案馆
记载美国国家历史的地方 ★★★★★ 赏

Tips
📍 700 Pennsylvania Avenue Northwest, WA
🚇 乘地铁在Archives站出站 ☎ 202-357-5000

美国国家档案馆成立于1934年，是保管联邦政府档案文件的机构。馆内收藏有很多珍贵的历史资料和记录，截至1984年，档案馆内已有约30亿页纸质档案文件原件、500万张照片、200万幅地图和图表、20万件建筑和工程设计图、11万件录音档案、800万张宇航照片等。所有的档案资料都按照时间顺序陈列在各个展厅中，位于一楼的圆形大厅中摆放着最珍贵的《独立宣言》、《美国宪法》和《人权法案》的原件，被称为国家档案馆的镇馆之宝。

美国攻略 · 华盛顿

美国
攻略HOW

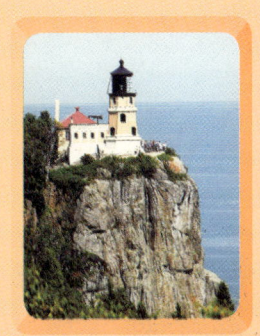

Part.8 芝加哥

　　芝加哥位于美国中西部,是美国仅次于纽约市和洛杉矶市的第三大都会区,更是闻名世界的摩登城市。芝加哥地处北美大陆的中心地带,是美国最重要的铁路、航空枢纽,同时也是美国主要的金融、文化、制造业、期货和商品交易中心之一。

美国攻略 | 芝加哥

芝加哥 特别看点！

第1名！
西尔斯大厦！
100分！ 
★ 芝加哥著名的办公摩天大楼，俯瞰全市美景的绝佳之地！

第2名！
五大湖！ 
90分！
★ 世界上最大的淡水水域，北美洲的地中海！

第3名！
联合中心球馆！ 
75分！
★ 芝加哥最著名的室内运动中心，飞人乔丹曾经的舞台！

01 西尔斯大厦 100分！ 赏
20世纪世界第一高楼

Tips
233 S Wacker Dr # 3530, Chicago, IL　乘地铁在Quincy/Wells站出站

　　西尔斯大厦是芝加哥著名的办公用摩天大楼，建成于1974年，是SOM建筑设计事务所为当时世界上最大的零售商西尔斯百货公司设计的，高442.3米，曾是世界上最高的建筑。芝加哥还有一个名称是"风之城"，为了使西尔斯大厦这样的高层建筑能够更加抗风，大厦的结构工程师提出了束筒结构体系，并且应用到了西尔斯大厦的设计建造中。西尔斯大厦造型独特，像是9个高低不同的方盒堆叠在一起，使大厦不同方向的形态都不相同，打破了传统的对称造型手法，非常具有创新精神。在大厦的103层还有一个观景台，距地面412米，游客可以在这里俯瞰整个芝加哥市的美景，在天气晴朗的时候还可以看到附近4个州的景象，令人印象深刻。

124

02 约翰·汉考克中心

● ● ● 摩天大楼　　　　　　　　★★★★★ 赏

Tips
- 875 North Michigan Avenue, Chicago, IL
- 乘地铁在Chicago-Red站出站
- 312-751-3681

位于密歇根大道的约翰·汉考克中心建成于1965年，高约344米，是当时除了纽约之外的全世界最高的建筑。如今，约翰·汉考克中心是继西尔斯大厦、帝国大厦、美国银行中心和怡安中心的美国第五高的建筑，也是世界摩天大楼联盟的成员之一。中心建筑结构独特，由著名结构工程师法兹勒汗设计，将大楼内部的管道移到了外墙上，加固了墙体，是建筑结构力学上的一项新成就，曾获1999年由美国建筑协会颁发的第25届杰出建筑师年奖等众多奖项。在约翰·汉考克中心大楼内，不仅有办公室、餐厅，还有公寓，在44层有一个室内游泳池，是美国最高的室内游泳池。94层设有观景台，95层设有全景餐厅，都可以让游客一览芝加哥和密歇根湖的美丽风光。

03 联合中心球馆　75分!

● ● ● 芝加哥最著名的室内运动中心　　★★★★★ 玩

Tips
- 1901 West Madison Street, Chicago, IL
- 乘地铁在Chicago-Red站出站
- 312-455-4500

联合中心球馆是芝加哥著名的室内运动中心，它既是国家冰上曲棍球联盟芝加哥黑鹰队的主场，也是NBA芝加哥公牛队的主场。球馆的建造设想是由两支球队的拥有者比尔·沃茨和杰里·雷斯多夫提出的，由联合航空公司冠名赞助。球馆的东面有一座迈克尔·乔丹的雕像，吸引了无数球迷前来参观。这里每年不仅会举行上百场篮球和冰球的比赛，还会举行很多其他体育比赛。除此之外，联合中心球馆也是芝加哥最重要的娱乐中心，曾举办过酷玩乐团、滚石乐队、U2乐团、邦·乔维、大卫·鲍伊、麦当娜、三大男高音等著名乐队、歌手的音乐会，同时还是芝加哥马戏团和冰上迪士尼的表演场地，在芝加哥人心中具有重要地位。

04 马利纳城

宏伟的城中之城 ★★★★ 赏

Tips
- 300 North State Street # 3808, Chicago, IL
- 乘地铁在Grand-Red站出站
- 312-527-0800

马利纳城是芝加哥的标志性建筑，由两座玉米形状的双子楼、一座住宅大厦、一个鞍形礼堂，以及一个中等高度的饭店组成。马利纳城建成于1964年，65层的双子楼曾是当时世界上最高的住宅楼，也是最高的钢筋混凝土结构建筑，几乎所有涉及芝加哥的电影中都有它的身影。这里的设施齐备，拥有剧院、体育馆、游泳池、滑冰场、保龄球馆，以及各种商店和餐厅，因此被视为一座城中之城。马利纳城的地理位置十分优越，南面是芝加哥河的主要支流，北面是旧城，东面是密歇根湖、格兰特公园及海军码头，因此成了芝加哥市民最向往的居住场所。

05 壮丽大道区

著名的商业大道 ★★★★★ 买

Tips
- 645 North Michigan Avenue, Chicago, IL
- 乘地铁在Grand-Red站出站
- 312-595-7437

芝加哥的壮丽大道区是市内最著名的商业区，可以与纽约的第五大道相媲美，是购物者的天堂。这里汇集了各种世界知名品牌，到处都是国际级的著名建筑、高端的购物中心、高级餐厅。走在街道上，两侧充满现代艺术感的建筑、整齐的行道树、优雅的商店、五彩缤纷的橱窗，非常赏心悦目。每年春天，这里还会有很多郁金香盛开，使壮丽大道区更加美丽。

06 海军码头

芝加哥主要的娱乐场所

Tips
🏠 600 East Grand Avenue, Chicago, IL 🚇 乘地铁在Grand-Red站出站 ☎ 312-951-9900

芝加哥是美国仅次于纽约和洛杉矶的第三大都市区，至今已有上百年的历史，地处北美大陆的中心地带，是美国最重要的交通枢纽，也是美国主要的金融、文化、期货和商品交易中心之一。位于芝加哥密歇根湖边的海军码头建成于1916年，一直被认为是芝加哥的地标，在第二次世界大战期间曾是美国重要的军事港口。如今，经过芝加哥政府的修建，海军码头已经成为芝加哥最热闹的旅游景点，有公园、摩天轮、旋转木马、雕塑等，吸引了很多游客。还有一艘巨大的仿古海盗船停泊在港口内，可以供游客在湖面上欣赏繁华的芝加哥市和美丽的湖光水色。

美国攻略

芝加哥

127

07 密歇根大道
芝加哥标志性大道 ★★★★ 买

Tips
- Michigan Ave. Chicago, IL
- 乘地铁在Grand-Red站出站

密歇根大道是芝加哥的一条主要街道，芝加哥的第一套交通灯系统就安装在这里。大道上有许多芝加哥的著名景点，包括可与巴黎香榭丽舍大道相媲美、拥有汇集了全球著名品牌的商场、知名酒店和餐厅的芝加哥商业中心，以及棕榈大厦、芝加哥水塔、约翰·汉考克中心等芝加哥的地标性建筑。到了晚上，各种令人眼花缭乱的霓虹灯勾勒出一幅繁华都市的夜景，十分迷人。

08 格兰特公园
芝加哥最漂亮的公园 ★★★★ 赏

Tips
- 337 East Randolph Street, Chicago, IL
- 乘地铁在Randolph St. Metra站出站
- 312-742-7648

位于密歇根大道和密歇根湖之间的格兰特公园是芝加哥市中心的大型公园，与芝加哥的林肯公园、千禧公园和华盛顿公园一起被称为芝加哥市区四大公园。公园始建于1844年，占地面积约1.29平方千米，园内景色秀丽，是繁华都市中的一片绿洲，为纪念美国内战时期的将军兼美国总统尤利西斯·S·格兰特而建，因而得名。园内有世界上最大的照明喷泉——白金汉喷泉，以及芝加哥艺术学院等独具特色的建筑，还有一片博物馆区，包括阿德勒天文馆、菲尔德博物馆、雪德水族馆等，吸引了很多市民和游客。芝加哥很多重要的事件都发生在这里，包括1968年民主党全国代表大会期间芝加哥警方与抗议者之间的冲突、1979年接待罗马教皇约翰·保罗二世等。芝加哥公牛队夺得NBA总冠军后的庆祝活动，以及每年的芝加哥美食节、户外电影节及夏季的大型音乐会等也在这里举办。

09 阿德勒天文馆及天文学博物馆
西半球第一座天文馆 ★★★★★ 赏

Tips
- 1300 South Lake Shore Drive, Chicago, IL
- 乘地铁在Roosevelt站出站
- 312-922-7827

阿德勒天文馆及天文学博物馆坐落于密歇根湖畔，建于1930年，是西半球第一座天文馆。博物馆分为两层，有三个剧院、一个外太空科学展区和一个世界上最重要的古董天文仪器展区。天文馆红铜材料的外观充满了历史厚重感，给人一种古色古香的感觉。馆内设备先进，其中最有名的是Star Rider剧院。剧院利用计算机三维技术，将虚拟的银河画面投射在屋顶的巨型屏幕上，配合座位上先进的感官系统，让人切实感受到银河的深邃，仿佛置身其中，非常神奇。馆内还有很多令人耳目一新的展览，通过不同的文化角度解释天文现象。还有一个模仿地球大气层气流流动的互动实验也非常有趣，不论球体怎样转动，周围的气流都会保持原来的样子。

10 密尔沃基艺术博物馆
宛如艺术品一般的博物馆 ★★★★ 赏

Tips
- 700 N Art Museum Dr, Milwaukee, WI
- 乘公共汽车在Prospect & Mason站下车即可到达
- 414-224-3200

位于密歇根湖畔的密尔沃基艺术博物馆建成于2001年，由世界著名的西班牙建筑设计师卡拉特拉瓦设计建造。博物馆整体色彩为白色，顶部有一个可移动的太阳屏，白天展开时既像一艘起锚的大船扬起了风帆，又像一只展翅的雄鹰即将一飞冲天，因此被人们称为有生命的博物馆。馆内收藏品丰富，包括许多古代欧洲大画家的艺术作品、德国表现主义作品、美国装饰主义作品、美国后现代主义艺术作品等，还有美国著名艺术家乔治亚·奥基弗的很多作品。除此之外，由于密尔沃基艺术博物馆是电影《变形金刚3》的重要场景之一，因此博物馆的知名度得到了提高，吸引了更多来自世界各地的游客前来参观。

美国攻略 芝加哥

11 雪德水族馆

美国著名的海洋生物水族馆 ★★★★ 玩

位于芝加哥格兰特公园内的雪德水族馆开放于1930年，是世界上第一座拥有海洋生物的内陆地区水族馆。水族馆共有130多个水族箱，饲养着包括密西西比河大雷鱼在内的鱼类、哺乳类、蛇类、两栖类，以及爬行类等各种海洋生物，总数超过3万只。水族馆内的企鹅、乌龟、水母、海马、海葵、海龙等很有特色，非常引人注目。水族馆内还有亚马逊崛起、加勒比暗礁、世界海水、野生碓等固定展区，每个展区都有独特的风格，吸引了众多游客前来参观。除此之外，水族馆为了纪念历史上最早人工养殖鱼类的国家——中国，而将观赏鱼类的展厅装饰得充满了中国特色，陈列的形式和风格采用中国庭院式，非常别致。

Tips
🏠 1200 South Lake Shore Drive, Chicago, IL
🚇 乘地铁在Roosevelt站出站 ☎ 312-939-2438

12 菲尔德自然历史博物馆

美国三大自然历史博物馆之一 ★★★★★ 赏

菲尔德自然历史博物馆始建于1893年，原名哥伦比亚博物馆，主要用于保存哥伦比亚世界博览会的生物和人类学展品，后来为了纪念博物馆的第一位主要赞助者马歇尔·菲尔德而改名为菲尔德自然历史博物馆。如今，博物馆已经成为集教育展览、学术研究和收藏保护于一身的自然历史博物馆，在人类学、生物学、地质学和动物学等方面的收藏和研究上位于世界前列。博物馆主要分为西北部、西南部、大草原等主题区域，分层按时间顺序展示了人类学、植物学、动物学以及地质学等自然学科领域的众多现象，向游客揭示物种演变进化的奥秘。大厅中陈列着猛犸象和图腾柱，地下层主要展出古代埃及文物，一层展出印第安文物，二层北侧是恐龙展厅，分为恐龙出现前、恐龙时代和恐龙出现后三个时代，巨大的恐龙骨骼最引人注目。

Tips
🏠 1400 South Lake Shore Drive, Chicago, IL
🚇 乘地铁在Museum Campus站出站 ☎ 312-665-7909

13 芝加哥千禧公园

芝加哥大型的城市公园

Tips
📍 201 East Randolph Street, Chicago, IL
🚇 乘地铁在Randolph St. Metra站出站 ☎ 312-742-1168

位于密歇根湖畔的芝加哥千禧公园属于格兰特公园，是芝加哥重要的文化娱乐中心，占地面积约100平方米，一面与摩天大楼林立的繁华芝加哥市中心相邻，另一面与风光无限的密歇根湖相邻，构成了一幅美丽的画卷。千禧公园是为纪念千禧年的到来而建的，由著名的后现代结构主义建筑大师弗兰克·盖里设计完成，因此公园内充满了后现代建筑风格，被视为展现后现代建筑风格的集中地，其中最具代表性的是露天音乐厅、云门和皇冠喷泉。露天音乐厅的顶棚如同浪花，是由纤细的钢架交错在一起构成的。云门形如一颗巨大的豆子，由不锈钢拼贴而成，像一个巨大的哈哈镜，吸引了很多游人驻足欣赏。皇冠喷泉打破了传统的公共喷泉的形式，能够与游客进行互动，非常有趣。同时，千禧公园还有大片开放的草坪、步道等，将休闲娱乐、运动健身、弘扬文化、美化城市等功能集于一身，将城市公园的功能发挥到了极致。

14 尼亚加拉瀑布

世界三大瀑布之一

Tips
🏠 美国与加拿大交界处　🚆 纽约乘枫叶号列车在尼亚加拉瀑布下　☎ 716-284-8897　¥ 12.5美元

位于美国纽约州和加拿大安大略省的尼亚加拉瀑布是北美东北部尼亚加拉河上的大瀑布，与南美的伊瓜苏瀑布和非洲的维多利亚瀑布合称为世界三大瀑布，并号称是世界七大奇景之一。尼亚加拉瀑布以河道上的山羊岛为界，分为加拿大瀑布与美国瀑布两部分，都面向加拿大，只有在加拿大坐船到瀑布底下的尼亚加拉河上才能看到瀑布的全貌。从19世纪20年代开始，这里就是著名的旅游胜地，美、加两国都在瀑布周围建设了公园，并有一系列的游乐设施，吸引了众多游客。游客可以从多个角度全面地欣赏瀑布，既可以在陆地上的前景观望台观看整个瀑布的全景，也可以乘坐"雾中少女号"游船到尼亚加拉河上仰望瀑布，或者到加拿大的著名景点"瀑布后之旅"欣赏瀑布的正侧面，还可以乘坐直升机和热气球从高空欣赏瀑布的壮丽。

15 五大湖

世界上最大的淡水水域 90分！ 赏

Tips 美国与加拿大交界处

位于美国与加拿大交界处的苏必利尔湖、休伦湖、密歇根湖、伊利湖和安大略湖都是100万年前的冰川活动的最终产物，这五个淡水湖组成的水域是世界上最大的淡水水域，总面积超过20万平方千米，被称为"北美洲的地中海"。其中密歇根湖属于美国，其他四个湖是美国和加拿大共有的。苏必利尔湖是五大湖中最大的，也是世界上最大的淡水湖。湖水清澈见底，矿物质丰富，湖边绿树成荫，风景秀丽，是休闲度假的好地方。休伦湖是五大湖中的第二大湖，物产丰富，伐木业和渔业发达，湖边有很多游览区供游客野营露宿，体验大自然的奇妙。密歇根湖岸边有很多湖水冲蚀而成的悬崖和沙丘，最著名的是印第安纳国家湖滨区和州立公园的沙丘，湖中鱼类众多，因此垂钓业非常兴旺。伊利湖是五大湖中最浅的，四周都是工业城市，因此曾受到严重污染，现在已经得到控制。安大略湖是五大湖中最小的，沿岸也是工业城市，因此航运非常繁忙。

美国攻略 芝加哥

美国
攻略HOW

Part.10 波士顿

历史悠久的波士顿是美国最古老的城市之一,作为新英格兰地区最大的城市,波士顿除了各种历史古迹外,还有繁华的商业街和鳞次栉比的摩天大楼,是一座见证美国历史发展的繁华都市。

波士顿 特别看点！

美国攻略 波士顿

第1名！ 波士顿公园！
100分！
★ 美国年代最久的公园，波士顿的城市核心！

第2名！ 国王的礼拜堂！
90分！
★ 美国第一家英国圣公会教堂，神圣庄严的宗教殿堂！

第3名！ 波士顿美术馆！
75分！
★ 全美国最重要的艺术博物馆之一，拥有世界各地的珍贵艺术藏品！

---

01 国王的礼拜堂 90分！
●●● 北美地区最古老的宗教建筑之一 ★★★★★ 赏

国王的礼拜堂建于17世纪末期，是波士顿第一座英国国教教堂。最初的国王的礼拜堂是一座木质教堂，后来经过翻修改建，成了现在的石砌教堂。礼拜堂外观朴素典雅，内部设有很多忏悔和祷告房间，并配有文字介绍，同时内部穹顶很高，充满了空灵的气息。礼拜堂内还有巨大的管风琴，能够演奏出动人的音乐。在礼拜堂后面是一片墓地，约翰·温斯罗普等历史名人就长眠于此。

Tips
🏠 64 Beacon Street, Boston, MA　🚇 乘地铁在Park St.站出站　☎ 617-523-1749　¥ 2美元

136

02 公园街教堂

●●● 波士顿最华丽的教堂 ★★★★ 赏

Tips
- 1 Park Street, Boston, MA
- 乘地铁在Park St.站下
- 617-523-3383

公园街教堂位于波士顿市中心、波士顿公共绿地东侧的公园街，是波士顿最著名的教堂之一，也是到波士顿旅游的人必到的景点之一。教堂建于1809年，红色砖墙，白色塔尖，就像一个赞美生活的感叹号，带给人们好心情，被称为"基督教建筑的经典之作"，见证了美国的发展历程。格里森第一次提出反奴隶制、萨姆纳的"国家战争系统"等重要的演说都在这里举行。在南北战争时期，公园街教堂的地下室曾被用作火药贮存库。如今，公园街教堂已经成为波士顿的人们举行各种重要集会、仪式、游行等活动的场所。

03 本杰明·富兰克林铜像

●●● 美国历史伟人铜像 ★★★★ 赏

本杰明·富兰克林是美国18世纪最伟大的科学家、文学家，在电学上有重要贡献，他深入研究了电荷运动规律，提出了电荷既不能被创造也不能被消灭的思想，并设计制造了避雷针，使人们避免了雷击的灾难。同时，他也是一位伟大的政治家，是美国独立战争中的战士，主张废除奴隶制度，曾参与起草了美国《独立宣言》和《宪法》，在美国人民心中享有很高的声誉，曾获哈佛大学、耶鲁大学以及威廉玛丽学院的名誉学位。位于波士顿学校街上的本杰明·富兰克林铜像是波士顿最古老的铜像，神态生动，栩栩如生，尽显这位伟人的风范。

Tips
- 45 School Street, Boston, MA
- 乘地铁在State站出站
- 617-357-8300

美国攻略 波士顿

137

04 波士顿地球书店
颇有名气的书店 ★★★★★ 买

Tips
🏠 3 School Street, Boston, MA　🚇 乘地铁在State站出站　☎ 617-929-2990

波士顿地球书店是波士顿一家历史悠久的书店，许多著名的作家都曾在这里留下自己的印记，其中包括《汤姆叔叔的小屋》的作者斯托夫人、《小妇人》的作者奥尔科特，以及艾默生、霍桑等。现在，地球书店变成了销售各种旅游书籍的地方，在这里，游客可以找到最详尽的旅游资讯。

05 伊莎贝拉·斯图尔特·加德纳美术馆
美国历史最为悠久的美术馆 ★★★★★ 赏

Tips
🏠 280 Fenway, Boston, MA　🚇 乘地铁在Museum of Fine Arts站出站　☎ 617-566-1401

位于波士顿市的伊莎贝拉·斯图尔特·加德纳美术馆是美国最早的美术展馆，建筑风格精美，将哥特式、文艺复兴式风格的建筑搭配起来，形成了属于这里的独特美感。伊莎贝拉·斯图尔特·加德纳美术馆以收藏意大利文艺复兴时期的作品为重心，是美国第一座引进中古时代初期美术品的私人收藏机构。馆内藏品包括从古希腊时代到印象派各个时期的绘画、素描、雕刻、家具、纺织品等艺术作品，总计约2000件。

06 波士顿美术馆 75分!

美国最具欣赏价值的博物馆之一 ★★★★★ 赏

波士顿美术馆是美国最好的美术馆之一,与纽约的大都会艺术博物馆、巴黎的卢浮宫、圣彼得堡的爱尔米塔什美术馆齐名,被称为"世界四大美术馆"之一。美术馆建于19世纪末期,历史悠久,展品丰富,数量繁多,分为美国装饰艺术和雕塑、亚洲艺术、古典艺术、埃及和古代近东艺术、欧洲装饰艺术和雕塑等9大区域,近200个展室。其中以亚洲艺术收藏最为丰富,包括中国、朝鲜、日本等国的青铜器、陶瓷、绘画、书法、纺织品等各类艺术珍品,还有亚洲的伊斯兰教、印度教和佛教的艺术品。因此,波士顿美术馆吸引了来自世界各地的艺术爱好者前来参观。

Tips
🏠 465 Huntington Avenue, Boston, MA 🚇 乘地铁在Museum of Fine Arts站出站 ☎ 617-267-9300 ¥ 15美元

07 普鲁丹特尔中心

直入云霄的摩天大厦 ★★★★★ 买

Tips
🏠 800 Boylston Street, Boston, MA 🚇 乘地铁在Copley站出站 ☎ 617-236-3100 ¥ 空中走廊7美元

普鲁丹特尔中心是波士顿第二高楼,共52层,这里汇集了众多世界知名品牌,是波士顿的购物天堂,到波士顿旅游的人都会来这里血拼一番。在购物之余,顾客还可以在普鲁丹特尔中心用餐。这里既有供应各式快餐的美食广场,也有环境优雅的高级餐厅,能够满足顾客的一切要求。除此之外,在普鲁丹特尔中心顶层还有观景台,人们可以在这里俯瞰繁华的波士顿,一览周围的美景,或用望远镜进行远眺。

美国攻略 — 波士顿

08 波士顿公共图书馆
美国最大的城市公共图书馆 ★★★★★ 赏

Tips
📍 700 Boylston Street, Boston, MA　🚇 乘地铁在Copley站出站　📞 617-536-5400

波士顿公共图书馆位于三一教堂对面，是美国最大的城市公共图书馆，共有超过1500万册藏书，仅次于美国国会图书馆和哈佛大学图书馆，名列第三。图书馆历史悠久，建成于1895年，以意大利文艺复兴时期的建筑风格为基础，由麦克吉姆、米德、怀特、画家约翰·辛格·萨金特及雕塑家贝拉·普莱特等多位美国杰出的天才艺术家参与设计建造，被誉为"人民的皇宫"。在波士顿公共图书馆的中央是一个雕塑庭院，四周是文艺复兴时期的寺院拱廊造型，外观是16世纪的罗马宫殿样式，楼梯口还有两尊石狮，使图书馆显得庄严、神圣。图书馆内部精美的壁画和雕刻彰显着这里的豪华。波士顿公共图书馆不仅是美国第一个公众投资的大型免费市立图书馆，还是美国唯一的总统图书馆，以及政府文档和联合国文档的存放地，在美国历史上具有重要意义。

09 基督教科学中心
极具现代色彩的宗教建筑 ★★★★★ 赏

Tips
📍 175 Huntington Avenue, Boston, MA　🚇 乘地铁在Symphony站出站　📞 617-450-2000

基督教是世界三大宗教之一，与佛教和伊斯兰教齐名。位于波士顿的基督教科学中心是基督教科学教派的重要机构之一，其主体建筑采用意大利文艺复兴时期的建筑风格。巨大的圆顶倒映在清澈平静的倒映池水面上，形成了一道亮丽的风景。倒映池与路面齐平，从远处看，科学中心仿佛是从水面上升起一样，美丽动人。在科学中心周围还有很多出版社、学校和图书馆等附属建筑。这些建筑与倒映池、绿化带、步行广场一起形成了一个协调而优美的景观，可以称为城市设计的典范。

10 马萨诸塞州议会大楼
● ● ● 马萨诸塞州的政治中心　　★★★★★ 赏

位于波士顿比肯山山顶的马萨诸塞州议会大楼是马萨诸塞州议会和马萨诸塞州政府的所在地，建于1798年，由18世纪著名的建筑师查尔斯·布尔芬奇设计建造。大楼是一座金色圆顶的古典建筑，一直被认为是波士顿的标志，在太阳的照射下散发出璀璨的光芒，被奥利弗·温德尔·霍姆斯描述为"太阳系中心"。议会大楼内部金碧辉煌，有展出内战时期战旗的旗厅，有"里维尔飞骑报信"和"波士顿茶党案"的壁画装饰的参议院楼梯厅，悬挂着木制鱼的众议院大厅，以及珍藏有众多珍贵历史文件的地下档案馆和博物馆。

Tips
24 Beacon Street, Boston, MA　乘地铁在 Park St.站出站　617-399-1681

美国攻略　波士顿

141

美国攻略

波士顿

11 波士顿科学博物馆
进行科普教育的场馆 ★★★★★ 赏

Tips

🏛 Science Park, Boston, MA　🚇 乘地铁在Science Park站出站　☎ 617-723-2500　¥ 13美元

波士顿科学博物馆是世界知名博物馆之一，是一座6层的褐红色建筑，具有悠久的历史，建于1830年，由当时的波士顿自然科学历史学会发起。馆内展出500多件互动式展品，还有现场表演和IMAX屏幕电影播放。科学博物馆的一层是动植物标本展览。游客可以通过按钮控制，听到鸟叫声或闻到各种动物身上发出的臭味。博物馆的二层有物理实验、数字模型、人体模型和感觉实验，还有阿波罗登月舱、火星碎片、人工智能机器的展览。博物馆的三层是计算机发展史、人类孕育过程、星球大战模型的展厅，还有3D环幕影院供游客观看3D影片。

12 尼古拉斯博物馆
介绍美国上流社会生活的博物馆 ★★★★ 赏

Tips

📍 55 Mt. Vernon Street, Boston, MA 🚇 乘地铁在Park St.站出站 ☎ 617-227-6993 💴 5美元

尼古拉斯博物馆原是美国第一位女建筑设计师罗丝·尼古拉斯的住所。建筑造型古朴典雅，因此被改建为介绍当时生活的博物馆。馆内装饰、陈设都按照当时的风格，充满了艺术氛围。游客在这里不仅能够近距离地感受这位女建筑设计师的生活环境，更加深入地了解这位设计师，还能够欣赏到这座房屋的历代主人所收集的精美艺术作品，感受到各个时代的生活情趣。

13 非洲裔美国人历史博物馆
具有浓郁的非洲气息 ★★★★ 赏

Tips

📍 14 Beacon Street, Boston, MA 🚇 乘地铁在Bowdoin站出站 ☎ 617-725-0022 💴 5美元

非洲裔美国人历史博物馆是新英格兰地区最大的博物馆，也是一个不以盈利为目的的历史机构，致力于记录、保护和介绍非洲裔美国人在美国发展中所作出的贡献。博物馆的内部装饰充满了非洲特色，游客在这里可以充分感受这种民族特色，同时详细了解非洲裔美国人在美国的发展历史、分布情况，以及一些对美国发展具有重要意义的历史人物。除此之外，博物馆内还有展示结合非洲和美国文化的优秀艺术作品的专用展厅。

美国攻略 | 波士顿

14 波士顿茶叶党船博物馆

●●● 具有历史纪念意义的场馆 ★★★★★ 赏

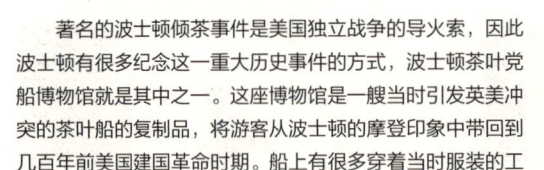

著名的波士顿倾茶事件是美国独立战争的导火索，因此波士顿有很多纪念这一重大历史事件的方式，波士顿茶叶党船博物馆就是其中之一。这座博物馆是一艘当时引发英美冲突的茶叶船的复制品，将游客从波士顿的摩登印象中带回到几百年前美国建国革命时期。船上有很多穿着当时服装的工作人员，用生动的表演向游客们解说当时倾茶的动机和历史背景，讲述当年愤怒的群众如何抗税。游客可以随着工作人员的口号和抗议声，将一袋袋茶叶丢入海中，体验当时人们愤怒的反英情绪。

Tips
📍 304 Congress Street, Boston, MA 🚇 乘地铁在South Station站出站 ☎ 617-338-1773 ¥ 8美元

15 美国宪章号战舰

●●● 服役时间最长的战舰 ★★★★★ 赏

Tips
📍 Charlestown Navy Yard, Boston, MA 🚇 乘地铁在North Station站出站

美国宪章号战舰是为保护美国商船不受海盗攻击而制造的战舰，是目前世界上最古老的、仍未退役的军舰，至今已有200多年的历史。宪章号战舰由2000多棵树木建造，采用风力驱动，在对英国皇家海军作战中屡建战功，是美国海军历史上第一艘击沉英军战舰的船只，先后共击沉过6艘英军战舰。而且，宪章号战舰本身没有损坏，因此被称为"老铁甲"。如今，这艘战舰成为美国海军的训练舰，同时还设有博物馆，展示宪章号战舰的制造过程、航行与维修等资料。游客在这里不仅可以参观美国海军的训练过程，还可以详细了解战舰的制造和航行的历史。

16 芬威球场
美国最为古老的大型运动场之一 ★★★★ 玩

Tips
📍 4 Yawkey Way, Boston, Suffolk, MA 🚇 乘地铁在Kenmore站出站 ☎ 617-267-1700

波士顿是一座热血的体育之城，拥有4支职业联赛球队，分别是波士顿红袜棒球队、新英格兰爱国者美式足球队、波士顿棕熊冰球队和凯尔特人篮球队。建于1912年的芬威球场就是美国职业棒球大联盟的传奇球队波士顿红袜队的主场，也是美国最古老的大联盟球队的球场。芬威球场最有名的是全垒打墙，被称为"绿色怪物"，据说把球打到上面会给击球手带来好运。芬威球场举行比赛时的热烈场面充分体现了美国深厚的棒球文化，同时吸引了世界各地棒球迷的目光。

17 保罗·里维尔邸宅
保存完好的17世纪建筑 ★★★★ 赏

Tips
📍 19 North Sq., Boston, MA 🚇 乘地铁在Haymarket站出站 ☎ 617-523-2338 ¥ 3美元

保罗·里维尔是美国的一名银匠，同时也是美国革命战争中的爱国者，因曾经策马狂奔传递警报而闻名于世。他曾在1775年奉命骑马赶到列克星敦向塞缪尔·亚当斯和约翰·汉考克传递英国军队正在前往康科德的消息，这次午夜策马狂奔被称为美国历史上的一个传奇。如今，保罗·里维尔的故居被保留了下来，内部装饰依然保持原有风格，游客在这里不仅可以看到当时美国的生活状态，还可以欣赏到保罗·里维尔亲手打造的银器。这座建筑也是波士顿唯一一座17世纪的建筑，具有重要的历史意义。

18 康科德

孕育《小妇人》故事的文学小镇 ★★★★ 赏

Tips
- Concord, MA
- 在波士顿乘市郊列车在Concord下

　　康科德是美国马萨诸塞州东北部一座古老的小城市，远离大都市的喧嚣繁华，非常静谧，而且风景秀丽，绿树成荫，一栋栋民房精致清爽，大名鼎鼎的瓦尔登湖就在这里。著名作家亨利·詹姆斯曾说，康科德是美国最大的一个小地方。这里曾居住过众多文学艺术家，包括爱默生、梭罗、霍桑、奥尔科特、玛格丽特·富勒等，还有朗费罗、罗威尔、赫尔姆斯、亨利·詹姆斯等很多波士顿名流经常来此地。在这里诞生了《瓦尔登湖》、《红字》、《小妇人》、《白鲸》、《草叶集》等美国文学史上的经典作品，以及无数的随笔、演讲稿、回忆录和日记。如今，这些文学家的故居已经成为康科德的重要旅游景点，供文学爱好者前来参观。除此之外，康科德在美国独立战争期间还扮演了重要的角色，游客可以在康科德博物馆中了解这一段历史。

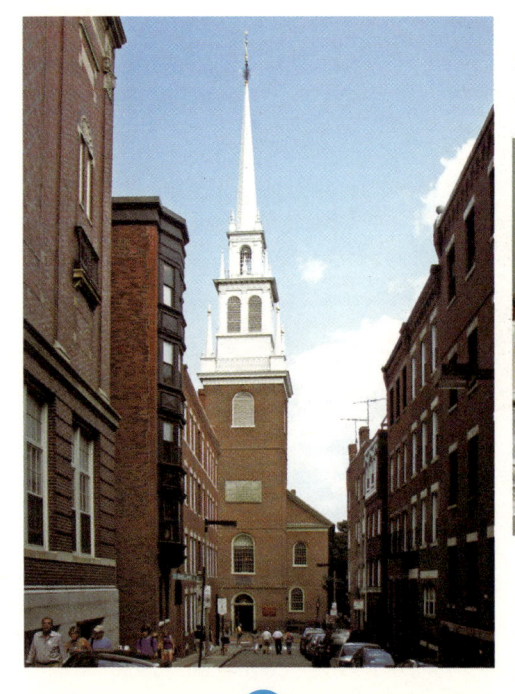

19 旧北教堂

波士顿最古老的教堂之一 ★★★★ 赏

Tips
- 193 Salem Street, Boston, MA
- 乘地铁在Haymarket站出站
- 617-523-6676

　　位于波士顿北区的旧北教堂建于1723年，历史悠久，是波士顿最古老的教堂。教堂外壁为砖砌，内部为纯白色，是一座哥特式尖塔，具有鲜明的殖民地特色。这座教堂因其在美国独立战争时期所起的重要作用而闻名于世。教堂前面有一座传奇英雄保罗·里维尔的骑马铜像，教堂内还有一尊乔治·华盛顿总统的半身像，因此，旧北教堂具有很高的历史和艺术价值，吸引了世界各地对美国历史感兴趣的游客前来参观。

20 圣斯蒂芬教堂

波士顿重要的宗教建筑之一 ★★★★ 赏

圣斯蒂芬教堂是一个基督教社区，由著名建筑设计师布尔芬奇设计建造，是波士顿重要的宗教建筑之一。教堂外形打破了传统的基督教建筑风格，充满了现代前卫的色彩，顶部是巨大的圆顶钟楼，非常引人注目。教堂内部装饰精美，充满了庄严神圣的气氛。每到星期天，圣斯蒂芬教堂就会举办庆祝和唱诗活动，采用多种礼仪，吸引了很多教徒与市民前来参加。

Tips

24 Clark St, Boston, MA　乘地铁在Haymarket站出站　617-523-1230

21 邦克山纪念塔

纪念邦克山战役的丰碑 ★★★★★ 赏

邦克山是波士顿北部的一座小山，也是美国独立战争时期的古战场。在这里爆发的邦克山战役是独立战争中最惨烈的战役之一，1600名义勇军与英国正规军进行激战，大挫英军锐气，鼓舞了义勇军的士气。为了纪念这场战役，后人在山顶修建了一座高66米的邦克山纪念塔。纪念塔采用花岗岩建造，游客可以登上纪念塔顶，一览整个古战场的风景，还可以在邦克山纪念馆详细地了解这次战役的全过程及其重要的历史意义。

Tips

Boston Navy Yard, 55 Constitution Road, Boston, MA　乘地铁在North Station站出站　617-242-5641

美国攻略　波士顿

147

22 哈佛大学

世界上最著名的私立大学 ★★★★★ 赏

Tips

📍 124 Mt Auburn St., Cambridge, MA 🚇 乘地铁在Harvard站出站 📞 617-495-1573

哈佛大学位于波士顿剑桥城，是全世界最著名的大学，也是私立常春藤盟校成员之一，在世界上享有一流的声誉、财富和影响力，被誉为"美国政府的思想库"。哈佛大学的建立者中有很多人毕业于剑桥大学，因此哈佛大学原名是剑桥学院，后来为了纪念一位名为约翰·哈佛的校长而改名为哈佛大学。哈佛大学的图书馆是美国最大的学术图书馆，共有超过1500万册藏书。现在的哈佛大学规模庞大，共设有13所学院，曾产生过8位美国总统、30多位诺贝尔奖获得者、30多位普利策奖获得者，以及众多世界知名的学术创始人、文学家、思想家、企业家等。而且，由哈佛大学商学院首创的MBA学位证书被看作是进入高级管理阶层的通行证。校园内的建筑古朴典雅，充满了学术氛围，校园中活力四射的学生又为这所历史名校增添了几分青春的气息。

23 麻省理工学院

全球知名的理工科大学

Tips
📍 2477 Massachusetts Avenue, Cambridge, MA 🚇 乘地铁在Kendall站出站 ☎ 617-253-1000

位于波士顿的麻省理工学院是一所综合性私立大学，在全世界享有盛名，并且具有非常重要的影响力，尤其是它的理工类学科，在世界上享有极佳的声誉，成为世界各地莘莘学子最向往的科学圣殿。截至2009年，先后有78位诺贝尔奖得主曾在麻省理工学院工作或学习过，同时，麻省理工学院还培养了很多世界知名顶尖企业的首席执行官等。麻省理工学院有很多世界顶尖的实验室，其中包括研发高科技武器的林肯实验室，它是美国的最高机密实验室，还有世界一流的计算机科学和人工智能实验室等。麻省理工学院占地面积约0.68平方千米，中央校区是由著名建筑家维尔斯·波斯维斯设计建造的一组互相连通的大楼。校园内无线网络覆盖每个角落，是美国无线化最好的大学。而且，图书馆资源丰富，包罗万象，非常方便学生进行学术研究时查阅。

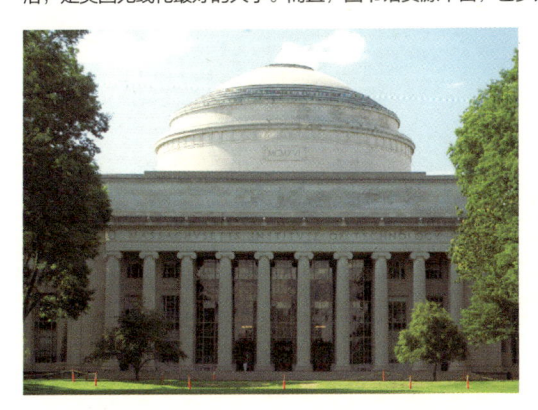

美国攻略　波士顿

149

24 波士顿公园

美国最早的现代公园 ★★★★★ 赏 100分!

波士顿公园位于波士顿市中心，建于1634年，是美国最古老的城市公园之一，也是波士顿最著名的旅游景点之一。波士顿公园曾用于放牧和军事训练，如今已成为一个对公众开放的休闲娱乐场所。公园景色优美，花草茂盛，池塘处处，是城市中难得的绿洲，还能看到很多音乐家、表演家、演说家的表演，因此成为波士顿人休闲放松的理想场所。这里还是著名的"自由之路"的起点。园内还有法国人赠送的青铜喷泉、青年铜像、露天音乐台等景观供游客欣赏。除此之外，波士顿公园还是一个历史纪念碑聚集地，包括为纪念乔治·F.帕克曼而建的帕克曼音乐台、纪念美国内战部队的海陆军人纪念碑，以及波士顿最古老的墓园之一——中央墓地。

Tips
147 Tremont Street, Boston, MA　乘地铁在Boylston站出站　617-426-3115

25 哥伦布海滨公园

最适合亲子出游的公园 ★★★★★ 赏

Tips
Atlantic Avenue, Boston, MA　乘地铁在Aquarium站出站　617-635-4505

哥伦布海滨公园风景优美，绿树成林，绿草成茵，有很多有趣的景点和适合儿童攀爬的小山，因此受到了小朋友们的欢迎，成为波士顿最适合亲子出游的公园。不仅如此，公园内还有美丽浪漫的玫瑰园，还能看到波澜壮阔的大海，是波士顿市民和游客远离城市喧嚣、休闲娱乐、放松心情的好地方。

26 列克星敦

有"美国自由的摇篮"之称 ★★★★★ 赏

列克星敦是马萨诸塞州的一个小镇，历史悠久，风景迷人，始建于18世纪，至今仍保留着许多18世纪的古老建筑。1775年4月19日，"列克星敦战役"在这个宁静的小镇上爆发了，这是美国人民反对英国殖民主义、争取民族独立的第一仗，标志着美国独立战争正式开始，因此，列克星敦被人们称为"美国自由的摇篮"。现在，在列克星敦中心的草地上有一尊士兵手持长枪的雕塑，就是为了纪念"列克星敦战役"而建的。除此之外，游客还可以走进坐落于列克星敦的国家遗产博物馆，通过各种实物、图片和影像资料，详细地了解列克星敦的发展历史以及在美国独立战争中的重要作用。

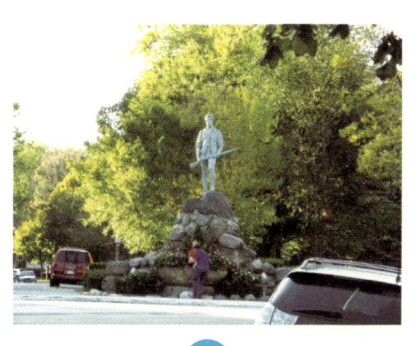

Tips
Lexington, MA 781-862-1450

27 塞林

充满神秘色彩的女巫镇 ★★★★ 赏

Tips
Salem, MA 在波士顿乘市郊列车在Salem下
978-740-1650

塞林是波士顿北面的一个小镇，曾在1692年举行过一场残酷的女巫审判，共有17名无辜的百姓因为当时人们的愚昧和无知而惨遭杀害，因此这里也被称为"女巫镇"。如今，塞林镇虽然早已摆脱了过去的愚昧和黑暗，但镇上有很多与女巫有关的景点，游客可以在这里购买女巫的服装，体会独特的女巫文化。到了万圣节，这里更是随处可见装扮成女巫或各种鬼怪的人，被认为是美国最有鬼节气氛的地方，吸引了众多游客前来参与这里的鬼节狂欢。镇上有一座女巫博物馆，详细地记录了1692年女巫审判的全过程，时刻提醒着世人愚昧无知有多么可怕。

美国攻略 波士顿

151

28 普利茅斯
被誉为美国故乡的小镇 ★★★★★ 赏

Tips
- Plymouth, MA
- 在波士顿乘巴士即可到达
- 508-746-1620

1620年9月，100多名清教徒不堪忍受欧洲大陆的宗教压迫，乘坐"五月花号"帆船离开英国，前往北美，最终在普利茅斯登陆，并将踏上的第一块岩石命名为普利茅斯岩，如今这块岩石被誉为开启美国历史的圣石。移民们登陆后生活艰难，不少人因为生活条件恶劣而倒下了。第二年，移民们获得了当地印第安土著酋长的帮助，又因为风调雨顺而获得了大丰收。因此他们为了感谢上帝的恩赐和印第安人的帮助，举办了庆祝活动，后来就演变成了今天的感恩节。现在，普利茅斯是美国著名的旅游景点，这里不仅有记录普利茅斯发展历史的、美国最早的历史博物馆——清教徒博物馆，还有一艘"五月花号"的复制品——"五月花二号"，停靠在普利茅斯港供游客参观。

29 阿卡迪亚国家公园
丰富多彩的国家公园 ★★★★★ 赏

Tips
- Cottage St., Bar Harbor, M.E.
- 在波士顿乘巴士即可到达
- 207-288-3338

位于美国缅因州大西洋沿岸、弗伦奇曼湾两侧的阿卡迪亚国家公园始建于1916年，主要部分是Mount Desert岛森林地带，以凯迪拉克山为主体，在寒冷的浅水海湾中栖息着大量的海洋动物。游客不仅可以在旁边欣赏五彩缤纷的海葵、海星、滨螺等生物，还可以去遍布着云杉、白桦、红枫、白杨的凯迪拉克山森林里远足，站在高高的山顶上远眺四周美丽的风景。阿卡迪亚国家公园不仅有海洋动物，还有很多野生动物，其中海鸟的种类最多，因此吸引了众多摄影爱好者前来捕捉它们的身影，著名的野生生物摄影大师艾略特·波特就经常在这里取景。

30 新港国际网球博物馆

被称为"网球名人堂"

★★★★★ 赏

Tips

📍 194 Bellevue Avenue, Newport, R.I. ☎ 401-846-1203

新港国际网球博物馆成立于1954年，1986年获得了国际网球总会的承认，又被称为"网球名人堂"，是一座非营利性的网球名人纪念馆和博物馆。博物馆以保存网球历史为宗旨，是目前世界上最大的网球博物馆。博物馆内收藏有众多顶尖网球运动员打球时的照片，各种比赛的奖杯、服装等各种各样与网球有关的艺术品、纪念品。游客在这里可以充分了解网球运动的发展历史，以及自己喜爱的网球运动员的各种信息。因此，新港国际网球博物馆是世界各地的网球迷都心驰神往的地方。

美国攻略 波士顿

153

美国
攻略HOW

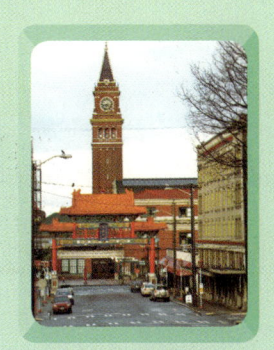

Part.11 西雅图

西雅图是美国太平洋西北区最大的城市,是美国太平洋西北部的经济文化中心,因多雨、湿润、常年青山绿水而又有"雨城"和"翡翠城"的别名。西雅图是星巴克的发源地、波音飞机的故乡、微软创造者比尔·盖茨的家乡,这里曾被《货币》杂志评为全美最佳居住地。

西雅图 特别看点!

美国攻略 西雅图

第1名!
西雅图中心!
100分!
★ 西雅图人的娱乐中心，1962年世博会主会场！ 

第2名!
开拓者广场!
90分! 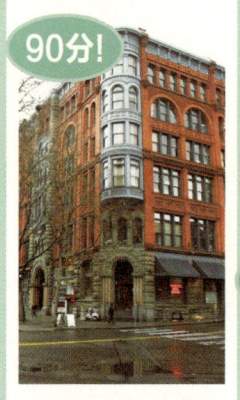
★ 西雅图开拓历史的起点，淘金潮时期的遗迹！

第3名!
西雅图美术馆!
75分! 
★ 富有古典韵味的美术馆，了解世界各地的原住民文化！

01 西雅图音乐体验馆
● ● ● 世界上最丑陋的建筑之一

Tips
🏠 325 5th Avenue North, Seattle, WA 🚌 乘公共汽车在5th Ave. N & Broad St.站下 ☎ 206-367-5483 ¥ 19.95美元

位于宇宙针塔脚下的西雅图音乐体验馆是由先锋派建筑师Frank Gehry设计建造的，建筑外部由3000枚不锈钢片和铝片组成，色彩明亮，展现了音乐的力度与流动之美。体验馆是为了纪念著名的摇滚音乐家杰米·亨德里克斯而建的，并没有专门介绍他的生平事迹的展厅。从远处看去，建筑就像地上的一个巨大的灰斑，这引起了很多争议，曾被《福布斯》评为世界上最丑陋的建筑第三名。馆内最受欢迎的是互动房间，游客可以在这里操作吉他、鼓、键盘、DJ转盘等，演奏出意想不到的美妙音乐。除此之外，体验馆还有介绍美国流行音乐史的展厅，展示了包括最早的电吉他在内的各种吉他。

156

美国攻略　西雅图

02 西雅图中心　100分！　玩
西雅图人的娱乐场所

Tips

🏠 Harrison Street, Seattle, WA　🚌 乘公共汽车在5th Ave. N. & Broad St.站下　☎ 206-684-7200

　　西雅图中心是1962年世界博览会的举办地，以"迎向21世纪"为主题，共接待游客约1000万人次。如今这里已经成为一座集娱乐、教学于一身的博物馆，在这里，游客可以欣赏各种文化表演和贸易展，观看西雅图超音速队的比赛，品尝各种美食。除此之外，闻名世界的西雅图地标建筑——宇宙针塔也在这里，是由Western国际饭店总裁Edward E.Carson为当年的世界博览会设计的主要建筑，如今也成了西雅图最受欢迎的景点之一。宇宙针塔高184米，在距地面158米的地方设有观景台和旋转餐厅，乘电梯从地面到观景台只需40秒钟，在观景台可以俯瞰整个西雅图的美景。塔顶造型独特，是一个飞碟的造型，非常适合世博会的主题，被当地人戏称为"地球发生大劫难时，美国总统逃往宇宙的专用飞船"。

157

美国攻略 西雅图

03 太平洋科学中心
寓教于乐的科普基地 ★★★★★ 赏

Tips
- 200 Second Avenue North, Seattle, WA
- 乘公共汽车在5th Ave. N & Broad St.站下
- 206-443-2001　￥9美元

　　位于西雅图中心、毗邻宇宙针塔的太平洋科学中心曾是1962年西雅图世界博览会的美国科学展馆，在世博会结束后改为太平洋科学中心重新开放，是一座非营利性的科学博物馆。科学中心占地面积约为2.9万平方米，整体设计独特，广场上有喷泉和水池，以及一系列与水有关的科技展品，而且参与性很强，将科学性、知识性、娱乐性和艺术性集于一身。在科学中心内部，许多非常抽象难懂的科学知识都被生动形象地表现出来，深入浅出地向游客介绍，使游客能够很容易接受。科学中心还有两座IMAX影院、一座世界上最大的半球镭射表演剧院以及天文馆、热带蝴蝶屋、恐龙馆等，而且经常举办一些主题展览，吸引了来自世界各地的众多游客前来参观。

04 宇宙剧场
展示高科技的场馆 ★★★★★ 玩

Tips
- 1483 Alaskan Way, Seattle, WA　乘公共汽车在1st Ave. & Pine St. 站下　206-386-4300　￥7美元

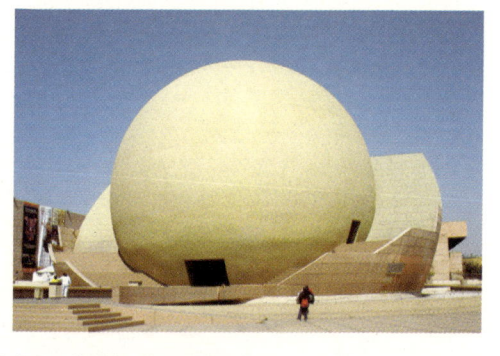

　　宇宙剧场与西雅图水族馆相邻，拥有一个环形屏幕，多媒体技术先进，营造出声音和图像生动逼真、震撼人心的效果，让人仿佛身临其境。一些关于宇宙进化、火山爆发、地质变迁的科普影片是这里最受欢迎的，先进的多媒体技术让人能够充分感受那种震撼，使人难忘。

05 西雅图水族馆

公共水族馆

Tips
1483 Alaskan Way, Seattle, WA　乘公共汽车在1st Ave. & Pine St. 站下　206-386-4300　¥11美元

西雅图水族馆开放于1977年，是一个公共水族馆，将介绍、研究和保护美国西北地区海岸生态的功能集于一身，为海洋资源保护提供了便利。水族馆中有各种各样的热带鱼，色彩艳丽，还有人工养殖的鲑鱼、章鱼等。馆内最吸引人的是一个巨大的球形透明玻璃视窗，让游客从不同角度观看里面的海洋生物。馆内还有可以与西北鱼类亲密接触的水池、美丽的珊瑚礁池和能够看到海狮的户外水池，因此每年都吸引了众多游客前来参观、了解海洋生物。

Tips
1501 Pike Pl, Seattle, WA　乘公共汽车在1st Ave. & Pine St. 站下　206-382-4297

06 派克市场

淘宝的好去处

位于西雅图派克街和弗吉尼亚街上的派克市场始建于1907年，曾是一个集贸市场，如今已经发展成为一个著名的旅游景点，每年都会举办200多场商业活动，展出各种手工艺品，还有120多个农产品摊位和众多街头表演艺人，吸引了来自世界各地的游客。在这里到处都能看到整桶的鲜花、蜂蜜、葡萄酒、干酪、各种糕点和果蔬，以及各种餐厅、商店、纪念品店，经常能发现令人意想不到的商品。派克市场的最北端有一座公园，名为Victor Steinbrueck公园，里面有一大片绿地，是周围市民放松休闲的好地方。

美国攻略　西雅图

159

07 史密斯大厦

西雅图历史最悠久的大楼 ★★★★ 赏

位于开拓者广场的史密斯大厦建成于1914年，高138米，是西雅图第一座摩天大楼，由当时的枪支和打字机大亨莱曼·科尼利厄斯·史密斯投资建造，并以此命名。大厦采用新古典主义的建筑风格，并带动了城市的其他建筑，使之成为西雅图最普遍的建筑风格。大厦顶部还有一个观景台，可以一览整个西雅图市的美丽风光，吸引了很多游客。在史密斯大厦的三楼，有一间"中国之屋"，充满了中国特色，是清王朝赠送给史密斯先生的礼物，传说"中国之屋"中有一个许愿椅，单身女子坐在上面诚心许愿就能找到如意郎君。

Tips

502 Second Avenue, Seattle, WA　乘轻轨在Transit Tunnel & Pioneer Sq. Station 站下　206-381-0638　¥5美元

08 西雅图美术馆

具有古典风格的建筑 75分! ★★★★★ 赏

Tips

1300 1st Avenue, Seattle, WA　乘公共汽车在1st Ave. & Union St. 站下　206-625-8900　¥10美元

西雅图美术馆是一座具有古典风格的建筑，外墙由蓝白两色的瓷砖装饰而成。在美术馆门口有一座巨大的铁铸雕像，约有4层楼高，是一个手拿榔头的工人形象，象征着日夜辛勤工作的工人们。雕像的主旨是希望市民能够通过雕像记住工人们为建设这座美丽的城市所做出的贡献。这座雕像如今已经成为西雅图市中心著名的地标建筑。美术馆内主要收藏和展示亚洲、非洲、北美地区的原住民文化艺术等，其中印第安艺术最受欢迎，面具、图腾、手工艺雕刻品等在数量和品质上都堪称全美第一。除此之外，美术馆还经常举办一些印象美国、美国当地画家联展、商业摄影展等主题展览，以及各种新潮的艺术展览，吸引了众多艺术爱好者前来参观。

09 开拓者广场　　90分！　赏
西雅图的起源地　★★★★

Tips
📍 Pioneer Square, Seattle, WA　🚌 乘公共汽车在1st Ave. S. & S. Jackson St. 站下

位于西雅图西南部的开拓者广场是西雅图最古老的街区，19世纪白人来到西雅图后就定居在这里，可以说是西雅图市的发源地。这里早期的建筑大多是木质结构，1889年的西雅图大火烧毁了几乎所有的房子，后来顺利重建了很多砖石建筑，大多数是理查森罗曼式建筑，保留至今，成为这里的建筑特色，还被列为美国国家历史遗迹。在广场的中央还有一座著名的西雅图酋长的雕像。这位印第安酋长是美洲最古老的居民，乐于与白人移民和平共处，并与西雅图市的创立者之一戴维·斯文森·梅纳德建立了深厚的私人友谊，西雅图市的名字就是来源于此。充满了历史厚重感的开拓者广场对西雅图市具有重要的历史意义，非常值得一游。

10 西雅图公共图书馆
被称为"本时代修建的最重要的新型图书馆"　★★★★★　赏

西雅图公共图书馆是由著名的荷兰建筑师雷姆·库哈斯设计的，世界排名第五，曾获《时代》杂志2004年最佳建筑奖、美国建筑师协会2005年杰出建筑设计奖，被称为"本时代最重要的新型图书馆"。图书馆建筑外形采用折板状，与西雅图山脉与河流的转折相呼应，完全颠覆了传统图书馆的形式。馆内宽敞明亮，色彩鲜艳，是一个充满现代化气息的休闲生活空间，实现了都市建筑空间与媒体虚拟空间的结合。而且，图书馆拥有一套令人惊叹的自动分类系统，可以将归还的图书经由电脑分类，通过传送带运送到相应的位置，节省了大量的人力和物力，展现了新科技带来的便利。

Tips
📍 1000 4th Ave, Seattle, WA　🚌 乘公共汽车在4th Ave. & Madison St. 站下　📞 206-386-4130

美国攻略　西雅图

11 哥伦比亚中心

●●● 西雅图最高的建筑 ★★★★★ 赏

Tips

🏠 701 5th Avenue, Seattle, WA　🚌 乘公共汽车在4th Ave. & Cherry St. 站下　☎ 206-386-5151　¥ 5美元

位于西雅图市中心哥伦比亚街口的哥伦比亚中心是西雅图最高的建筑，建成于1985年，高284米，共分为76层。建筑采用黑色花岗岩建造，非常庄严，外形线条流畅，充满了现代感。在大楼的73层设有观景台，游客可以在这里俯瞰美丽的西雅图。大楼顶部还设有酒吧、餐厅、俱乐部、图书馆等，供游客休闲放松，感受生活。哥伦比亚中心虽不及宇宙针塔有名，但也是一个欣赏美景的好地方。

12 西雅图地下城

●●● 堪称地下历史博物馆 ★★★★★ 赏

西雅图早期的建筑大多采用木质材料，后来几乎都被1889年的大火烧毁。火灾后，西雅图人进行了重建，后来为了解决下水道和地面的问题，在旧路面上方6米处铺填了新的路面，于是，原来建筑物的二楼变成了一楼，一楼变成了地下室，地下的旧路面则构成了地下城。现在的地下城参观路线是由新闻工作者比尔·斯派德尔于1965年开创

Tips

🏠 608 1st Avenue, Seattle, WA　🚌 乘公共汽车在1st Avenue & Yesler Way站下　☎ 206-682-4646

的，希望能够保存西雅图的历史建筑与事迹。地下城参观行程对西雅图的发展历程做了详细的介绍，在美国旅游界享有盛誉，解说员幽默风趣的解说风格吸引了来自世界各地的众多游客。

美国攻略 西雅图

13 华盛顿大学

●●● 被认为是世界上最美的大学校园之一 ★★★★★ 赏

坐落于美国最适宜居住和工作的城市——西雅图市中心的华盛顿大学建于1861年，是一所世界顶尖的名校，也是美国西海岸最古老的大学，与宾夕法尼亚大学和密歇根大学齐名，设有塔克玛和贝色两个分校区。华盛顿大学的医学、生命科学、计算机科学、教育学、公共关系和社会工作等专业都处于世界前列，培养出了大批世界级的医师、计算机学者、飞行器设计制造者以及众多太空人，为美国的发展做出了重大贡献，其中医学和医学护理专业是全美最顶尖的。华盛顿大学的师资力量非常雄厚，拥有世界顶尖的教师团队，包括众多诺贝尔奖得主、美国院士、美国科学委员会委员等，每年都培养出一大批优秀人才。校园风景优美，主要建筑都采用哥特风格，规模宏大，被认为是世界上最美的大学校园之一。

Tips

🏠 231 Suzzallo Library, Seattle, WA 🚌 乘公共汽车在NE Pacific St. & NE Pacific Pl. 站下
☎ 206-543-2100

163

14 未来航空中心

被称作"飞机城" ★★★★★ 赏

Tips
- 8415 Paine Field Blvd., Mukilteo, WA
- 206-764-5720　¥ 11美元

西雅图是著名的波音飞机的故乡，位于西雅图北部的未来航空中心是波音公司投资建造的一座互动展览馆，开放于2005年，是一个向游客展示航天科技和理念的秀场。这里有整个波音飞机的组装场，让游客能够近距离地看到飞机的制造、生产和组装的过程，还能近距离地感受飞机的起飞和降落。游客在这里还可以了解人类的航天史，以及现代客机和未来飞行器的发展方向。除此之外，未来航空中心还可以让游客通过使用波音公司技术人员的专业软件，结合基本的飞行动力学知识，发挥自己的想象力来设计喷气式飞机，并对自己设计的飞机进行测试，充满了趣味性，受到了很多游客，特别是小朋友的喜爱。

美国攻略 | 西雅图

15 奥林匹克国家公园 赏
犹如地理大百科全书

Tips
- 3002 Mt. Angeles Rd., Port Angeles, WA
- 360-565-3130

位于美国华盛顿州西北角的奥林匹克半岛上的奥林匹克国家公园濒临太平洋，由雪山、温带雨林、海滨等三个截然不同的部分组成，能够让游客在一次游览中体验一年四季的气候变化和生态环境，还结合了各种极端的地面景观，因此被称为"美国西北最值得一游的国家公园"。公园因矗立其中的海拔2428米的奥林波斯山而得名，建于1938年，主要是为了保护森林和野生动物而建，是美国除了阿拉斯加外最大的原始地区。公园内最美丽的景点是暴风山脊，在山顶眺望白雪覆盖、连绵不绝的奥林匹克山脉的壮丽景观，绝对让人难以忘怀，感叹大自然的鬼斧神工。公园内还有大大小小的湖泊散落在山间，与漫山遍野的绿色交相辉映，非常美丽。

美国攻略

西雅图

16 | 西雅图国际区
充满亚洲各国风情的地方 ★★★★★ 玩

Tips
🏠 International District, Seattle, WA　🚌 乘公共汽车在S. Jackson St. & Maynard Ave. Station站下

位于西雅图市中心的西雅图国际区聚集了来自中国、日本、韩国、泰国、老挝、菲律宾、柬埔寨等亚洲国家的移民，充满了亚洲风情，还有被称为"小西贡"的越南商业聚集区。这里随处都能看到各种亚洲风格的建筑，以及亚洲各国风格的商铺，不同的文化在这里得到了完美的融合，形成了国际区独特的文化特色。每年夏季，国际区还会举行夏日街会，包括丰富多彩的文化节目和琳琅满目的商品，不仅吸引了国际区的居民，还受到了当地美国人的欢迎。

Tips
🏠 1366 Alaskan Way, Seattle, WA　🚌 乘公共汽车在Alaskan Way & Pike Street站下
☎ 206-623-0340

17 | 西雅图码头区
西雅图最热闹的商业区 ★★★★ 玩

西雅图码头区汇集了各种名胜、餐厅、购物中心，还有很多渡船、游船等从这里起航，可以说是西雅图最热闹的商业区。这里曾是埃利奥特湾旁的航运枢纽，如今已经变成了人们休闲娱乐的好地方。在这里，游客可以在海边给海鸥喂食，也可以在码头公园散步，或者在纪念品商店选购一些独具特色的纪念品。除此之外，这里还有著名的西雅图水族馆和IMAX影院。因此，热闹繁华的码头区吸引了众多游客前来参观游玩。

18 赛佛科球场

西雅图最重要的棒球场 ★★★★ 玩

Tips

📍 1250 1st Avenue South, Seattle, WA 🚌 乘公共汽车在1st Ave. S. & Edgar Martinez Dr Station 站下 ☎ 206-346-4287

位于西雅图的赛佛科球场是美国职业棒球大联盟西雅图水手队的主场，可容纳47000名观众。球场建成于1999年，采用红砖搭建的仿古造型，球场上的计分板也采用古老的白炽灯显示，让人感觉时间发生了倒退。由于日本著名球员铃木一郎是球迷们心中的英雄，因此在球场周围开设了很多日本料理店，场内还提供日语服务，在美国各大球场中独树一帜，这是赛佛科球场的独特之处。

19 雷尼尔山国家公园

拥有淳朴自然风光的国家公园 ★★★★★ 玩

Tips

📍 Pierce, 55210 238th Avenue East, Ashford, WA ☎ 360-569-2211

雷尼尔山国家公园位于华盛顿州西部、西雅图南面。公园中的雷尼尔山是美国最高的火山，也是世界上最雄伟的山岭之一，拥有除阿拉斯加外的最大的冰河系统。雷尼尔山的降雪量非常大，山顶常年被冰雪覆盖，是美国登山队的主要训练场所。山腹的草原地带每到7、8月间，冰雪就会融化，变成一片美丽的花海，吸引了众多游客。山脚下是一片茂密的原始森林，还有美国最大的冰川埃蒙斯冰川，到了夏季，冰雪消融，形成倾泻的瀑布，响声震彻山谷，与高耸的山峰相映衬，显得更加壮观。雷尼尔山国家公园不仅是华盛顿州的地标，还经常出现在一些器物上，带有神圣和神秘的色彩。

美国攻略 · 西雅图

美国攻略 西雅图

20 北瀑布国家公园
宛如仙境一般的国家公园 ★★★★★ 玩

Tips
📍 7280 Ranger Station Rd., Marblemount, WA ☎ 360-873-4590

位于美国华盛顿州的北瀑布国家公园成立于1968年，占地2768平方千米，是美国冰川最多的国家公园，以蜿蜒崎岖的山脉为特色，是为了保护北喀斯喀特山的高山生态系统而建的。公园地形多样，有山地、丛林、海岸线、淡水湖泊等，而且充满了原始风情，几乎看不到人为修建的房屋和道路，青山绿水相互映衬，风景十分秀丽，受到了背包客、登山爱好者、摄影爱好者的欢迎和喜爱。由于公园地区的降雪和积雪较多，到了夏天，积雪融化形成了很多小瀑布，虽然并不宏伟壮观，但也为连绵的山脉增添了几分灵动，为公园增添了几分生机和活力。

21 布莱克岛
充满印第安文化气息的小岛 ★★★★★ 玩

Tips
📍 Port Orchard, WA

西雅图西临太平洋，周围有很多岛屿，是当地人和游客休闲度假的好去处，其中最著名的是保留着最传统的印第安文化的布莱克岛。布莱克岛的面积仅有1.9平方千米，游客在这里可以品尝到著名的三文鱼料理，非常美味，同时可以观看充满印第安风情的民俗表演。这种悠闲的海岛生活让人远离了城市的喧嚣，放松了心情。晚上还可以在布莱克岛上露营，遥望着灯火辉煌的西雅图市，感受着大自然的神奇魅力。

22 林地公园动物园

●●● 西雅图第一大动物园 ★★★★ 玩

> **Tips**
> 🏠 601 N. 59th St., Seattle, WA 🚌 乘公共汽车在Phinney Ave. N. & N. 50th St.站下 ☎ 206-548-2500

位于西雅图北部的林地公园动物园建于1889年，是美国西海岸最古老的动物园之一，也是自然式动物园的先驱之一，被列入美国十大动物园的名单。动物园中有300多种动物，其中包括多种受保护的濒危物种以及黑寡妇蜘蛛、拟步甲、美洲鹫、铜头蛇、蟒蛇、蝾螈、马来熊、北极狐等珍稀动物，是西雅图最受欢迎的动物园。动物园根据动物的习性和生活环境分为温带森林区、非洲大草原区、热带亚洲区、热带雨林区等，还有很多树木、灌木、草本植物等，为动物营造了一个适宜的生活环境。其中，四面围栏的棕熊区是动物园最有特色的地方，真实再现了阿拉斯加河流和山坡的自然风貌，吸引了众多游客前来参观游览。

美国
攻略HOW

Part.12 旧金山

位于美国西海岸的旧金山又被称为圣弗朗西斯科或三藩市,是美国最前卫、最开放、最自由、最无拘无束的城市。

美国攻略 旧金山

旧金山 特别看点!

第1名!
金门大桥!
100分!
★ 旧金山的标志性景点,世界最著名的桥梁!

第2名!
金门公园!
90分!
★ 美国西海岸最具代表性的绿地,全世界最大的人工公园之一!

第3名!
渔人码头!
75分!
★ 旧金山的标志性景点,独具特色的文化休闲地!

01 金门大桥 100分!
旧金山的标志 ★★★★★ 赏

Tips
🏠 Golden Gate Bridge Plz, San Francisco, CA 🚌 乘公共汽车在Golden Gate Bridge Hwy & Trans站下 ☎ 415-923-2000 ¥ 3美元

　　旧金山金门大桥横跨加利福尼亚州的金门海峡,建于1933年,是近代桥梁工程的一个奇迹,也是旧金山的标志。金门大桥全长2737米,由工程师约瑟夫·斯特劳斯设计建造,外形宏伟壮观,呈橘红色,像一条巨龙横卧海峡之上。大桥两侧还有两座高300多米的巨型钢塔,钢塔之间的大桥跨度长达1280米,是罕见的单孔长跨距大吊桥。大桥与海面间的距离约60米,即使涨潮也可以保证大型船只畅行无阻。为了纪念工程师约瑟夫·斯特劳斯所做的贡献,在大桥的一侧安放了一座他的半身铜像,铜像雕工精细,形象生动。到了夜晚,金门大桥上灯光明亮,是旧金山一道亮丽的风景线。

172

02 金门公园

世界上最大的人工公园 (90分!) 玩

Tips
- Golden Gate Park, San Francisco, CA
- 乘公共汽车在Lincoln Way & 25th Ave.站下
- 415-831-2700

旧金山金门公园曾是一片荒野，1871年开始在此建造金门公园，如今已是拥有百万棵绿树、能够抗击强风浓雾的城市绿肺，与纽约的中央公园一起被称为美国最具代表性的两大绿地。金门公园占地面积超过4平方千米，从繁华的旧金山市中心延伸到波涛汹涌的太平洋海滨，是全美面积最广阔的公园，也是世界上最大的人工公园。金门公园内有很多步行道和花园供游客散步及欣赏，并设有高尔夫球场、跑马场和网球场等娱乐场所供游客进行休闲锻炼，还有博物馆、美术馆、植物园等，其中包括最受欢迎的加利福尼亚科学院、亚洲艺术馆和M.H.德扬纪念馆，因此，金门公园成了旧金山著名的旅游景点和市民的最佳休闲娱乐场所。每到节假日，公园内就会有很多地方艺术家展示和拍卖自己的作品，市民们也会在公园内跑步、骑车，使公园变得热闹非凡。

03 旧金山市政厅

被称为"美国西岸白宫" 赏

Tips
- 400 Van Ness Ave., San Francisco, CA
- 乘地铁在Civic Center站出站
- 415-554-4000

旧金山市政厅是旧金山的政治中心，建于1915年，仿照华盛顿的国会大厦建造，采用学院派建筑风格，是一座巨大的古典对称的建筑，被称为"美国西部的国会大厦"。市政厅采用梵蒂冈圣彼得堡大教堂式的巴洛克圆顶，使整个建筑充满威严、肃穆的感觉。由于旧金山地处地震带，经常发生地震，因此市政厅曾在大地震中遭到了严重损毁，经过修整后，市政厅显得更加庄严、肃穆。在市政厅门口还有青铜雕像，非常有名，被视为市政厅的标志。

04 加利福尼亚荣誉军团宫
珍藏艺术品的宝库

Tips
- 100 34th Avenue, San Francisco, CA
- 乘公共汽车在Legion of Honor站下
- 415-750-3677
- ￥12美元

位于旧金山的加利福尼亚荣誉军团宫建于1920年，是为了纪念法国艺术家在美国的成就和发展而建的，建筑外形仿照法国的荣誉军团宫，规模仅为法国荣誉军团宫的四分之三。荣誉军团宫的地理位置优越，风景秀丽，可以观望到金门大桥和太平洋。馆内收藏了从公元前2500年到现在的几千件艺术品，包括绘画、藏书等。荣誉军团宫的前面还有《思考者》铜像。这座美国少有的反映欧洲艺术的殿堂不仅受到游客的欢迎，还受到了年轻恋人们的欢迎，成为旧金山举行婚礼的最佳场所。

05 艺术宫
旧金山人假日休闲的好去处

Tips
- The Palace of Fine Art, San Francisco, CA
- 乘公共汽车在Broderick St. & Beach St.站下
- 415-563-6504

旧金山艺术宫建于1915年，是由著名建筑师梅贝克为了巴拿马太平洋万国博览会的举行而设计建造的。整个建筑采用古罗马的建筑风格，主体是一个圆顶的大厅，搭配拱门和石柱，非常壮观，在博览会结束后曾一度荒废，直到1962年才重新整修。如今，艺术宫到处都散发着古典气息，周围的环境宁静优美，游客在这里可以摆脱城市的喧嚣，尽情享受宁静，感受独特的古典魅力，因此，这里成了旧金山市民休闲放松的好去处。由于艺术宫风景秀丽，著名的好莱坞大片《石破天惊》就曾在这里取景，美国的新人也喜欢选择这里作为婚纱照的外景拍摄地。

06 俄罗斯山

拥有"九曲花街" ★★★★ 赏

Tips
📍 Russian Hill, San Francisco, CA　🚌 乘公共汽车在Hyde St. & Greenwich St.站下

位于旧金山西北的俄罗斯山是旧金山最初的7座山丘之一，由于淘金热时期在山顶发现了一个俄罗斯水手的墓地，因此而得名俄罗斯山。俄罗斯山是旧金山最富裕的街区之一，这里居住着很多艺术家，可以看到很多有特色的豪宅，它们经常出现在旧金山的明信片上。俄罗斯山最有名的是只能单向通行的伦巴底街，这条街道有8个急转弯，号称"世界上最弯曲的街道"，坡度大，步行很辛苦，又因为在街道两旁有很多种有玫瑰、郁金香的漂亮花坛，而被称为"九曲花街"。

07 诺布山

旧金山最高峰 ★★★★★ 赏

Tips
📍 Nob Hill, San Francisco, CA　🚌 乘缆车在Powell St. & California St.站下

诺布山是旧金山最高的一座山，"诺布"是印度殖民地时代的辛都土语，意思是"有影响力的"或"大富豪"。1878年，有2个因淘金而富裕和4个因建太平洋铁路而发迹的大亨在这里盖了金碧辉煌的豪宅，随后又有很多上流社会的人在这里居住，使这里成为旧金山的富豪集中地。虽然1906年的大地震让豪宅都毁于一旦，但并没有影响这里奢华的气息，后来这里又建起了豪华的酒店、美丽的教堂等建筑，现在诺布山依旧是旧金山地价最高的地段之一。

美国攻略　旧金山

08 格雷斯大教堂

美国第三座圣公会大教堂 ★★★★ 赏

位于诺布山顶的格雷斯大教堂建成于1964年，是仿造巴黎的诺特丹圣母大教堂建造的，受到美国人的重视，被认为是社区生活的重要部分。教堂的大门仿照佛罗伦萨洗礼堂著名的天堂之门而建，还建有通向正门的巨型阶梯，使整个教堂充满了歌德式建筑的庄严感。教堂的窗户上镶嵌着彩色的玻璃，使照进教堂的光线变得微弱，增加了教堂的神秘感，而且教堂的隔音效果很好，让人在这里能够远离喧嚣，感受宁静的氛围。因此，不论是对建筑还是对宗教感兴趣，在这里都可以找到自己喜欢的元素，非常值得一游。

Tips
1100 California Street, San Francisco, CA　乘缆车在California St. & Taylor St.站下
415-749-6300

09 阿拉莫广场

明信片风光集萃 ★★★★ 玩

Tips
Alamo Square, San Francisco, CA　乘公共汽车在Hayes St. & Pierce St.站下

阿拉莫广场拥有很多维多利亚式建筑，高耸的房顶、突出的屋檐、扇形的斗拱、时尚的角楼以及带门柱的阳台，搭配上如茵的绿草，使这里成为旧金山最佳的摄影点之一。在广场东侧的斯坦纳街还有一排安妮女王时期风格的房屋，与后面摩天大楼林立的金融区形成了鲜明的对比，经常出现在旧金山的明信片上，以及各种与旧金山有关的电影、电视中，被认为是旧金山的标志。阿拉莫广场于1856年被开辟为公园，园内有操场和网球场，是附近市民休闲锻炼的好地方。在公园中心还可以看到泛美金字塔、金门大桥等旧金山的著名景点，因此吸引了很多游客。

10 旧金山联合广场　★★★★ 玩
旧金山的城市中心

Tips

📍 Post Street, San Francisco, CA　🚌 乘公共汽车在Powell St. & Post St.站下

位于旧金山市中心的联合广场是旧金山重要的交通中心，很多线路的电缆车和巴士车都在这里停靠。在南北战争期间，这里曾是联邦统一会议的地点，因此取名为联合广场。广场中央有一根科林斯式石柱，上面是一尊胜利女神像，是为纪念1898年美国海军在马尼拉海湾战胜西班牙舰队而建的。广场虽然面积不是很大，但非常整洁，周围有茂密的绿树和鲜花，还经常举办画展、街头艺术展等活动，非常热闹。以前，联合广场主要由教堂、绅士俱乐部等构成，现在，各种商店和名牌专卖店林立，成为旧金山的购物天堂。除此之外，还有民间艺术大厦等著名的建筑，是来旧金山必到的景点之一。

11 旧金山金融区　★★★★ 玩
旧金山的金融中心

Tips

📍 Financial District, San Francisco, CA　🚌 乘公共汽车在 Washington St. & Sansome St. 站下

旧金山金融区被称为"西部华尔街"，是美国西部经济的心脏，有银行、股票交易所、商场、办公楼、酒店、保险公司等。著名的太平洋股票交易所和美国最大的银行——美洲银行的总部都在金融区，吸引了很多来自世界各地的游客。这里新旧建筑交融，不仅有超高的摩天大楼，还有一些低层建筑。这些高高低低、风格迥异的建筑相映成趣，形成了旧金山一道亮丽的风景，使金融区具有一种独特的魅力。到了晚上，一座座灯火辉煌的大楼成为很多摄影师喜爱的场景。

美国攻略　旧金山

177

12 联合街

欧洲风情最浓郁的地方 ★★★★ 玩

Tips

📍 Union Street, San Francisco, CA 🚊 乘缆车在Union St. & Hyde St.站下

　　旧金山联合街是旧金山的一个时尚购物商圈，到处都散发着一股欧式风情，街边有很多时尚的欧式餐厅和咖啡厅，还有很多服装店，都很受市民的欢迎。联合街的南部是太平洋高地，可以远望整个海港的美丽景色，也是旧金山的高级住宅区，有很多大使馆和豪宅。漫步在旧金山的联合街，感受这里浓郁的欧洲风情，放松心情，是旧金山市民最喜欢的生活方式，也是世界各地的游客不能错过的一种享受。

13 旧金山中国城

美国西部最大的华人聚居地 ★★★★★ 玩

　　旧金山是美国西岸最有文化历史感的一个城市，位于旧金山的中国城是最早成形的中国城，也是美国西部规模最大的海外华人聚居地，中国华侨占旧金山总人口的三分之一。中国城最主要的街道是格兰特大道，每年的春节和中秋节都会在这里举行盛大的节日庆典。

Tips

📍 Chinatown, San Francisco, CA 🚌 乘公共汽车在Pacific Ave. & Stockton St.站下

在中国城不仅随处都可以看到中文的路牌、招牌，具有中国特色的建筑、中国风味的餐厅，就连居民的生活习惯都同国内一样，使来到这里的中国游客感到非常亲切。这里丰富多彩的中国文化不仅吸引了中国的游客，也让世界上其他国家的游客流连忘返。

14 渔人码头　75分！

旧金山标志性景点　★★★★★　玩

Tips
- Fisherman's Wharf, San Francisco, CA
- 乘轻轨在Jones St. & Beach St.站下

位于旧金山的渔人码头原本是意大利渔民聚集的港口，后来随着捕鱼量的减少，经过商业包装，成为一个独特的休闲文化区，如今这里已经成为旧金山最著名的旅游景点之一，被认为是旧金山的标志。渔人码头附近海域盛产味道鲜美的螃蟹、虾、鲍鱼、海胆、鳕鱼等海鲜，街边还有很多现场加工海鲜的小吃摊，因此来到这里最不能错过的就是品尝新鲜的海鲜。除此之外，这里还有博物馆、蜡像馆、商店、古董店、购物中心、纪念品商店等场所供游客游览、购物。其中最有特色的博物馆就是停靠在码头的一艘三桅帆船，名叫"巴尔克拉萨号"，是苏格兰于1883年建造的，代表了旧金山过去的辉煌，如今改建成为一座漂浮博物馆。渔人码头最热闹的地方就是39号码头，不仅可以看到很多街头艺人聚集在露天广场，中午时分还可以看到成群结队的海豹趴在石头上晒太阳。

15 泛美金字塔

旧金山最高大楼　★★★★★　赏

Tips
- 600 Montgomery St., San Francisco, CA
- 乘公共汽车在Washington St. & Sansome St. 站下

位于历史悠久的旧金山蒙哥马利区的泛美金字塔是旧金山最高的摩天大楼，也是旧金山最高的后现代主义建筑，高260米，主要用于商业和办公。大楼建成于1972年，由建筑师威廉·佩雷拉设计建造，曾是泛美公司的总部所在地。大楼采用四面金字塔造型，刚建成时并不受人们欢迎，曾被称为"地狱刺出的利剑"和"印第安人的帐篷"，随着时代的发展，人们的看法也发生了变化，它已经成为人们喜爱的城市建筑。在金字塔的顶端有一个虚拟观景台，游客可以在休息室里欣赏外面的景色。在金字塔的东侧可以看到一片红木林，那里曾是泛美红木公园，经常举行音乐会，让繁忙的都市人能够放松心情，舒缓压力。

16 威尔斯法哥历史博物馆

了解美国淘金热时期历史的最好去处　★★★★　赏

Tips
- 420 Montgomery St., San Francisco,CA
- 乘缆车在California St . &Montgomery St. 站下
- 415-396-2619

　　位于旧金山蒙哥马利街的威尔斯法哥历史博物馆始建于1852年，曾是历史悠久的威尔斯法哥银行的总部。威尔斯法哥银行因为在淘金热时期提供了安全可靠的运送、金融交易及汇兑款等服务而声名鹊起。如今这里已改建成了威尔斯法哥历史博物馆，详细介绍了威尔斯法哥银行的发展历史。在博物馆大厅里陈列着一辆具有悠久历史的大型马车，是淘金热时期用来运送货物、黄金、包裹和信件的运输工具。馆内还收藏了很多珍贵的历史文物，包括金块、钱币、保险箱、艺术品等，并配合着海报、文字和照片，向游客介绍美国淘金热时期的历史，甚至还有旧金山中国城的发展历史，非常值得一游。

17 旧金山现代艺术博物馆

美国第二大现代艺术品博物馆　★★★★★　赏

Tips
- 151 Third Street, San Francisco, CA
- 乘公共汽车在3rd St. & Stevenson St.站下
- 415-357-4000　¥10美元

　　美国西岸第一座专门收藏现代艺术品的博物馆是旧金山现代艺术博物馆，该馆建于1935年，也是美国第二大现代艺术博物馆。博物馆由瑞士著名建筑师马里奥·博塔设计建造，这是他在美国的第一个作品，建筑外侧铺有红褐色的面砖，还有一个巨大的圆柱形斑马纹天窗，让自然光线可以从楼顶照射到底部，使馆内光线充足。博物馆周围都是灰白色的摩天大楼，外形独特、色彩鲜艳的博物馆显得格外突出，成为世界各地摄影师的最爱。馆内收藏了20世纪具有代表性的西方艺术家的现代艺术作品，包括马蒂斯、安迪·沃霍尔、弗莉妲·卡荷洛等著名画家的作品。除此之外，博物馆还会经常举办一些主题展览，吸引了很多对现代艺术感兴趣的游客前来参观。

18 电报山
••• 拥有恬静的自然风光 ★★★★★ 赏

Tips
🏠 San Francisco, CA 🚊 乘轻轨在Coit Tower站下

电报山是旧金山市距离海湾最近的一座小山，为住宅区，非常宁静和安逸。电报山因有大量野生鹦鹉而闻名，在居民和志愿者的努力下，这里建立了野生鹦鹉的繁殖基地。电报山的顶部是著名的科伊特塔，高64米，由19世纪著名的慈善家科伊特女士捐资建造，以纪念1906年在旧金山大地震救援中牺牲的消防员。为了增加科伊特塔的观赏性，很多艺术家参与设计了塔内展现美国城乡风貌的壁画。现在，游客在这里不仅可以纪念那些英勇殉职的消防员、欣赏塔内精美的壁画，还可以登上塔顶，一览整个旧金山的美丽风光。到了晚上，电报山上灯光点点，与科伊特塔的灯光相互映衬，形成了一幅美丽的夜景图画，让人着迷。

19 双子峰
••• 旧金山第二高峰 ★★★★★ 赏

Tips
🏠 401 Castro St., San Francisco,CA 🚌 乘公共汽车在Portola Dr/Mc Ateer High School站下
☎ 415-391-2000

双子峰高281米，是旧金山市内唯一的天然山丘，也是旧金山的第二高峰，由两座距离很近的山峰组成，并因此而得名。双子峰的山顶没有茂密的大树，视野非常宽广，可以欣赏到360°的旧金山美景。天气晴朗时，站在山顶的观景台上向下看，金门大桥、奥克兰、伯克利大学、繁华的旧金山市景与整个海湾都一览无余，到了夜晚，华灯初上，美景无边，让人流连忘返。

20 史努比博物馆

史努比之家 ★★★★★ 赏

Tips
📍 2301 Hardies Lane, Santa Rosa, CA　🚌 乘公共汽车在West Steele Ln. @ Heidi Pl.站下
☎ 707-579-4452

由美国漫画家查尔斯·舒尔茨创作的漫画《花生》中的人物查理·布朗和史努比是全球著名的卡通人物，陪伴着很多人一起成长。舒尔茨博物馆就是为了纪念舒尔茨和他的经典漫画人物史努比而建的，也是美国的漫画艺术研究中心，人们更喜欢称之为"史努比博物馆"。馆内展出了很多史努比漫画、卡通玩偶等，还有珍贵的舒尔茨的原版手稿。生动幽默的漫画常常让人忍俊不禁，馆内气氛非常轻松。馆内还有庞大的数据库和视听室，播放与史努比有关的音像资料，让游客进入史努比的世界，放松心情。博物馆随处可见的史努比雕塑，或躺或卧，同样让人流连忘返。

21 加州铁路博物馆

展示铁路历史的博物馆 ★★★★ 赏

位于美国加利福尼亚州首府萨克拉门托的加州铁路博物馆是美国最重要的铁路博物馆之一，由一群铁路爱好者提议建造。博物馆是一座外形古朴典雅的红砖小楼，在周围的老式建筑群中并不起眼。馆内展厅面积可达9万平方米，展示了许多与铁路有关的展品，包括21个精心仿制的火车头和车厢，还有实物、模型和图片等40多种展品。在火车头旁、开山筑路的工地上、站台上还有做工精致的蜡像，这些本已消

Tips
📍 111 I St., Sacramento, CA　🚇 乘轻轨在H St.& 5th St. (WB)站下　☎ 916-445-6645　¥ 4美元

逝的场景，让游客能够身临其境地重温19世纪中期以来的重大铁路历史事件。除此之外，博物馆还设有儿童专区，提供了很多火车模型和轨道，让小朋友能够在游戏中体会铁路文化，同时还能培养小朋友的创造力和想象力。

22 斯坦福大学
世界著名的大学之一 ★★★★ 赏

Tips
🏠 Stanford University, Menlo Park, CA 🚌 乘公共汽车在The Main Quad站下 ☎ 650-723-2560

斯坦福大学坐落于美国加利福尼亚州，与旧金山相邻，全名是小利兰·斯坦福大学，是一所私人大学，也是世界公认的最杰出的大学之一。斯坦福大学始建于1885年，由当时的加州铁路大王老利兰·斯坦福为纪念他的儿子而捐资建立的，占地面积约35平方千米，是美国第二大的大学。斯坦福大学的楼房采用红瓦黄砖的17世纪西班牙传道堂式风格，充满了文化和学术氛围。著名的胡佛纪念塔是斯坦福大学的地标性建筑，是为了庆祝建校50周年及纪念当时的美国总统胡佛为学校做出的重要贡献而建的，纪念塔下面还设有展示胡佛总统生平事迹的展室供人们参观。斯坦福大学从20世纪70年代开始迅速发展，为现代高科技产业做出了重大贡献，创建了著名的硅谷，被认为是21世纪科技精神的象征，也被视为"美国西岸的哈佛大学"。

23 罐头工厂大道
海滨观光胜地 ★★★★ 赏

Tips
🏠 Cannery Row, Monterey, CA 🚌 乘公共汽车在Cannery Row/Hoffman站下

罐头工厂大道位于蒙特雷海湾水族馆附近，因为这里曾经有很多沙丁鱼罐头工厂而得名，现在已经成为一条著名的海滨大道，主要用于观光和旅游。在大道的两旁还留有许多沙丁鱼罐头工厂的厂房，现在已经改建成了独具特色的餐厅和酒吧，充满了怀旧的氛围。游客在这里不仅可以感受到过去罐头工厂的风貌，还可以品尝美味的食品。这里将现代元素和复古怀旧完美地结合在了一起，是个非常值得一游的景点。

24 蒙特雷海湾水族馆

美国西部最大的水族馆 ★★★★★ 赏

加利福尼亚州蒙特雷市历史悠久，在西班牙和墨西哥统治时期曾是加州首府，19世纪中期的淘金热时期，居民几乎全部搬走，捕鲸业兴起时又繁荣了起来，后来由于鲸减产，转型成为世界上最大的捕沙丁鱼港。蒙特雷海湾水族馆是美国最大的水族馆，建成于1984年，面积2.2万平方米，虽然建筑外观普通，但馆内物种丰富，拥有6500种海洋生物，总数超过35万只，因此吸引了众多游客前来参观。色彩鲜艳、千奇百怪的各种海底生物让人大开眼界，还有一些开放式展厅可以让游客触摸这些海洋生物，给人带来非常难忘的体验，小朋友还可以体验在水里抓鱼的乐趣，很适合亲子共游。

Tips
886 Cannery Row, Monterey, CA 乘公共汽车在Wave / David站下 831-648-4888

25 硅谷

高新技术的摇篮 ★★★★★ 赏

Tips
Silicon Valley, Santa Rosa, CA 乘火车在San Jose Diridon站下车后换乘Dash公共汽车在硅谷站下 800-726-5673

世界著名的硅谷位于美国加利福尼亚州北部、旧金山湾南部，曾是美国海军的研发基地，因早期主要进行硅芯片的设计和制造而得名。后来随着微电子等高新技术的迅速发展，并以周围的斯坦福大学、加州大学伯克利分校等世界一流名校为依托，逐渐成为高新技术产业的代名词。现在，硅谷已将科学、技术和生产合为一体，拥有众多大大小小的电子工业公司，包括思科、英特尔、惠普、苹果等世界知名的大企业，汇集了世界各地的优秀科技人员，被认为是美国高新技术的摇篮和全世界的人才高地。其他国家纷纷效仿，硅谷如今已经成为世界各国高科技聚集区的代名词。

26 太浩湖
北加州最大的度假区 ★★★★ 玩

Tips
🏠 Lake Tahoe, CA 🚌 从旧金山乘灰狗巴士在太浩湖站下

位于美国加利福尼亚州和内华达州中间的太浩湖是北美最大的高山湖泊,海拔1897米,四面环山,湖水清澈湛蓝,是世界上水质最清澈的高山湖泊之一。太浩湖冬季降雪期长,因此积雪非常多,是滑雪运动的好场地,周围有很多滑雪场,还曾是冬季奥运会的比赛场地,吸引了很多游客。夏天的太浩湖地区则是一个避暑胜地,游客在这里可以滑水、远足、垂钓、划独木舟、打高尔夫等,因此成为北加州旧金山湾区人度假的最佳场所,也是加州和内华达州重要的旅游资源。在太浩湖周围还有数十个大大小小的湖泊,也都是旅游度假胜地,风景秀丽,吸引了很多摄影爱好者在这里取景。

27 北滩
意大利人聚居地 ★★★★★ 玩

Tips
🏠 North Beach, San Francisco, CA 🚊 乘轻轨在Powell St. & Filbert St.站下

位于旧金山东北部的北滩与中国城和渔人码头相邻,是意大利移民聚居的地区,有"小意大利"之称,同时也是诗歌和政治中心,20世纪50年代"垮掉的一代"运动就是从这里诞生的。这里到处都可以看到意大利风格的餐厅、咖啡厅等,充满了地中海风情,而且这里的夜生活非常丰富,从黄昏到深夜是最热闹的时段。游客可以白天享受意大利风味的咖啡和小吃,晚上到酒吧感受这里丰富多彩的夜生活,体验旧金山式的意大利风情。北滩还有一座著名的游乐场——华盛顿广场,吸引了许多游客,也是旧金山的标志性建筑之一。

28 戴维斯交响音乐厅

旧金山交响乐团驻地　★★★★★ 玩

Tips

📍 201 Van Ness, San Francisco, CA　🚇 乘轻轨在 Market St. & South Van Ness Ave.站下　☎ 415-864-6000

位于旧金山的戴维斯交响音乐厅是旧金山交响乐团的常驻表演场地，紧挨旧金山战争纪念歌剧院，属于旧金山战争纪念与表演艺术中心。音乐厅建于1980年，是一座采用玻璃幕墙、具有现代风格的建筑。大厅内部金碧辉煌，拥有顶尖的音响系统，音乐效果非常出色，在大厅中央还可以看到北美最古老的管风琴，以及著名艺术家亨利·摩尔的雕像。经常会有著名的乐团和音乐家在这里演出，吸引了众多游客和市民前来欣赏高雅艺术，陶冶情操。

29 恶魔岛

美国最有名的监狱所在地　★★★★★ 玩

Tips

📍 Alcatraz, San Francisco, CA　🚢 在渔人码头41号码头乘游船在恶魔岛下　☎ 415-705-5555　💰 13.25美元

位于旧金山湾内的恶魔岛四周水流湍急，交通不便，是守卫旧金山湾的要塞，最早被印第安人用作出海捕鱼的中转站。1937年，恶魔岛被美国政府建为监狱，用来囚禁一些重刑犯，包括"芝加哥教父"卡邦、"机关枪杀手"凯利等，使这里成为美国最阴暗、最神秘的孤岛。1971年，恶魔岛被改建为国家公园，向公众开放，成为旧金山著名的景点之一，属于金门休闲区。现在恶魔岛保留了原有监狱的风貌，还有博物馆、书店等供游客参观、浏览。游客在这里不仅可以了解恶魔岛监狱的历史，还可以欣赏秀丽的自然景观。著名电影《勇闯夺命岛》就是以这里为背景拍摄的。

30 死谷国家公园

●●● 美丽的冰川峡谷公园　★★★★ 玩

死谷国家公园位于美国加利福尼亚州和内华达州之间，建于1933年，曾号称美国最大的国家公园，也是世界上最干热的地区。公园地处西半球最低的陆地，以沙漠、峡谷和高山而闻名。由于死谷国家公园地理位置独特，因此自然景观也很特别，谷底是植物稀少的沙漠，而在较高的山地上经常能看到云杉等植物。除此之外，还有盐碱滩、蜿蜒的古老峡谷、彩色的石崖等景观，展现了地表的原始风貌，因此吸引了世界各地的游客前来参观游览。在这里，还有一座童话式城堡坐落于格雷普韦恩山脚下，是由一位芝加哥商人投资建造的，虽然最终没有彻底完工，但内部已经装饰了大量的油画、古董、吊灯及其他陈设品。

Tips
🏠 47050 Generals Hwy., Three Rivers, CA
☎ 559-565-3341

31 红杉树国家公园

●●● 世界自然奇观　★★★★★ 玩

Tips
🏠 47050 Generals Hwy Three Rivers, CA
☎ 559-565-3341

位于美国加州海岸的红杉树国家公园主要由近海的大片海岸红杉和内陆的大片山脉红杉组成，还有很多珍稀动植物品种，以及明媚的海滨和幽静的河谷。红杉树具有强吸水性能，因此抗病和防火能力强，生命力顽强，而且生长迅速，成活率高，被认为是世界上最有价值的树种。公园中最老的树至今已经拥有2000多年的历史，为纪念谢尔曼将军而被命名为"谢尔曼将军树"。除此之外，公园中还有很多种类的哺乳动物，包括马鹿、灰鲸、山猫、狐狸、浣熊、野兔、蛇等，以及加利福尼亚栗色鹎鹎等许多濒临灭绝的珍稀鸟类。树林里潮湿的环境和地面的枯枝、树叶是无脊椎动物的最佳栖息场所，清脆的鸟叫声回荡在树林中，也为树林增添了很多活力。

美国攻略　旧金山

187

32 约塞米蒂国家公园

美丽的国家公园

Tips
Yosemite National Park, CA　乘灰狗巴士在约塞米蒂国家公园站下　209-372-0200

位于美国加利福尼亚州东部内华达山脉上的约塞米蒂国家公园是美国西部最吸引人的国家公园之一，因约塞米蒂山谷而闻名于世。约塞米蒂山谷呈U形，到处都能看到瀑布，其中以约塞米蒂瀑布最为著名。谷底是一片平原，有美丽的麦斯德河流过。山谷外还有三个巨杉树林，千年的参天大树让人叹为观止。这里还有很多湖泊、高地草原、峡谷等，让人不得不感叹大自然的鬼斧神工。除此之外，公园里还有很多种类的野生动物，包括松鼠、黑熊、山狮、狐狸、狼等。在这里，游客不仅可以欣赏美景，还可以攀岩，体验裂隙、冰穴岩壁、悬岩攀岩等多种攀岩类型。这里曾是20世纪50年代攀岩运动的中心，吸引了众多攀岩爱好者前来挑战。

33 17里湾风景区

加州著名的旅游景点之一

Tips
1824 57th Avenue, Oakland, CA

位于美国加利福尼亚州中部蒙特利县的17里湾风景区是加州著名的旅游景点之一，是一条环状的私人公路，也是美国唯一一条属于私人的公路，围绕着著名的卵石滩度假区。公路的西侧和南侧与太平洋紧紧相连，东侧穿过代尔蒙特杉树林，公路两边是美丽的海岸风光，还有豪华的别墅和优质的高尔夫球场，其中卵石滩高尔夫球场被认为是世界上最好的高尔夫球场之一，曾被评为美国第一球场，因此这里又被称为"美国最佳驾车风景路线"和"世界上最迷人的私家海岸"。17里湾附近的卡梅尔海滩也是一个著名的观光景点，号称美国最美的海滩。曲曲折折的海岸线，细腻洁白的沙滩，明媚的阳光和迷人的夕阳、晚霞都美不胜收，让人流连忘返。

美国攻略

旧金山

34 奥克兰
风景优美的海滨城市 ★★★★★ 玩

Tips
Oakland, CA　乘轻轨在Oakland City站出站

位于美国西海岸加利福尼亚州的奥克兰是州内第四大城市，地处旧金山湾中心，与旧金山市隔海相望，通过1936年建造的旧金山—奥克兰海湾大桥连接。奥克兰因为旧金山湾东部沿岸的一片美丽的橡树林而得名，终年享受来自太平洋的海风，冬暖夏凉，气候宜人，又依山傍海，拥有富饶的自然资源，因此吸引了世界各地的众多游客。位于奥克兰市中心的梅里特湖是奥克兰最著名的景点，也是全美城市中唯一有潮汐的咸水湖，周围是一座美丽的公园，公园中还有儿童乐园、游乐场等。除此之外，奥克兰还有植物园、玫瑰园、图书馆、博物馆等供游客参观和了解奥克兰市的发展历程。奥克兰港是美国太平洋沿岸数一数二的集装箱港，也是世界上最好、最美的自然深水港之一。

美国
攻略HOW

Part.13 洛杉矶

洛杉矶是加利福尼亚州最大的城市,同时也是世界闻名的娱乐中心,举世闻名的好莱坞和洛杉矶湖人队都是星光闪耀的洛杉矶的城市标签。

美国攻略 洛杉矶

洛杉矶 特别看点！

第1名！
洛杉矶郡立美术馆！
100分！
★ 美国西海岸最大的百科全书式的博物馆，了解人类艺术史！ 

第2名！
迪士尼主题乐园度假区！ 
90分！
★ 梦幻世界般的游乐园，充满童趣的主题乐园！

第3名！
斯台普斯球馆！
75分！ 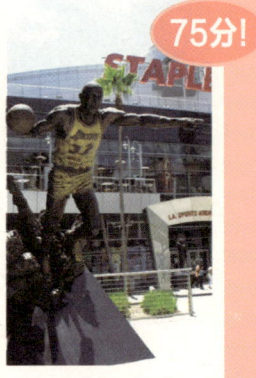
★ 火爆的体育殿堂，星光闪耀的洛杉矶湖人队主场馆！

01 美籍日本人国家博物馆
介绍日本人在美国的奋斗历史 ★★★★ 赏

美籍日本人在美国的历史发展中具有重要意义，曾与本土美国人一起经历了开拓西部、淘金热、世界大战等众多历史时期。美籍日本人国家博物馆就是美国国内唯一一所展示美籍日本人在美国早期各历史时期经历的博物馆。博物馆通过照片、图片、艺术品及当时的影像资料，向游客讲述美籍日本人传奇的奋斗故事，既有辉煌的成就，也有挫折和失意，让游客能够深入了解这一段不为人知的历史。

Tips
🏠 369 East 1st Street, Los Angeles, CA 🚇 乘地铁在Civic Center站出站 ☎ 716-284-8897
¥ 12.5美元

192

02 洛杉矶市政厅

洛杉矶的政治中心 ★★★★ 赏

Tips
- 200 North Spring Street # 163, Los Angeles, CA
- 乘地铁在Civic Center站出站
- 213-485-2121

位于洛杉矶市政中心区的洛杉矶市政厅内设市长办公室和洛杉矶市议会会场，是洛杉矶的政府中心，建成于1928年，高约138米，是当时市区最高的建筑，也是世界上最高的基础隔震建筑。市政厅因为是《超人》漫画中的"每日地球报"大厦的原型而闻名于世，由建筑设计师约翰·帕金森、约翰·C.奥斯丁，以及艾伯特·C.马丁共同设计完成，1976年被指定为洛杉矶历史文化纪念建筑，还曾获得美国建筑师联合会建筑团队年度大奖和历史遗产委员会大奖。建筑顶部的设计仿照古代世界七大奇观之一的摩索拉斯陵墓，采用方尖碑的样式。在大楼的27层有一个观景台，游客可以在这里俯瞰洛杉矶的美景。

03 洛杉矶郡立美术馆 100分!

涵括整个人类艺术史的博物馆 ★★★★★ 赏

洛杉矶郡立美术馆建于1961年，是芝加哥西部地区最大的百科全书式的博物馆，馆藏超过10万件艺术珍品，几乎涵盖了从远古到现在的每一个时代的珍贵艺术品。其中包括欧洲大师的经典传世杰作、先锋派的当代艺术作品，以及朝鲜、日本的艺术佳作，让游客不必走遍世界就可以看遍世界各地的艺术品。游客在这里不仅可以欣赏各个时期的艺术作品，还可以了解世界艺术的发展史，因此，美术馆吸引了很多艺术爱好者前来参观学习。

Tips
- 5905 Wilshire Blvd, Los Angeles, CA
- 乘公共汽车在Wilshire站下
- 323-857-6000
- ¥7美元

美国攻略 洛杉矶

04 现代美术馆

了解美国现代艺术的首选场所 ★★★★★ 赏

Tips
- 8687 Melrose Avenue # G102, Los Angeles, CA
- 乘地铁在Westwood站出站
- 310-657-0800
- ¥8美元

坐落于洛杉矶市内的现代美术馆建于1986年，建筑外形非常具有现代感。美术馆采用美国常见的红褐色砂岩作为外墙，显得非常豪放，并且结合几何学的建筑元素，建造了金字塔形的玻璃屋顶，不仅增加了美术馆的现代感，同时也增加了美术馆内的采光，使美术馆室内极为明亮。美术馆主要收藏、展示和保护20世纪40年代以后的现代艺术品，既有世界知名大师的抽象表现主义作品，也有新兴艺术家和年轻艺术家的现代艺术品，包括5000多幅油画、摄影作品、雕刻和新媒体作品。游客在这里被艺术气息环绕，创造性思维也变得活跃起来，非常适合现代艺术爱好者前来参观学习。

05 洛杉矶艺术博物馆

美国西海岸藏品最丰富的博物馆 ★★★★★ 赏

洛杉矶艺术博物馆历史悠久，成立于1910年，是美国西海岸藏品最丰富的博物馆，馆内约有10万件展品。博物馆按照地区和时间分为现代与当代艺术展馆、美国和拉丁美洲艺术展馆、亚洲艺术展馆等。展品包括服饰、纺织品、绘画作品、照片、雕塑、印刷品等，其中法国浪漫派、印象派、野兽派和

Tips
- 5905 Wilshire Blvd, Los Angeles, CA
- 乘公共汽车在Wilshire站下
- 323-857-6000
- ¥7美元

超现实主义派的绘画作品数量最多，充分体现了艺术家们的无穷智慧。博物馆每年还会举办代表一流水准的主题展览，吸引了很多艺术爱好者。除此之外，博物馆还会放映一些经典的优秀电影或举办音乐会，都非常受人欢迎。

06 洛杉矶郡立自然历史博物馆

展示地球46亿年历史的场馆 ★★★★★ 赏

Tips
900 Exposition Boulevard, Los Angeles, CA　乘公共汽车在Exposition站下　213-763-3466

洛杉矶郡立自然历史博物馆具有悠久的历史，成立于1913年，是美国西部地区最大的自然历史博物馆。馆内藏品种类繁多，应有尽有，总计超过3500万件，几乎涵盖地球46亿年的历史，包括人类学、植物学、昆虫学、脊椎和无脊椎动物学、软体动物学、鱼类学、鸟类学、矿物学等领域，令人叹为观止。其中最引人注目的是恐龙展馆，陈列着超过300件的化石、20具恐龙骨架及各种互动展品，非常令人兴奋。博物馆的展览主要是通过动物标本还原动物的生活环境，让游客身临其境地感受各种动物生存的历史时期和生活环境。栩栩如生的动物标本配合生动的灯光和视觉表现手法，让人感到非常震撼。

07 加州科学中心

综合性的科普场所 ★★★★★ 赏

Tips
700 Exposition Park Drive, Los Angeles, CA　乘公共汽车在Figueroa站下　323-724-3623

加州科学中心是一个综合性的科普场所，前身是1921年建造的加利福尼亚展览馆，1951年曾更名为加州科学与工业博物馆，1987年正式定名为加州科学中心，是美国西部最大的科学中心。科学中心分为科学殿堂、生命世界、创造力世界、经验积累、穹幕电影厅等展馆，每个展馆都有自己不同的特色。生命世界展馆的内容最为丰富，分为生命过程、生命起源、细胞实验室、能量工厂、消化系统、供给网、控制中心、人体工程等项目，向游客讲述微小的细胞世界、动植物能量的获得，以及食物的消化分解过程和人体大脑的功能等。其中最壮观的是人体工程项目，通过多媒体中的卡通人和一个巨大的人体模型的互相配合，向游客展示人体内部结构，如心脏的跳动、肌肉的构造、神经和血管的走向等，告诉游客如何进行人体管理，保持体内平衡，非常生动，让人难忘。

08 阿曼森剧场
●●● 优美华贵的剧场 ★★★★ 玩

Tips
🏠 135 North Grand Avenue, Los Angeles, CA 🚌 乘公共汽车在Temple站下 ☎ 213-628-2772

　　阿曼森剧场是洛杉矶音乐中心内一座白色的正方体建筑，天花板上带有精美的浮雕，高贵典雅，在洛杉矶音乐中心具有重要地位。这里已经上演过数千部戏剧，许多美国历史上著名的演员、艺术家都曾在这里参与过演出，其中包括英格丽·褒曼。剧场内部经过精心的设计，是一个音响效果极佳的剧场，这也是阿曼森剧场受欢迎的原因之一。

09 道奇体育场
●●● 世界级的知名球场 ★★★★ 玩

Tips
🏠 1000 Elysian Park Ave., Los Angeles, CA
☎ 323-224-1500

　　道奇体育场是美国职业棒球大联盟中洛杉矶道奇队的主场，1962年开始投入使用，是美国历史最悠久的棒球场之一。道奇体育场是一个明星棒球场，经常举办世界级棒球比赛，2010年的美国职业棒球大联盟全明星赛、世界职业棒球大赛、世界棒球经典赛等都是在这里举行的，道奇队也曾在这里创下了辉煌的成绩。体育场可容纳56000名观众，是美国容纳人数最多的棒球场。在体育场外场的看台上挂着写有优秀球员号码和名字的牌子，被每个棒球球员视为最高的荣誉。

10 斯台普斯球馆

洛杉矶最火爆的体育圣殿　75分！　玩

Tips
📍 1111 South Figueroa Street, Los Angeles, CA　🚇 乘地铁在Pico·站出站　☎ 213-742-7100

　　位于洛杉矶市中心的斯台普斯球馆是美国最受欢迎的体育中心之一，既是美国职业篮球联盟（NBA）洛杉矶湖人队（L.A. Lakers）和洛杉矶快船队的主场，同时也是WNBA中的洛杉矶火花队和美国冰球联盟的洛杉矶国王队的主场。在球馆的三幢大楼上有湖人队历史上三位著名中锋的巨幅画像，分别是张伯伦、贾巴尔和奥尼尔，直观地向人们宣扬了湖人队最骄傲的中锋传统。球馆最多可容纳2万名观众，球场顶部有6面超大电视屏幕，可以捕捉比赛中的每个精彩瞬间，也可以及时进行慢镜头重放。这里被人们认为是体育界的一块福地，湖人队将主场搬到这里后连续三个赛季获得总冠军，WNBA的火花队也在将主场搬到这里后连续两次夺得总冠军。除此之外，斯台普斯球馆还曾举办过许多场演唱会、格莱美颁奖典礼，以及迈克尔·杰克逊的公众悼念活动等，被称为"最繁忙的球馆"。

美国攻略　洛杉矶

197

美国攻略

洛杉矶

11 中途岛号航空母舰博物馆
● ● ● 曾经是世界上最大的舰船　　　★★★★★ 赏

Tips
- 910 North Harbor Drive, San Diego, CA
- 乘公共汽车在Broadway & N Harbor Dr.站下
- 619-544-9600

中途岛号航空母舰是美国海军中途岛级航空母舰的首舰，曾是美国海军的标志，建成于1945年，服役42年，参与了第二次世界大战、越南战争等，是服役期最长的航母。如今，中途岛号航空母舰停靠于圣迭戈湾海军码头，被改建成了美国最大的专门展示航母和海军飞行器的海上军事博物馆，是美国继纽约的无畏号、蒙特普雷斯顿的约克镇号、德克萨斯州的列克星敦号和加利福尼亚的大黄蜂号之后的第五个航空母舰博物馆。游客在这里可以参观轮机控制室、指挥室、雷达室、用餐室、医务部门、海图室、官兵宿舍、飞行员预备室等，了解航空母舰的内部构造和海军战士的生活战斗环境。博物馆内还有专门的讲解员，大都是曾在此服役的老兵，他们对中途岛号有深厚的感情，是航海专业的行家，因此吸引了众多航空迷前来参观。

12 好莱坞大字

好莱坞的标志和象征 ★★★★★ 赏

Tips
📍 North Highland Avenue, Hollywood, Los Angeles,CA 🚌 乘公共汽车在Highland站下

位于洛杉矶西北部的好莱坞是世界著名的电影中心，这里依山傍水，风景如画，是摄影爱好者和电影人钟爱的取景地。经过发展，如今已成为美国电影的代名词，还是观光旅游胜地，同时也是全球时尚的发源地，引领了全球时尚的发展。这里最著名的景点就是好莱坞山顶巨大的白色"HOLLYWOOD"字母牌，每个字母高约14米，至今已有80多年的历史。这些字母牌原本是为了好莱坞地区能够迅速发展而建的，曾经是"HOLLYWOOD LAND"，后来改为"HOLLYWOOD"，成为好莱坞的标志和象征物，多次出现在各种影视作品中。

13 航空博物馆

展示人类飞天的梦想 ★★★★★ 赏

Tips
📍 2772 Donald Douglas Loop, Santa Monica, CA 🚌 乘公共汽车BB8、14路即可到达 ☎ 310-392-8822 ¥ 7美元

位于圣莫尼卡的航空博物馆原本是一个私人飞机博物馆，藏品种类繁多，从莱特兄弟发明飞机前的各种飞行器到现代化的飞机模型，应有尽有。博物馆会定期举行一些主题展览，并请相关人士来到现场为大家讲解，因此吸引了很多飞行爱好者前来参观。馆内还有T-33等型号的飞机的模拟驾驶舱，使游客在这里不仅可以了解到飞机的发展过程，还可以亲自体验驾驶飞机在空中翱翔的感觉，让人印象深刻。

美国攻略 | 洛杉矶

14 诺顿·西蒙美术馆

充满艺术感的美术馆

位于帕萨迪纳市的诺顿·西蒙美术馆前身是帕萨迪纳艺术博物馆，后来由诺顿·西蒙投资改建，因此改名为诺顿·西蒙美术馆。美术馆坐落于诺顿·西蒙公园内，运用建筑与自然结合的设计理念，建筑西翼采用日本庭院式建筑风格，后花园借鉴了莫奈Giverny花园的元素。诺顿·西蒙美术馆是美国西海岸最大的美术馆，馆内藏品包括从文艺复兴时期到20世纪的雕刻和绘画艺术品，还有很多东方美术品，其中最著名的是欧洲绘画作品、伦勃朗和印象派艺术作品的收藏。游客不仅可以在美术馆内欣赏《Women of Algiers》、《Ram's head》等著名大师的绘画艺术作品，还可以在美术馆的后花园感受花树成荫、雕塑矗立的如画风景，体味艺术与环境的完美结合。

Tips
411 West Colorado Boulevard, Pasadena, CA　乘公共汽车在Colorado站下　626-449-6840　6美元

15 星光大道
●●● 娱乐圈最负盛名的地方 ★★★★★ 赏

Tips
- Hollywood Boulevard, Los Angeles, CA
- 乘地铁在Hollywood/Highland站出站

　　好莱坞星光大道是沿好莱坞大道与藤街伸展的人行道，建于1958年，原本是为了提升好莱坞的形象，将在各个领域有突出贡献的人的名字刻在星形的水磨石上面，然后镶嵌在地板中。如今主要是为了纪念和表彰对电影产业、电视产业、唱片产业、广播产业和现场戏剧有贡献的杰出人物，不仅包括影视明星、导演等台前幕后的人员，还有很多虚拟人物，如米老鼠、唐老鸭、小熊维尼等，在星光大道上留名被认为是娱乐界的最高荣誉。星光大道1978年被列为历史文化地标，现在已有近3000颗星星，并且多次出现在电影电视中，吸引了世界各地的众多游客前来参观。

16 好莱坞娱乐博物馆
●●● 介绍好莱坞历史的场馆 ★★★★★ 赏

Tips
- 1 7021 Hollywood Boulevard, Los Angeles, CA
- 乘地铁在Hollywood/Highland站出站
- 323-4657900
- ￥8.75美元

　　好莱坞娱乐博物馆详细记录了好莱坞的发展历史，游客在这里可以了解到大名鼎鼎的好莱坞是怎样从默默无闻，发展到如今的规模的。博物馆分为东馆、中馆和西馆：东馆主要介绍电影从计划到拍摄的整个制作过程；中馆用于展示20世纪40年代的好莱坞风情和当时著名的黑白影片；西馆则展示了舞台道具和服装，让游客能够对电影的制作过程了解更加全面。

美国攻略　洛杉矶

美国攻略

洛杉矶

17 好莱坞吉尼斯世界纪录博物馆
记录各种有趣纪录的博物馆 ★★★★★ 赏

Tips
🏠 6764 Hollywood Boulevard, Los Angeles, CA 🚇 乘地铁在Hollywood/Highland站出站
☎ 323-4636433 ¥ 10.95美元

吉尼斯世界纪录记录了各个领域的世界之最。位于好莱坞蜡像馆对面的好莱坞吉尼斯世界纪录博物馆就是用于展示吉尼斯世界纪录中的奇人奇事的。在这里，各种千奇百怪的世界纪录让人眼花缭乱，包括世界上最小的人、最高的人、最重的人、脖子最长的人、可以连吃7把剑的人等。博物馆主要通过文字和图片向游客展示这些纪录，还有一些纪录配合了雕像和影像资料，让游客能够更加直观地感受到世界纪录被打破的瞬间，增加了趣味性，吸引了更多游客。

18 中国剧院
具有东方风格的剧院 ★★★★★ 玩

Tips
🏠 6925 Hollywood Boulevard, CA 🚇 乘地铁在Hollywood/Highland站出站 ☎ 323-4646266

中国剧院坐落在星光大道上，是好莱坞的著名地标建筑，由被称为"好莱坞先生"的格劳曼于20世纪20年代提议建造。建筑采用传统的中国寺庙建筑风格，并运用了雕梁画栋、石狮子、盆景、假山等多种中国元素，被认为是东西方文化结合的典范，在好莱坞具有重要意义，是世界各国观光客赴美旅游的必到景点。1943年至1945年的奥斯卡颁奖典礼都是在这里举行的，剧院保存有1944年奥斯卡最佳女主角詹妮弗·琼斯与英格丽·褒曼的照片。在中国剧院前的水泥地上有众多世界影星留下的印记，包括诺玛·塔尔梅奇、玛丽莲·梦露、西尔维斯特·史泰龙等200多位著名电影演员的手印和脚印，甚至连唐老鸭、蓝精灵都在这里留下了脚印，吸引了众多游客前来欣赏。

19 好莱坞环球影城

极具特色的主题公园 ★★★★★ 玩

Tips
📍 Robertson Blvd. Hollywood, Los Angeles, CA

好莱坞是世界著名的电影城，也是美国的一个文化中心，曾拍摄过很多经典电影。好莱坞环球影城位于洛杉矶西北部，是一个再现电影场景的主题公园，非常有特色，是到洛杉矶旅游必到的景点。游客在这里可以参观电影的制作过程，回顾经典电影片段。影城主要分为电影车之旅、影城中心和娱乐中心三个游览区，电影车之旅就是乘电车参观电影制片现场和摄影棚，回忆和感受众多经典电影的场景；影城中心为游客提供了亲身体验电影拍摄的机会；娱乐中心则有很多精彩的表演和娱乐设施。史瑞克4D影院是环球影城的一个重要景点，可以让游客全方位地体验立体效果的震撼。"侏罗纪公园之旅"和"木乃伊复仇之旅"都运用了好莱坞最新技术，充满了惊险和刺激，不容错过。

美国攻略 — 洛杉矶

20 信不信由你奇趣馆

收集各种奇妙物品的展馆 ★★★★★ 赏

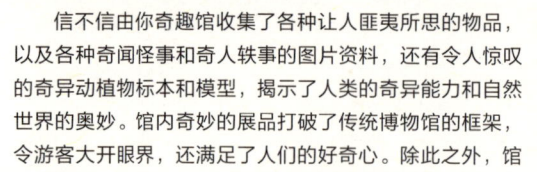

信不信由你奇趣馆收集了各种让人匪夷所思的物品，以及各种奇闻怪事和奇人轶事的图片资料，还有令人惊叹的奇异动植物标本和模型，揭示了人类的奇异能力和自然世界的奥妙。馆内奇妙的展品打破了传统博物馆的框架，令游客大开眼界，还满足了人们的好奇心。除此之外，馆内还利用声光效果让人身临其境地感受奇闻轶事，吸引了众多的游客前来体验。

> **Tips**
> 🏠 6780 Hollywood Boulevard, Los Angeles, CA 🚇 乘地铁在Hollywood/Highland站出站
> ☎ 323-4666335 💲 9.95美元

21 好莱坞高地广场

好莱坞最著名的广场 ★★★★★ 玩

好莱坞高地广场位于好莱坞中心地带，与中国戏院相邻，占地面积超过3万平方米，它采用最新的建筑结构和设计，壮观宏伟。广场包括电影院、纪念品商店、餐厅等，将旅游、休闲、娱乐、餐饮集于一身，是一个多元化的娱乐中心，为好莱坞的娱乐建设做出了重要贡献，同时也是奥斯卡颁奖礼的举办地。游客在这里不仅可以购买各种与好莱坞经典电影相关的纪念品，还有机会看到好莱坞的知名影星。由于广场正对着好莱坞山上的"好莱坞"大字，因此是游客欣赏山上"好莱坞"大字的最佳地点。好莱坞露天音乐台以贝壳形露天舞台而闻名，拥有悠久的历史，曾是洛杉矶爱乐乐团的夏季表演场地，还曾举办过甲壳虫乐队等著名乐队的演唱会，是洛杉矶最引人注目的露天剧场。

> **Tips**
> 🏠 North Highland Avenue, Hollywood, Los Angeles,CA 🚌 乘公共汽车在Hollywood/Highland站下 ☎ 323-9937700

22 比弗利中心
美国著名的购物中心之一 买

Tips
- Beverly Hills, CA
- 乘地铁在Hollywood/Highland站出站
- 323-4625991
- ￥8.95美元

比弗利中心是洛杉矶著名的购物中心，汇集了众多世界知名品牌的专卖店，引领了时尚潮流。这里不仅有各种衣帽鞋袜和首饰饰品的专卖店供游客闲逛，还有很多高级餐馆供游客光顾。游客可以在购物休息之余，品尝一下当地的特色小吃或精致的美食，非常舒服和享受。

23 日落大道
好莱坞最具魅力的夜晚娱乐场所 玩

Tips
- Sunset Boulevard, Los Angeles,CA
- 乘地铁在Vermont站出站

位于洛杉矶西部的日落大道是洛杉矶最著名的街道，从洛杉矶市中心延伸至太平洋沿岸公路，被认为是好莱坞文化的标志。在道路两侧分布着埃克公园、希尔维湖、好莱坞、比弗利山、霍姆比山、贝沙湾、宝马山花园等著名景区，还有很多吉他商店、录音制作室等与音乐产业相关的店铺。而且日落大道还包含了洛杉矶夜生活的中心——西好莱坞的日落地带，拥有酒吧、舞厅等各种娱乐场所。游客在这里不仅可以欣赏美丽的风景，还可以体验繁华的洛杉矶灯红酒绿的夜生活。

美国攻略　洛杉矶

205

24 圣迭戈旧城历史公园

●●● 历史悠久的古老城区　　★★★★★ 赏

Tips
- 4002 Wallace Street, San Diego, CA
- 乘观光巴士蓝线即可到达
- 619-220-5422

位于圣迭戈市中心的圣迭戈旧城历史公园是一个美丽的历史古城区，曾是西班牙早期的殖民地，也是第一批欧洲人定居的地方，被认为是加利福尼亚州的诞生地。这里到处充满了墨西哥风情，至今仍保留着19世纪的古朴建筑，包括加州最古老的教堂、林肯旅社、老市政厅、圣迭戈第一家银行和圣迭戈第一家报馆等。其中加州最古老的教堂——圣迭戈教堂是1769年由西班牙神父西拉建造的，虽然教堂规模很小，但在当地人心中拥有重要地位。在圣迭戈旧城还有一座海洋公园，因鲸鱼、海豚和海狮的精彩表演而闻名，每天都吸引众多游客前来观看。

25 比弗利山庄

●●● 洛杉矶的一个城中城　　★★★★★ 赏

位于洛杉矶西部的比弗利山庄是洛杉矶著名的城中城，地处风景秀丽的太平洋沿岸、比弗利山山脚，吸引了很多世界富豪、社会名流在这里购买房产，包括迈克尔·杰克逊、布拉德·皮特、成龙、《花花公子》杂志的老板及贝克汉姆

Tips
- Beverly Hills, CA　310-248-1015

等，因此被称为全世界最尊贵的住宅区。比弗利山庄还有汇集了众多世界知名奢侈品牌店铺的购物街——罗迪欧大道，这里的每家店面都装饰得金碧辉煌，非常豪华，新开张的"Rodeo Drll"更是耀眼夺目，手工雕刻的大理石配合黄铜大门显得非常有气势，被称为世界上最贵的购物商场。而且比弗利山庄里的每一栋建筑都不相同，各具特色，让人叹为观止，因此吸引了来自世界各地的游客。

26 小东京
●●● 充满日本风情的地方　★★★★　玩

Tips
- Los Angeles, CA
- 乘公共汽车在1st. & Los Angeles站下

小东京是美国最大的日侨和日裔美国人的聚居区,不论是街头景观、橱窗陈列,还是来往行人,一切都充满了日本风情。在这里不仅可以购买日本商品,还可以品尝正宗的日本料理,非常美味。街边的各种寿司店、卡拉OK和居酒屋等店铺,更让人感觉仿佛置身于繁华的日本东京。在小东京有一座扇形的日式剧场,经常举办日本的乐曲和戏剧演出,还有一个安静祥和的传统和式花园供人们休闲放松,是繁华喧闹中的一片静谧绿洲。除此之外,每年小东京还会有传统的花道、茶道、盂兰盆舞等各种表演活动,非常热闹,吸引了众多对日本文化感兴趣的游客。

27 墨西哥村
●●● 洛杉矶最早的外来移民聚居点　★★★★　玩

洛杉矶的墨西哥村成立于18世纪,是最早的外来移民聚居区之一。这里到处都充满了墨西哥风情,让人感觉仿佛走在墨西哥的街道上。街边随处可见墨西哥风格的建筑、店铺和餐厅,游客不仅可以在这里购买大草帽等墨西哥的传统工艺品,还可以品尝香辣刺激的墨西哥风味美食。除此之外,游客还可以走进介绍墨西哥早期移民奋斗历史的博物馆,了解墨西哥村背后的故事。

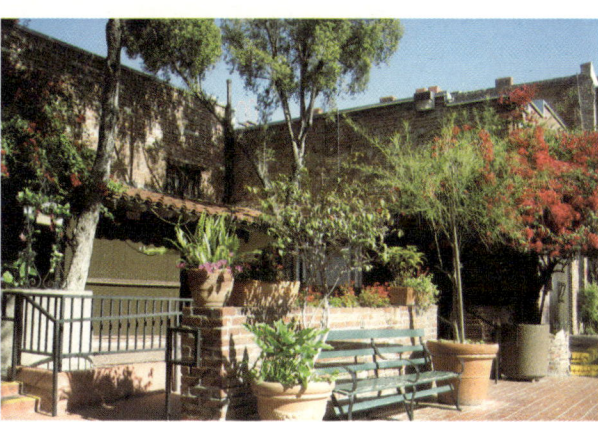

Tips
- North Alameda Street, Los Angeles, CA
- 乘公共汽车在Patsaouras Transit Plaza W. bound站下　☎ 213-680-2381

美国攻略　洛杉矶

207

28 格里菲斯公园

●●● 洛杉矶最大的城市公园 ★★★★★ 玩

位于好莱坞北方的格里菲斯公园是美国最大的城市公园，占地约1600万平方米。公园里有棒球场、动物园、游泳池、高尔夫球场、网球场和天文台等，设施非常齐全。其中最引人注目的是一片未经开垦的野生丘陵带，经常会有小松鼠、小鹿、小兔子等动物在这里活动，而且它们不怕生，吸引了众多市民前来放松心情，享受大自然的情趣。在公园的一个角落里还有一座维多利亚时代风格的车站建筑，里面陈列着蒸汽火车头，吸引了众多火车迷前来参观。公园内的天文台上还有一座巨大的天文望远镜供游客探索星空的奥秘。格里菲斯公园是洛杉矶最受欢迎的度假公园之一。

Tips
🏠 2800 Observator Rd., Los Angeles, CA
☎ 213-664-1181

29 圣巴巴拉

●●● 被人们称作"美国的地中海" ★★★★ 玩

Tips
🏠 Santa Barbara, CA

位于洛杉矶西北部的圣巴巴拉曾是西班牙殖民者传播基督教的中心，气候温暖宜人，亚热带植物茂密，拥有很多著名的旅游景点和海滨疗养地，被称为"美国的地中海"，是美国富翁十大理想居住地之一。这里的建筑大都充满了西班牙、墨西哥风情，红顶白墙，楼层不高，几乎所有的房屋都有草坪和花园，被认为是花园城市。这里不仅有绵软的沙滩、清澈的海水以及齐备的娱乐设施，还有历史博物馆、艺术博物馆、自然社会博物馆、历史名人手迹博物馆、大型剧院和书店，以及世界一流的加州大学圣巴巴拉分校，是一个将娱乐和文化结合在一起的海滨城市。

30 六旗魔术山
充满惊险刺激的地方 ★★★★★ 玩

Tips
📍 26101 Magic Mountain Parkway, Valencia,CA ☎ 661-255-4100 ¥ 44.99美元

位于洛杉矶南部的六旗魔术山是一个大型的主题公园，开放于1971年，因拥有世界上最多、最刺激的过山车而闻名于世。这里共有17个不同花样、令人眼花缭乱的过山车，吸引了许多喜欢刺激的游客。六旗魔术山最著名的一座过山车名为"巨物"，是世界上最大的过山车，轨道弯弯曲曲，重重叠叠，最高时速超过145千米，游客需要有足够的勇气和胆量才能去尝试。除了过山车，这里还有可以让人体验从十层楼高的地方一落而下的快感的自由落体，美国西岸最长的、可做360°旋转的大旋转飞车，还有模拟科罗拉多河急湍漂流的雷霆飞船等充满刺激的游乐设施，绝对令人难以忘怀。

31 长滩
最适合步行的城市 ★★★★★ 玩

Tips
📍 Long Beach, CA，Santa Monica,CA 🚌 乘公共汽车在Ocean站下

位于洛杉矶南部的长滩是一个港口城市，长滩港是世界上第三繁忙的港口。长滩拥有一条长9千米的海岸线，是美国知名的度假疗养胜地。这里将海滩城市、大学城和商业中心合为一体，不仅有会议中心和世界贸易中心，还有壮观的玛丽皇后号游轮、太平洋水族馆、博物馆及各种公园，每年都吸引了大批的游客。其中最有名的就是太平洋水族馆，是美国第四大、加州第一大的水族馆，约有3个美式足球场大，共有超过1万种海洋生物。水族馆分为南加州、北太平洋和热带太平洋三大海域区。南加州区域有一座约3层楼高的巨型水族箱，站在水族箱前，有一种置身海底的感觉。北太平洋区域有大章鱼、海星、海胆、海獭等海洋生物供游客欣赏。热带太平洋区域有色彩斑斓的珊瑚礁和热带鱼，非常引人注目。在水族馆大厅中还有一座巨大的、1:1比例的蓝鲸模型，十分醒目。

美国攻略　洛杉矶

美国攻略

洛杉矶

32 加利福尼亚乐高乐园
● ● ● 美国最有特色的一座公园　★★★★★ 玩

> **Tips**
> 🏠 1 Legoland Dr., Carlsbad, CA ☎ 760-918-5346 ¥ 39.95美元

位于圣迭戈北部的加利福尼亚乐高乐园是乐高集团投资建造的,是继丹麦和英国的两处乐园之后的第三个主题乐园,也是唯一一个位于欧洲以外的乐高乐园。园内设施和景观几乎全部用乐高积木搭建,充满了童趣。乐园开放于1999年,拥有恐龙岛、海盗岸、探险村、快乐镇、城堡山、迷你美国、幻想地带等景点,吸引了很多小朋友。其中最受欢迎的要数恐龙岛,在岛上不但可以听到雷鸣般的恐龙叫声,还可以看到恐龙以每小时33千米的速度飞奔,以及各种与真实恐龙大小相似的仿制恐龙在丛林中迂回前行、挖坑打洞,让人仿佛置身于恐龙时代,非常有趣。除此之外,这里还有让游客自己发挥想象力搭建积木的区域,非常适合全家一起参与。

33 曼哈顿海滩
难得的冲浪胜地 ★★★★ 玩

Tips
🏠 Manhattan Beach, CA　🚌 乘公共汽车在 Highland 站下

位于洛杉矶西南太平洋沿岸的曼哈顿海滩拥有大片金黄色的沙滩和如画的风景，吸引了众多游客甚至社会名流、影视明星前来休闲度假。这里的沙滩细腻柔软，游客可以在这里散步、玩耍，或与朋友举行一场有趣的沙滩排球比赛。而且曼哈顿海滩风高浪急，是冲浪的胜地，随时都可以看到喜欢追求刺激的冲浪爱好者在海中与巨浪拼搏。除此之外，游客还可以参观海滩旁的水族馆，不仅可以欣赏各种各样的海洋生物，还可以在触摸池与它们近距离接触，是种不错的体验。

34 卡特琳娜岛
受人们青睐的自然公园 ★★★★★ 玩

Tips
🏠 Green Pleasure Pier, Avalon, CA　🚌 从长堤码头乘坐游船即可到达　☎ 310-510-1520

　　加利福尼亚州的沿海岛屿非常多，卡特琳娜岛是其中最耀眼的一个。位于太平洋中的卡特琳娜岛以新月形的亚维隆码头为活动中心，在西班牙殖民期间曾是海盗船出入的地方，如今已成为加州一个著名的旅游胜地。这里最著名的就是洁白美丽的新月海滩。沙滩细腻，风景如画，而且海水清澈。游客在这里可以进行各种水上活动，最受欢迎的就是潜水，感受五颜六色的鱼、张牙舞爪的龙虾在身边围绕，在丰富多彩的水下世界流连忘返。除此之外，游客还可以在卡特琳娜岛上骑马、爬山、露营和钓鱼，享受这里美丽的自然风光。夏日的夜晚，还能够看到飞鱼群跃出海面，非常神奇。

美国攻略　洛杉矶

35 威尼斯海滩

休闲、娱乐的海滩 ★★★★★ 玩

Tips

📍 Ocean Avenue, Santa Monica, CA　🚌 乘公共汽车在Seaside Terrace Wb站下

位于洛杉矶西部的威尼斯海滩是洛杉矶最具多元化色彩和现代风貌的海滩，以街边艺人、海滩、波西米亚风格的居民和独特的精品店而闻名于世，也是一个重要的文化中心。在这里，随处都可以看到诗人、画家、身手矫捷的轮滑好手等形形色色的街头艺人以及精彩的街头表演，令人回味无穷。沙滩上有一处名为"力量海滩"的地方，每天都有强壮的健美先生在这里举哑铃、击沙袋，锻炼肌肉，吸引了很多游客的注意。除此之外，威尼斯海滩还有溜冰场、儿童游乐区、篮球场、艺术画墙、喷泉、自行车道、滑板场等，设施非常齐全，是休闲、旅游、度假的好地方。

36 圣莫尼卡
距离好莱坞很近的度假区 ★★★★ 玩

Tips
🚇 Santa Monica, CA　🚌 乘公共汽车在Seaside Terrace Wb站下

位于洛杉矶国际机场北面、太平洋沿岸的圣莫尼卡，气候宜人，冬暖夏凉，是加州最吸引人的海滨城市。圣莫尼卡以一条用来游行、表演的步行街为中心，街边充满了酒吧、各式各样的小餐馆和街头艺人，非常热闹。这里还有西海岸最古老的码头——圣莫尼卡码头，它被认为是圣莫尼卡的象征。著名的圣莫尼卡海滩更是人们心中的度假天堂，不仅有美丽的沙滩、如画的风景，还有商店、休闲餐馆、自行车道、健身活动设施、排球场、篮球场等，设施齐全，因此吸引了众多游客前来休闲放松，享受日光浴。

Tips
🚇 Palm Springs, CA　☎ 760-325-1391
💰 20.8美元

37 棕榈泉
沙漠中的绿洲 ★★★★★ 玩

棕榈泉是位于科罗拉多沙漠旁的绿洲城市，早在石器时代就已经有人类居住在这里了，因此棕榈泉成了西半球最古老的村落之一。如今，这里已经发展成为一个度假旅游胜地，拥有滑雪场、网球场、高尔夫球场及高级购物中心和餐厅等，还有各种博物馆、剧院和公园等景点供游客参观游览。这里最具特色的是一座可与阿尔卑斯山的高空缆车媲美的棕榈泉高空旋转缆车，它可以带游客直升到高山上。这里夏天可以登山，冬天可以滑雪，因此吸引了很多游客来此休闲度假。

美国攻略　洛杉矶

213

美国攻略

洛杉矶

38 大熊湖
四季风光不同的度假胜地 ★★★★★ 玩

Tips
🏠 Big Bear Lake, CA ☎ 909-866-4607

位于加利福尼亚南部的大熊湖是洛杉矶周围最著名的滑雪场之一，每年都会吸引众多的滑雪运动爱好者前来度假，而且大熊湖滑雪场有造雪机器，无论阳光多么明媚，游客都可以在这里滑雪。这里曾是北美灰熊的栖息地，因此得名大熊湖。除了冬季，大熊湖在其他季节也是度假休闲的理想之地。游客可以在湖边放松休闲，欣赏美景，也可以泛舟湖上，进行钓鱼等水上活动，与家人共享快乐时光，还可以进入植被茂密的山中徒步探险，享受原始的自然风光。

39 拉古纳海滩
海滨度假城 ★★★★★ 玩

Tips
🏠 Laguna Beach, CA ☎ 949-497-9229

位于加利福尼亚州南部的拉古纳海滩是美国著名的海滨度假城，沙滩柔软，风景如画，但这并不是吸引游客前来的主要原因。这里以艺术家的聚集而闻名，是一个独特而生动的加州灵感艺术之城，到处充满了浓郁的艺术氛围。游客不仅可以在沙滩上漫步，欣赏海上的无限风光，还可以在市区内漫游，游走在各个艺术画廊、手工艺品商店之间，欣赏充满当地艺术风格的店面装饰、绘画作品及小饰品，或者在街旁的咖啡店喝一杯香浓的咖啡，欣赏街头的风景，都是一种享受。到了夏天，这里还有很多艺术展览，吸引了无数游客前来品味艺术，欣赏美景。

40 新港海滩
人们欢度周末和假期的主要地点

Tips
📍 Newport Beach, CA 🚌 乘公共汽车在Newport-Short 站下

新港海滩位于洛杉矶以南，紧邻太平洋，可以冲浪，拥有游艇、顶尖的流行商品购物中心以及高级高尔夫球场，是全球有名的海滨度假胜地。这里的水上活动多种多样，五颜六色的各式大小的游艇、橡皮艇和水上摩托车等将波光粼粼的海面装点得多姿多彩，充满了生命活力。岸边还有整齐的自行车道、轮滑道等，设施齐备。除了海上活动，这里还是南加州主要的流行商品购物中心，汇集了众多世界知名品牌。新港海滩白天阳光灿烂，夜晚凉风习习，气候非常宜人，因此吸引了奥斯卡最佳男主角亨弗莱·鲍嘉、好莱坞明星约翰·韦恩、NBA明星科比·布莱恩特等世界名流在这里定居，使这里成为美国房产最贵的地方。

美国攻略 洛杉矶

215

41 迪士尼主题乐园度假区 (90分!)

闻名全球的主题乐园度假区

Tips
- 1313 S Disneyland Dr, Anaheim, CA
- 乘MTA460路公共汽车即可到达
- 714-781-4000
- ¥47美元

迪士尼主题乐园度假区位于洛杉矶以南，以加州迪士尼乐园为核心，包括两个迪士尼主题乐园、三所豪华的酒店，以及集餐饮、娱乐和购物于一身的迪士尼饮食娱乐购物区。加州迪士尼乐园是美国动画片大师华特·迪士尼兴建的第一座迪士尼乐园，游客在这里可以获得最新奇的体验，享受无穷的欢乐和独特的迪士尼魔力。加州迪士尼乐园汇集了世界各地迪士尼乐园的精髓，拥有60多个游乐项目，包括经典的加勒比海盗、幽灵公馆、马特洪雪岭、森林河流之旅、华特·迪士尼魔幻音乐屋、小小世界、印第安纳琼斯历险等，受到了世界各地游客的欢迎。游客还可以到附近的海滩游玩，乘船出海或者乘坐热气球升空，欣赏整个度假区的美丽风光。

42 祖马海滩

洛杉矶最大的海滩

祖马海滩属于洛杉矶西北部的马利布市，是洛杉矶最大的海滩，同时因环境洁净、水质优良而成为洛杉矶最健康、最受欢迎的海滩，还被戏称为"百万富翁海滩"。这里风高浪急，因此游客不仅可以在这里游泳，还可以进行风筝冲浪、滑浪风帆等活动，也可以选择潜水、钓鱼、沙滩排球等活动，都非常有趣，适合家庭出游。在海滩附近还有美味的食品店，游客在游玩之余还可以品尝当地美味的小吃，非常享受。安吉丽娜·朱莉、布拉德·皮特等明星大腕也非常喜欢这里，经常光顾。

Tips
- Ocean Avenue, Santa Monica, CA
- 乘公共汽车在Appian Sb & Pico. Ns.站下

43 诺氏百乐坊

反映美国拓荒时期风情的主题乐园 ★★★★ 玩

Tips
- 8039 Beach Blvd, Buena Park, CA
- 乘公共汽车在Beach-Crescent 站下
- 714-220-5200　￥42美元

位于洛杉矶的诺氏百乐坊前身是一座草莓农场，如今建成了一个集美食和游乐于一身的家庭农场式乐园，老少咸宜，深受游客喜爱。百乐坊主要分为鬼镇、庆典村、木板路、印第安足迹、史努比营地、水上欢乐园六大主题园区。鬼镇主要讲述了美国西部的铁匠、纺纱工人、伐木工人的生活；庆典村主要介绍墨西哥的流行文化，还有舞龙表演供游客欣赏；木板路以惊险的游乐设施为主，拥有世界上最大的钱宁火箭摇滚餐厅；史努比营地最受年轻人和小朋友喜爱，到处都充满了史努比的形象，还有惊险刺激的过山车等游乐项目。在每年的万圣节期间，这里还有很多恐怖的演出，算是洛杉矶鬼节的重头戏。另外，在百乐坊的商店里还可以购买到很多史努比的周边产品，非常受小朋友的欢迎。

Tips
- Pasadena, CA　乘轻轨在Memorial Park 站下　626-795-9311

44 帕萨迪纳旧城区

拥有很多名人故居的地方 ★★★★ 玩

位于洛杉矶东北部的帕萨迪纳曾是一座繁荣的小城，由于经济大萧条而衰退，20世纪80年代时几乎是一座"废城"，市中心十室九空，街上随处可见衣衫褴褛的流浪汉，路断人稀，非常凄凉。后来市政府、市议会、市商会在新都市主义思想的倡导下，对帕萨迪纳旧城进行了全面规划和改造，开始了复兴老城的计划。如今这里保留了原有的建筑结构，改建并且新建了很多购物中心、电影院、酒吧、咖啡馆及住宅区，将文化和商业结合在一起，成了最适宜居住的城市。除此之外，帕萨迪纳还将爱因斯坦、巴顿将军等历史名人的故居开放，改建成为博物馆等旅游景点，非常吸引人。

217

美国
攻略HOW

Part.14
佛罗里达&休斯敦

毗邻大西洋的佛罗里达以棕榈海滩而闻名,除了美丽迷人的自然风光,这里还有环球影城和迪士尼世界等吸引人的主题公园,是全世界最负盛名的度假胜地之一。

美国攻略

佛罗里达&休斯敦

佛罗里达&休斯敦 特别看点!

第1名!
肯尼迪航天中心!
100分!

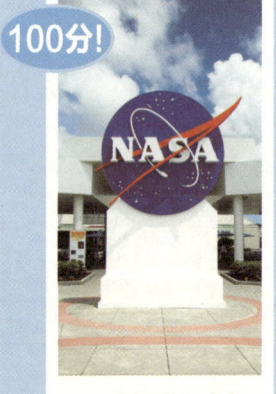

★ 人类探索宇宙的起点,全世界最大的航空发射中心

第2名!
圣奥古斯丁
90分!

★ 美国最古老的城镇,闻名世界的度假胜地!

第3名!
奥兰多迪士尼世界!
75分!

★ 是世界上第二座迪士尼乐园,也是世界上最大的综合游乐场!

---

01 橘郡历史博物馆 赏
展示佛罗里达州历史文化的窗口 ★★★★★

橘郡历史博物馆是一座记录和讲述佛罗里达州悠久历史的博物馆,利用先进的科技手段,通过声、光、电等多媒体方式的配合,让人们深入浅出地了解佛罗里达州12000多年的历史。博物馆主要讲述了佛罗里达州的自然环境、主要产业的更迭、早期的移民生活情况、当地的运输系统、观光事业的发展,以及迪士尼世界的开业对奥兰多的影响等,让游客充分了解主题乐园之州——佛罗里达州的发展历程。

Tips
🏠 65 East Central Boulevard, Orlando, FL
☎ 407-836-8500 ¥ 7美元

220

02 奥兰多科学中心

青少年科普基地 ★★★★★ 赏

Tips
- 777 East Princeton Street, Orlando, FL
- 407-514-2000　¥14.95美元

奥兰多科学中心成立于1955年，主要面向青少年和儿童，是一座将展览和教学融为一体的科学博物馆。科学中心占地约19000平方米，向人们展示了各种科学实验，以及科学与人的密切关系，还提供了各种教育课程，让学生亲自动手做实验，在实验的基础上学习更多的自然科学知识，可以说科学中心是一个动手学习的趣味中心。除此之外，科学中心还有一个巨大的圆顶电影院，半圆的穹幕不仅可以播放3D电影，还可以通过映射呈现美丽的星空，演示天体的运行。

03 肯尼迪航天中心

人类探索宇宙的起点　100分！★★★★★ 赏

Tips
- Space Center, FL　乘Beeline Expressway换乘FL-407或FL-405可达　321-449-4444　¥35美元

位于佛罗里达州东海岸的梅里特岛的肯尼迪航天中心成立于1962年，是美国最大的航天器发射场，隶属于美国国家航空航天局，主要用于载人与不载人航天器的测试、准备和发射，被称为"人类通向太空的大门"。由于航天中心地理位置优越，接近赤道地区，便于利用地球自转加速度，有助于卫星进入轨道，因此成了各种航天器理想的发射场所，美国第一颗人造卫星就是从这里发射的。如今，肯尼迪航天中心是佛罗里达州一个重要的旅游景点，主要由工业区、39号发射中心、飞行器组装建筑物和参观者中心四部分组成。其中，39号发射中心是为"阿波罗计划"建立的，现在已经成为航天中心主要的火箭发射场。参观者中心可以供游客参观体验，了解美国的航天发展历史，体验著名的"阿波罗号"飞船的起飞和着陆，以及观看航天飞船的发射。

美国攻略　佛罗里达&休斯敦

04 圣奥古斯丁

美国最古老的小镇 ★★★★★ 赏

Tips
St. Augustine, FL ☎ 904-825-1000

圣奥古斯丁是美国最古老的小镇，如今成为世界知名的旅游度假胜地。这里是西班牙殖民者最先登陆北美洲的地方，到处充满了西班牙风情，很多古老的建筑保留至今，让人仿佛置身于大航海时代的马德里街市之中。圣奥古斯丁最具特色的景点就是圣马克斯堡，这是一座17世纪西班牙人为抵御英国军队的进攻而修建的防御要塞，至今保存完好，游客可以在这里参观岗哨、炮台和武器库等。在圣奥古斯丁还有一座古典的拱桥，因桥头有很多石狮雕像而得名"狮子桥"，夜晚在路灯的照射下，整座桥变得更加美丽迷人，让人流连忘返。除此之外，镇上还有西班牙殖民时期留下的古老木屋，房屋上斑驳的痕迹似乎在诉说着这里悠久的历史，让人不由自主地停下脚步去感受这里独特的魅力。

05 珊瑚城堡
用珊瑚搭建的城堡 ★★★★★ 赏

Tips
📍 28655 S. Dixie Highway, Homestead, FL　🚌 乘公共汽车在SW 288 St.@SW 157 Ave.站下　☎ 305-248-6345　¥ 9.75美元

位于佛罗里达州迈阿密南部的珊瑚城堡是一座全部由珊瑚巨石建成的大型城堡，建于1920年，是美国最神秘的地方。城堡里有珊瑚石组成的大厅、喷泉、桌椅等，非常齐全，而且做工精湛，所用的珊瑚石几乎每一块都重5吨以上。令人惊叹的是，这些笨重的珊瑚石却组合得非常巧妙，例如城堡的大门重达9吨，但只要轻轻一推就可以打开。城堡内还有一个小型天文台，是用一整块58吨重的珊瑚石打造而成的，珊瑚石望远镜的孔穴准确地指向北极星。这些建筑技术令现在的工程师和科学家都叹为观止。据说整个城堡都是由城堡的主人李斯特一个人完成的，他的建造方法至今仍是未解之谜，一些人甚至认为建造原理可能与埃及金字塔和英国巨石阵相同。

06 基韦斯特
美国最南端有人居住的岛屿 ★★★★★ 赏

Tips
📍 Key West, FL　🚌 在迈阿密乘灰狗巴士即可到达　☎ 305-294-2587

基韦斯特是佛罗里达群岛最南端的岛屿，也是美国本土最南端的城市，面积约19.2平方千米，热带气候宜人，是著名的旅游胜地。在基韦斯特的最南端有一个彩绘的、像大陀螺一样的浮标，上面刻有"美国领土最南端"的字样，可以算是美国的"天涯海角"。浮标上还刻有"由此到古巴90英里"的字样，意味深长，据说当年马蒂的起义指令就是从这里送回古巴的。许多名人都喜欢到这里度假或定居，其中包括美国总统杜鲁门、著名作家海明威等。如今，海明威的故居已经成为基韦斯特重要的景点之一，在海明威经常光顾的酒吧中还会举行"海明威模仿大赛"，吸引了很多海明威的书迷前来参加。基韦斯特还被人们称为"落日的故乡"，在落日广场上静静地欣赏加勒比海上瑰丽的晚霞，成为许多喜爱自然风光的观光客最向往的事情。

美国攻略　佛罗里达&休斯敦

223

07 菲卡亚博物馆

富丽堂皇的场馆 ★★★★★ 赏

Tips

📍 3251 South Miami Avenue, Miami, FL 🚇 乘地铁在Viacaya站出站 ☎ 305-250-9133 💴 12美元

位于迈阿密中心地带的菲卡亚博物馆是经过美国博物馆协会认证并许可的重要博物馆，也是著名的国家历史地标。这里原本是美国企业家建造的别墅，非常豪华，且独具风格。门厅前的大海中建有巨大的石舫。在主体建筑周围还有喷泉、娱乐场、雕塑和主题花园。花园经过专业园艺师的设计后，结合了文艺复兴式、巴洛克式和新古典主义的风格。如今，这里美丽的自然风光成为吸引游客参观的重要原因之一，游客可以在这里体验到大自然的神奇和独特的魅力。博物馆内收藏有很多19世纪及以前的艺术作品，让游客能够近距离地了解当时富豪的生活环境和生活方式。

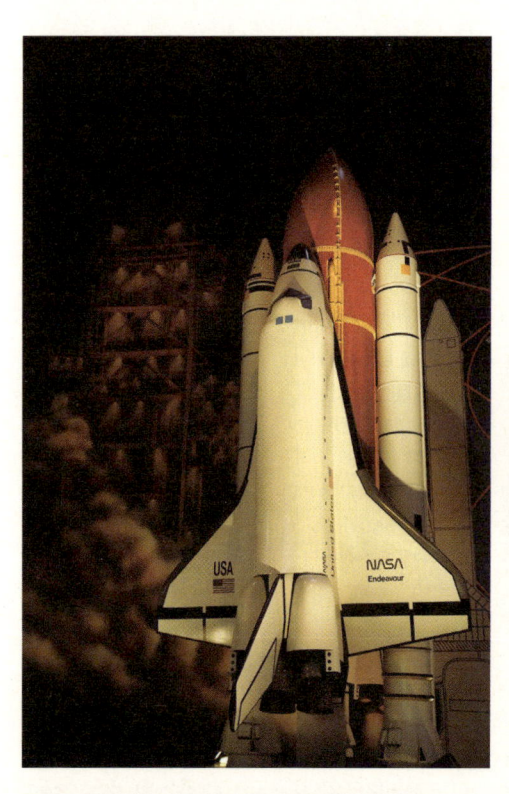

08 休斯敦太空中心

登月之路的起点 ★★★★★ 赏

Tips

📍 2101 NASA Parkway, Houston, TX ☎ 281-483-0123

休斯敦太空中心因阿波罗11号的升空而闻名于世，是一个专为游客设计的旅游服务设施，也是休斯敦最具吸引力的景点。在这里，游客可以看到火箭返回舱、太空飞行员使用的各种器具、太空食物、月球岩石等珍贵的实物，以及关于月球的介绍和高科技的演示等，还有机会触摸月球石，感受登月的乐趣。除此之外，游客还可以参观宇宙飞船的指挥中心、火箭的制造过程，以及宇航员的训练设施。太空中心还设有纪念品商店，游客能够在这里购买到入空船的模型、月球岩石的模型等与太空有关的纪念品，非常受欢迎。

224

09 莱斯大学

●●● 被人们誉为"南方哈佛" ★★★★★ 赏

Tips
📍 5620 Greenbriar St, Houston, TX 🚌 乘公共汽车在Memorial Hermann/Houston Zoo St. Sb站下 ☎ 713-528-2145

位于休斯敦市郊的莱斯大学是休斯敦的最高学府，也是美国南方最好的高等学府，建于1892年，由德克萨斯州的棉花巨富威廉·马歇尔·莱斯投资建成，与北卡罗来纳州的杜克大学和维吉尼亚州的维吉尼亚大学齐名，号称"南方哈佛"。莱斯大学实力雄厚，以较高的教学水平和低廉的学费吸引了众多贫寒学子前来求学，成为美国最"物美价廉"的大学。莱斯大学曾以实力出众的工程学院闻名于世，如今它的建筑系已成为全美最好的建筑系之一，物理、英语等专业也非常受学生们的欢迎，还与美国宇航局有共同研究项目。莱斯大学校园不大，但美丽和谐，充满了活力和浓厚的学术氛围。校园建筑采用西班牙地中海式风格，还种有许多笔直的橡树。

10 鳄鱼公园

●●● 佛罗里达最具人气的公园 ★★★★ 玩

Tips
📍 14501 South Orange Blossom Trail, Orlando, FL 🚌 乘I-4在Exit 67换乘FL-417 North在Exit 11下车 ☎ 407-855-5496 💰 21.25美元

由于佛罗里达州有大片湿地，非常适合鳄鱼栖息，因此成了鳄鱼的聚集地，被称为"鳄鱼之都"。鳄鱼公园是佛罗里达州最具人气的公园之一，也是一个国家野生动物保护区，成立于1949年。公园里有数以千计的鳄鱼供游客参观，游客在这里不仅可以看到不同种类的鳄鱼和有趣的鳄鱼表演，还有机会与鳄鱼进行亲密接触和玩耍。除了鳄鱼，公园里还有苍鹭、蛇、火烈鸟等其他动物供人们参观。到了晚上，公园还有沼泽探险之旅，游客带着公园提供的手电筒、驱蚊器和一些鳄鱼的食物，感受周围眼睛发光的鳄鱼慢慢靠近，体验到"真正的佛罗里达州"，非常值得一试。

11 坦帕湾布希公园

◦◦◦ 拥有原生态的自然风情　　★★★★ 玩

Tips
🏠 3605 Bougainvillea Ave.,Tampa, FL 🚌 在奥兰多市内乘出租车即可到达　☎ 813-987-5404
💰 57.73美元

位于佛罗里达州坦帕市的坦帕湾布希公园是一个以19世纪非洲为主题的主题公园，成立于1959年，以美丽的热带风光、种类繁多的野生动物和惊险刺激的过山车等游乐设施而闻名于世，是美国最受欢迎的公园之一。公园内共生活着2700多只动物，游客可以走进河马、土狼、秃鹰、鳄鱼、狒狒、大猩猩等野生动物的栖息地，仿佛置身于非洲大陆。除此之外，这里的游乐设施也野性十足，最新的"SheiKra"跳水过山车是世界上最高的跳水过山车，非常惊险刺激，可以让游客体验从61米的高空垂直俯冲入水的震撼感觉，是喜欢惊险刺激的游客不可错过的项目。

12 罗德岱堡

◦◦◦ 有"美国的威尼斯"之美称　　★★★★ 玩

位于佛罗里达州布劳沃德县的罗德岱堡拥有复杂密集的运河系统，因此被称为"美国的威尼斯"。罗德岱堡属于南佛罗里达都会区，有很多酒吧和俱乐部，充满了浓厚的派对气氛，有时也被称为"酒谷堡"。这里是佛罗里达州的休闲旅游胜地，不仅有世界公认的美丽清洁的蓝波海滩，还有北美最大的蝴蝶园、沼泽地等自然景观，以及豪华的购物广场、高尔夫球场、博物馆、艺术馆等。游客在这里可以乘坐帆船、皮划艇、游艇在水面驰骋，也可以进行浮潜，在水下畅游，还可以在城市中穿梭、购物或参观各种艺术馆、博物馆和古建筑，了解城市的发展历程，感受这里独特的城市氛围。每年的圣诞节，还能看到豪华的灯船巡游。

Tips
🏠 Fort Lauderdale, FL　☎ 954-765-4466

美国攻略　佛罗里达&休斯敦

13 狂野水上乐园

美国最大的水上乐园 ★★★★★ 玩

Tips

🏠 6200 International Drive, Orlando, FL 🚕 在奥兰多市内乘出租车即可到达 ☎ 407-351-1800 ¥ 35.09美元

狂野水上乐园成立于1977年，一直是美国最大、最成功的水上乐园。这里设施一流，娱乐项目惊险、刺激，其中包括令人印象深刻的世界上最高的水上滑梯、世界首创的炸弹舱和造浪池等，非常适合喜欢追求刺激的年轻人。除此之外，水上乐园还有为儿童设计的儿童游乐区，以及适合全家一起玩的家庭筏游乐设施。因此，无论男女老幼都可以在这里尽情游玩，即便对于不喜欢戏水的游客来说，这里也是夏季消暑纳凉的好地方。

美国攻略 佛罗里达&休斯敦

14 大沼泽地国家公园
天然的动物乐园

位于佛罗里达州南部的大沼泽地国家公园建于1974年，地理位置独特，气候条件良好，拥有辽阔的沼泽地、壮观的松树林和红树林，以及无数的野生动物，充满了神秘的色彩，是美国本土最大的亚热带野生动物保护区。公园里栖息着苍鹭、白鹭等300多种鸟类，还有美洲鳄、海牛等水生动物，以及佛罗里达黑豹等陆生动物。沼泽地是道格拉斯笔下的"地球上一个独特的、偏僻的、仍有待探索的地区"，也是探险家们想要全面征服的地方，因此吸引了世界各地的众多探险爱好者前来探索。在这里，游客不仅可以坐船或乘缆车在沼泽地中穿梭，还可以步行去茂密的树林中探险，或在公园中野营，尽情享受大自然的美妙。

Tips
- 40001 State Road 9336, Homestead, FL
- 从迈阿密乘旅游巴士或出租车即可到达
- ☎ 305-242-7700
- ￥95美元

15 迈阿密海洋馆
规模较大的海洋公园

迈阿密水族馆位于迈阿密比斯坎湾维吉尼亚码头，建于1955年，是一个集休闲娱乐与科普教育为一体的主题公园，在南佛罗里达非常有影响力。游客在这里不仅可以参观尼罗河鳄鱼、海牛、儒艮等稀有海生动物，了解它们的相关知识，观看有趣的海豚、海狮表演，还可以参与海洋馆的一些特色体验项目：在工作人员的讲解和指导下，与可爱的海豚握手、拥抱，体验在海豚的带领下畅游海底的感觉，充分体会这种神奇的生物的强大力量。另外，还可以体验海中暗礁之旅，将一切烦恼丢到一边，跟随千姿百态的热带海洋生物去体验大海的独特魅力。

Tips
- 4400 Rickenbacker Causeway, Key Biscayne, FL
- 乘公共汽车在Rick-enbaker Causeway站下
- ☎ 305-361-5705
- ￥24.95美元

16 迈尔斯堡

● ● ●　养老的最佳地方　★★★★★　玩

Tips　🏠 Fort Myers, FL　☎ 239-332-3624　¥ 12美元

　　位于佛罗里达州西南部的迈尔斯堡是卡卢萨哈奇河的入河口，也是美国重要的交通和旅游中心，拥有丰富的历史和自然资源，在塞米诺尔战争时期具有重要意义。从19世纪初期开始，迈尔斯堡由于风光秀美，吸引了众多名人富豪前来定居和度假，其中包括灯泡的发明者托马斯·爱迪生和"汽车大王"亨利·福特。如今他们的宅邸已经成为迈尔斯堡重要的旅游景点，爱迪生在McGregor大道两旁种下的皇家棕榈如今也成了小镇的路标。迈尔斯堡还有各种历史博物馆和历史遗迹，以及美丽的海滩、城市公园、野生动物园供游客游玩，让人流连忘返，因此吸引了众多来自世界各地的观光客。

Tips　🏠 701 Channelside Drive, Tampa, FL　🚌 乘公共汽车在Channelside站下　☎ 813-273-4000　¥ 15.95美元

17 佛罗里达水族馆

● ● ●　私人非营利性水族馆　★★★★　赏

　　位于佛罗里达州坦帕的佛罗里达水族馆是一个私人非营利性的水族馆，拥有2万多只来自世界各地的海洋动物和植物，是佛罗里达最好的水族馆。水族馆外形像贝壳，上面是多面的玻璃屋顶，底部是森林沼泽地展厅，非常有特色。在这里，游客不仅可以看到危险的鲨鱼、可爱的小鱼、笨拙的企鹅以及五彩缤纷的珊瑚礁，还可以进行潜水，与这些海洋动植物进行亲密接触。对青少年来说，这里不但是充满神秘色彩的海底世界，还是一个教育基地，让人能够了解众多种类的海底生物，意识到保护海洋生物的重要性。

美国攻略　佛罗里达&休斯敦

18 圣哈辛托战场

富含历史韵味的州立公园 ★★★★ 赏

Tips

🏠 3527 Independence Parkway, La Porte, TX ☎ 281-479-2431

位于休斯敦东部的圣哈辛托战场是1836年山姆·休斯敦将军率领军队与墨西哥军队激战的地方，战争的结果是墨西哥军队撤退，德克萨斯取得了独立。如今这里成为一座州立公园，中间高耸着一座战争纪念塔，高174米，游客可以乘坐电梯登上塔顶，将整个战场及周围的美景尽收眼底。纪念塔的底座是德克萨斯历史艺术博物馆，游客可以在这里了解德克萨斯的发展历史，旁边的放映室放映着著名的影片《永远的德克萨斯》，并由国家步枪协会的查尔顿·赫斯担任解说员，讲述这里曲折的历史。战场旁边停靠着"德克萨斯号"军舰，是现存的唯一参加过两次世界大战的军舰，极具历史价值。

19 圣彼得斯堡

有"阳光之城"之称 ★★★★★ 赏

Tips
St. Petersburg, FL

位于佛罗里达州西部的圣彼得斯堡与坦帕和墨西哥湾相邻，拥有充足的日照，被称为"阳光之城"。由于这里气候温暖，因此美国北部和中西部的退休者都喜欢移居至此，使这里成为美国的"养老城"。圣彼得斯堡具有悠久的历史，游客可以走进充满历史厚重感的圣彼得斯堡历史博物馆，详细地了解这座阳光之城从建城以来的发展历史。在美丽的圣彼得斯堡海湾有一条深入海洋的观景道，能够将整个墨西哥湾尽收眼底，在夕阳暮色下看群鸥飞翔，海天一线，令人陶醉。游客也可以在海滩上漫步、玩耍，尽情感受这里无边的热带风光。除此之外，圣彼得斯堡还是一个充满艺术气息的地方，达利美术馆、唐瑟萨纪念馆等都是圣彼得斯堡极具人气的艺术文化殿堂，吸引了众多热爱艺术的游客前去参观。

20 奥兰多海洋世界

全球第二大海洋主题公园 ★★★★★ 玩

奥兰多海洋世界是全球第二大海洋主题公园，也是一个以海洋生物为基础的动物园，以其特有的戏剧性和探险性吸引了世界各地的游客前来参观和游玩。在这里，游客不仅可以看到"蓝色地平线"、"眼见为凭"、"克莱德和西默的海盗岛之旅"等精彩绝伦的海洋动物表演项目，以及海豚、

Tips
7007 Sea Harbor Drive, Orlando, FL　从奥兰多市内乘观光巴士或出租车即可到达　407-351-3600　￥57.46美元

海牛、企鹅、鲸鱼等各种海洋动物的展览，还可以与这些海洋动物近距离接触。海洋世界希望通过这些表演和展览让人们喜欢上这些可爱的动物，更加热爱我们的地球。除此之外，游客还可以体验惊险刺激的水上过山车等游乐设施和模拟场景，尽情享受心跳加速的感觉。

美国攻略　佛罗里达&休斯敦

231

美国攻略

佛罗里达&休斯敦

21 奥兰多迪士尼世界　75分！
充满魔幻色彩的童话世界　★★★★★　玩

Tips
📍 2101 Epcot Resorts Boulevard, Orlando, FL　🚌 从奥兰多市内乘观光巴士或出租车即可到达
☎ 407-827-1898　¥ 55.38美元

迪士尼乐园是世界著名的现代化游乐园，由极具想象力和创造精神的美国动画片大师华特·迪士尼创办。位于佛罗里达州奥兰多市的迪士尼世界是世界上第二座迪士尼乐园，也是世界上最大的综合游乐场，占地面积约124平方千米，于1971年10月对外开放。奥兰多迪士尼世界由未来世界、动物王国、好莱坞影城和魔法王国4座超大型主题乐园，暴风雪海滩和台风湖两座水上乐园，一个迪士尼购物中心，一个运动中心，一个高尔夫训练场，以及30多个度假中心组成。其中，魔法王国是迪士尼世界最主要、最大的主题公园，在这里，游客可以看到米老鼠、白雪公主等很多迪士尼童话中的卡通人物，还可以与它们合影留念，到了晚上，还有令人惊叹的灿烂的烟火。在未来世界主题公园中，游客将置身于一个高度发达的环境中，感受想象中的未来世界。游客在游玩之余，还可以到迪士尼购物中心购买各种纪念品。丰富有趣、寓教于乐的迪士尼世界非常受欢迎，每年都要接待游客近2000万人次。

232

22 奥兰多环球影城度假村

新兴的热门度假胜地

Tips
- 6000 Universal Boulevard, Orlando, FL
- 从奥兰多市内乘观光巴士或出租车即可到达
- 407-363-8000

奥兰多环球影城度假村是奥兰多地区仅次于奥兰多迪士尼世界的第二大主题公园，它让游客置身于最流行、最火爆的文化氛围和最难以置信的故事场景中，实现人们的超级英雄梦。度假村主要由环球影城和冒险岛两大主题公园组成，其中，环球影城可以让游客进入《未来世界》、《侏罗纪公园》等影片的主题场景，身临其境地感受各种电影特效。环球影城主要分为好莱坞、制片中心、纽约、旧金山、世博会和儿童乐园6个区域，向游客展示电影的制作过程。冒险岛利用先进的科技手段和声光效果，为游客打造一个个令人叹为观止的魔幻世界，目前有惊奇超级英雄岛、图恩湖湖畔、侏罗纪公园、失落的大陆、苏斯着陆及哈利·波特的魔法世界这6个主题场景供游客体验。除此之外，每年的万圣节恐怖之夜都会在这里举行，是全球最大的万圣节活动之一。

美国攻略　佛罗里达&休斯敦

233

23 休斯敦赫曼公园
为纪念历史人物而建的公园 ★★★★★ 赏

Tips
📍 6001 Fannin Street, Houston, TX ☎ 713-845-1000

休斯敦市是为了纪念在第二次英美战争中立下战功的著名将军，同时也是德克萨斯共和国第一任总统山姆·休斯敦而得名的。位于休斯敦市西南部的休斯敦赫曼公园则是这里最主要的纪念场所。公园周围有医学中心、莱斯大学和众多博物馆，充满了学术氛围。在公园的西南门和东北门的门口分别矗立着公园捐助者赫曼和德克萨斯先驱者休斯敦的雕像，供游客缅怀和纪念。公园内绿树成林，绿草成茵，景色秀丽，是市民休闲放松、周末野餐的好地方。园内还有动物园和水族馆，大猩猩、狮子、蝙蝠及各种热带动物、水生动物应有尽有。每年的年末，公园还会举行休斯敦假日灯光游园活动，非常热闹，吸引了很多游客。

24 米勒露天剧院
全家一起聚会休闲的好去处 ★★★★ 玩

Tips
📍 6000 Hermann Park Dr, Houston, TX
☎ 713-284-8351

米勒露天剧院位于休斯敦赫曼公园的东北角，靠近自然科学馆和休斯敦的雕像，是一个可以容纳1000多名观众的半开放式建筑，深受休斯敦市民的欢迎。从4月底到11月底，几乎每个周末这里都有免费的交响乐、芭蕾舞、爵士乐、西班牙歌舞等各种演出或电影，7、8月份还有莎士比亚戏剧节，上演莎士比亚的经典剧目，音响效果和演出质量并不比正规剧院差。不过，大多数人还是更加喜欢在剧院外面的草坪上一边野餐，一边欣赏精彩的表演，或者全家一起在这里聚会休闲。

25 明湖

● ● ● 休斯敦最受欢迎的休闲度假胜地

位于休斯敦市中心东南部的明湖是休斯敦最受欢迎的休闲度假胜地，也是美国最大的游艇集中地，拥有众多港口、码头和防波堤。游客可以在海滩上休闲放松，欣赏美丽的海湾风光，或者乘坐喷气艇在水中畅游，又或者尝试惊险刺激的水上拖伞，还可以乘坐游艇去光顾最有人气的海上漂浮酒吧——兰斯海龟俱乐部，体验一边在水上飘荡一边喝酒的奇妙感觉。

Tips
Clear Lake, Lowa, TX

26 阿斯托洛圆顶运动场

● ● ● 世界上最大的室内运动场

坐落于休斯敦市的阿斯托洛圆顶运动场建于1965年，耗资3100万美元，是世界上最大的室内运动场。运动场内有完备的冷暖气系统，能够举行篮球、棒球、足球、赛马等各种比赛，甚至马戏团的表演都能够在这里举行，还曾举办过各种音乐会、演唱会等。运动场旁边是一个规模非常大的娱乐中心，游客在这里能够欣赏到欧洲各种村落的美丽景色，还可以欣赏各种类型的传统表演，非常吸引人。

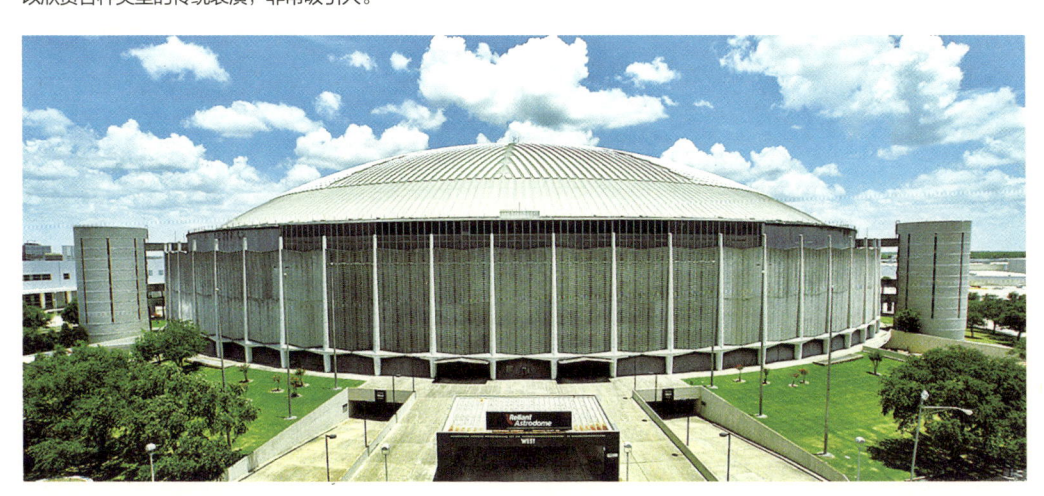

Tips
Reliant Park, 1 Reliant Park, Houston, TX
823-667-1400

美国攻略 佛罗里达&休斯敦

美国
攻略HOW

Part.15 塞班岛

风光迷人的塞班岛地处太平洋边缘,这里气候宜人,湛蓝的海水与迷人的沙滩吸引了全世界的游客光顾,是旅游度假的天堂。

美国攻略

塞班岛

塞班岛 特别看点！

第1名！
蓝洞！
100分！

★ 塞班岛最著名、难度最高的潜水地点，迷人的蓝色光泽！

第2名！
军舰岛！
90分！

★ 塞班岛的一颗明珠，珍珠般美丽迷人的岛屿！

第3名！
关岛！
75分！

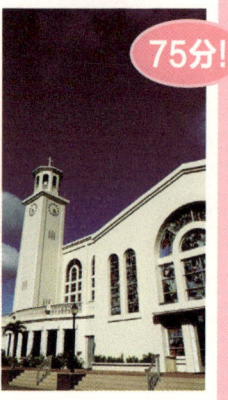

★ 风光迷人的岛屿，蓝天碧海的度假胜地！

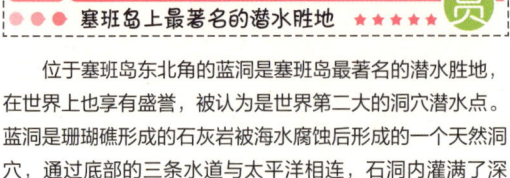

01 蓝洞 100分！
塞班岛上最著名的潜水胜地 ★★★★★ 赏

位于塞班岛东北角的蓝洞是塞班岛最著名的潜水胜地，在世界上也享有盛誉，被认为是世界第二大的洞穴潜水点。蓝洞是珊瑚礁形成的石灰岩被海水腐蚀后形成的一个天然洞穴，通过底部的三条水道与太平洋相连，石洞内灌满了深蓝色的海水，在阳光的照射下发出蓝色的光泽，因此而得名。蓝洞内部面积很大，海水清澈，到处都能看到海龟、鲨鱼、海豚、水母、海胆，以及各种颜色的热带鱼，精彩绝伦的海底世界让人流连忘返，吸引了众多来自世界各地的潜水爱好者。

Tips
📍 Saipan, Grotto Dr, Northern Mariana Islands

02 鸟岛

塞班岛最著名的风景名胜之一 ★★★★★ 赏

Tips
Saipan, Northern Mariana Islands

位于塞班岛北部的鸟岛由石灰岩构成，是塞班岛最著名的风景名胜之一，因栖息着众多鸟类而得名，被称为"鸟类的天堂"。岛上有各种绿色植物，为上百种鸟类提供了充分的生存空间。海水涨潮时，鸟岛像是一座海上孤岛，周围被海水包围，退潮时，鸟岛通过沙滩与塞班岛相连，在阳光的照射下闪闪发光。游客在这里既可以近距离观看可爱的海鸟，与各种小鸟一起玩耍，也可以通过望远镜欣赏美丽的小鸟，感受舒适的海风。

03 军舰岛 90分！

塞班岛的明珠 ★★★★★ 赏

Tips
Northern Mariana Islands

位于塞班岛西侧外海的军舰岛四周环绕着洁白细腻的沙滩，号称"塞班岛的明珠"。岛上植被丰富，有茂密的热带雨林，在海水的衬托下，像是海上的一颗绿色珍珠。在第二次世界大战中，军舰岛曾被美军误以为是一艘军舰而遭到空中轰炸，因此被命名为"军舰岛"。岛上浓密的热带植物将整个岛与外面的世界隔离开来，形成了一个与世隔绝的世外桃源，非常适合情侣享受二人世界，因此军舰岛又名"情人岛"，是世界各地的新婚夫妇蜜月旅行的首选。军舰岛附近有很多珊瑚礁，透过清澈的海水能够看到色彩斑斓的热带鱼在中间穿梭。这里也是最佳的浮潜场所，色彩鲜艳的热带鱼在浮潜者身边环绕，触手可及。此外，军舰岛也是欣赏沉船的好地方，船体被彩色软珊瑚覆盖，周围有鲽鱼、粗皮鲷游来游去，是海底摄影爱好者最爱的场景。

美国攻略 塞班岛

04 自杀崖

战争悲剧的发生地 ★★★★ 赏

Tips
📍 Suicide Cliff, Northern Mariana Islands

　　塞班岛在第二次世界大战中有着重要地位，塞班岛之战是太平洋战争中最惨烈的一次战役。位于塞班岛北部的自杀崖是1944年美军攻击马里亚纳诸岛的日军基地时，日军为了逃避被俘虏的命运，退到塞班岛的最北端后跳崖自杀，同时还逼迫同他们一起到这里的平民一起跳崖自杀，因此这里被称为"自杀崖"。如今，这里建立了很多纪念碑，来纪念这些死去的人，时刻提醒着人们战争的可怕。每年都会有很多日本人来这里祭拜死去的人，其他国家的游客也会在这里虔心祈祷，希望这样的惨剧不要再次发生。

05 麦克海滩

塞班岛上最有特色的海滩 ★★★★★ 玩

Tips
📍 Micro Beach Road, Garapan, Northern Mariana Islands

　　位于塞班岛西部海岸的麦克海滩是塞班岛上最有特色的海滩，也是最受欢迎的海滩，那里的海面能够呈现出七种颜色的变化，让人印象深刻。沙滩洁白柔软，海水温和，是玩风浪板的好地方。麦克海滩距离军舰岛很近，在海滩上就能够远眺到前方被白色沙滩包围的军舰岛。明媚的阳光照射在波光粼粼的大海上，呈现出一幅充满热带风情的风景画，让人不得不感叹大自然的神奇。游客在这里可以尽情享受滑水、潜水等水上运动，也可以在沙滩上享受日光浴，放松心情。海岸上设施也很完备，各种水上活动用品商店、饭店等应有尽有，是人们休闲度假的好地方。

06 卡梅尔山天主教大教堂
西班牙人所建的教堂 ★★★★★ 赏

位于塞班岛海滩路上的卡梅尔天主教大教堂建于西班牙统治时期，曾在第二次世界大战中遭到破坏，战争结束后教堂得到了重建。大教堂造型古朴典雅，白色的外墙和折线形的屋顶仍旧保持了以前的西班牙建筑风格，显得宏伟气派。教堂内部光线充足，不像其他老教堂那样让人感到沉重，反而充满了现代感，吸引了来自世界各地的游客。教堂的庭院中种满了鲜花，色彩艳丽，令人赏心悦目。

Tips
🏠 Chalan Hagoi, Chalan Kanoa, Northern Mariana Islands

07 北马里亚纳诸岛博物馆
展示北马里亚纳诸岛历史的窗口 ★★★★★ 赏

Tips
🏠 Garapan, Northern Mariana Islands ☎ 670-234-7207

位于塞班岛砂糖王公园正对面的北马里亚纳诸岛博物馆原是日本军队的战地医院，在第二次世界大战之后被改建成了博物馆，收藏日本统治时期的照片和当地人的服饰，以及从18世纪的沉船上打捞的瓷器、铜币等珍贵的历史文物等，反映了北马里亚纳诸岛几千年的历史。不仅如此，馆内还有很多查莫洛人和卡若兰人的用品，以及第二次世界大战和美联邦时期的实物，还原了当时的生活场景，向游客讲述了这里复杂的发展历程。

美国攻略 塞班岛

08 和平纪念公园
祈祷和平的圣地　★★★★★　赏

Tips
📍 Suicide Cliff, Northern Mariana Islands

塞班岛的和平纪念公园位于自杀崖的另一边，是塞班岛上祈祷和平的重要场所，用来纪念和哀悼在战争中丧生的人，并提醒世人战争的残酷，希望人们能够吸取教训，倡导世界和平。公园里景色秀丽，到处都是绿色的植物，而且非常安静。园中有一座造型扭曲的雕像，象征着残酷的战争，还有一个巨大的十字架和观音像供人们虔心祈祷。除此之外，公园中还有一座瞭望台，游客在这里可以全方位地欣赏整个塞班岛的美丽风光。

09 查莫洛夜市
塞班岛上最著名的夜市　★★★★★　玩

Tips
📍 Paseo Loop, Hagatna, Guam ☎ 671-475-0377

夜市通常被认为是象征当地人对生活的享受度的一种符号。塞班岛著名的查莫洛夜市位于Garapan繁华地带，汇集了太平洋地区各种风味的美食，让游客能够体验到当地的美食文化。每到傍晚，查莫洛夜市开市，塞班岛的中心地带就变得非常热闹，游客在这里可以品尝到菲律宾、日本、越南、泰国等地的小吃，还有当地人喜爱的自制巧克力、查莫洛红饭、烤乳猪、椰汁虾等，是美食爱好者的天堂。除了各种美味的小吃，游客还可以欣赏传统的草裙舞表演，非常精彩，也可以去海滩散步或在街边的小店中购买物美价廉的纪念品。

10 塔加屋
●●● 塔加王朝的王宫　★★★★★ 赏

Tips
📍 Taga, San Jose, Tinian, Northern Mariana Islands

　　塔加屋是天宁岛统治者塔加王族的石屋遗迹，至今已有3000多年的历史，是由巨大的石灰石和珊瑚礁搭建成的，非常坚硬。建造这些房子的石头叫作拉提石，每块都高达6米，重达数吨，都是由人工切割而成的，难以想象当年的居民是如何搬运和建造房屋的。塔加屋由12根石柱支撑，在石柱顶端有一个巨大的碗形珊瑚礁，石柱侧面呈梯形，如今只剩一座石柱依然屹立。天宁岛上的居民相信拉提石是有灵性的，因此在面临困难的时候就会到石柱前祈求消灾解难，石柱成了这里的代表图腾，同时也是当地人的精神寄托。

11 原子弹装载地
●●● 曾经是美国的临时军事基地　★★★★★ 赏

Tips
📍 Tinian, Northern Mariana Islands

　　1945年的两颗原子弹结束了日本法西斯的最后挣扎，这两颗原子弹是美国投到日本的，一颗名叫"小男孩"，另一颗叫"胖子"。这两颗原子弹摧毁了日本两座城市，让日本几十万人失去生命。它们就是在天宁岛装载起飞的。这里原本是美军的临时基地，现在已经成为著名的旅游景点，不仅有当年装载和发射原子弹所留下的痕迹，还建立了两座纪念碑，碑上面写着"原子弹装载地"，以此来纪念这个重要的历史事件。

美国攻略　塞班岛

243

12 天宁岛日出神社

日本人建的日式神社 赏

Tips: Tinian, Northern Mariana Islands

　　由于天宁岛曾被日本统治，因此为了顾及日本移民的宗教需求而建立了日本传统的日出神社，这也是岛上唯一一座神社。神社安静而优美，在第二次世界大战中被美军炸毁，如今只能看到在大片的草坪上留下的神社遗迹，周围有很多竹子和火树等植物，景色非常美丽。火树又被人们称为"塞班樱花"，到了花季，树上会开出火红色的花朵，好像火焰一样布满整个树冠。

13 丘鲁海滩

充满神秘色彩的沙滩 玩

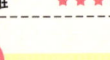

Tips: Chulu Beach, Northern Mariana Islands

　　位于天宁岛南端西北部的丘鲁海滩曾是第二次世界大战时期美军登陆的地方，因此也被称为"登陆海滩"。这里的沙滩非常美丽，沙粒的形状很有特色，像星星一样，因此又被称为"星沙海滩"。而且，沙滩上每一粒沙子的角都不一样，传说八角星形的沙子是幸运的象征，因此吸引了很多游客前来寻找，希望能够得到幸运之神的眷顾。此外，美丽的星沙还被认为是幸福的婚姻和坚贞的爱情的象征，很多游客都会将这里的星沙带走。如今，这种行为已经使海滩的生态环境受到了破坏，为了保护生态环境，当地已经禁止游客将沙子带走了，游客难免会留下遗憾。

14 塔加海滩
漫长的白色沙滩

Tips
📍 Taga Beach, San Jose, Tinian, Northern Mariana Islands

位于天宁岛的塔加海滩风景秀丽，海水清澈，沙滩洁白，曾是统治这里的塔加王族的私人海滩，因此被称为"塔加海滩"，如今已经成为著名的旅游景点，同时也是非常热门的广告拍摄地。由于这里的水并不深，而且海中有很多浮游鱼类、深海断崖和第二次世界大战时的兵舰残骸，因此成了游泳和浮潜的好地方。许多潜水爱好者都喜欢在这里与海洋生物亲密接触，同时探索"二战"时期的残骸。除了海上活动，游客还可以在这里品尝烤乳猪、生鱼片、红米饭、椰汁虾等美味的查莫洛传统小吃。

15 关岛
太平洋中的一颗璀璨明珠

Tips
📍 西太平洋上

位于西太平洋的马里亚纳群岛最南端的关岛是美国非宪辖管制的海外属地，也是通往密克罗尼西亚的门户，具有重要的战略地位，受到各国的争夺。同时，这里风光明媚，风景秀丽，也是一个著名的观光旅游胜地，每年都会吸引无数游客来这里休闲度假，放松心情，感受热带风光。太平洋战争公园是为了纪念在第二次世界大战中牺牲的各国战士和关岛居民而建的，时刻提醒世人战争的残酷与和平的来之不易。园内还有水清沙白的海滩和美丽的椰林，游客在游玩之余还可以感受沉重又丰富的历史。鱼眼海洋公园是关岛的海洋生物保护区，游客在这里可以隔着玻璃欣赏美丽奇妙的海底世界。著名的情人崖因一个悲伤的传说而得名，是一对查莫洛恋人跳崖殉情的地方。在这里，游客能够鸟瞰海岸、关岛中部及崖下的美丽风景，是一个视野宽广的珊瑚岩观景台。关岛海底世界水族馆有世界上最长的海底隧道，两侧的水箱还原了密克罗尼西亚海域的场景，让人流连忘返。关岛是亚太区最大的免税购物中心之一，游客可以在这里精心挑选一些纪念品和礼品。

美国攻略 塞班岛

美国
攻略HOW

Part.16 夏威夷

位于太平洋的夏威夷是美国的第50个州,地处热带的夏威夷风景迷人,是全世界闻名的度假胜地,马克·吐温曾形容这里是大洋中最美的群岛。

美国攻略 夏威夷

夏威夷 特别看点！

第1名！
威基基海滩！
100分！

第2名！
珍珠港！
90分！

第3名！
夏威夷岛！
75分！

★ 夏威夷的标志，夏威夷国王的御用沙滩！

★ 太平洋战争开始的象征，夏威夷最著名的景点之一！

★ 五座火山组成了夏威夷最大岛屿，美丽的热带植物园！

01 夏威夷岛　75分！ 赏
夏威夷群岛中最大的岛屿 ★★★★★

Tips
🏠 Big Island, HI

　　位于北太平洋的夏威夷岛是夏威夷群岛中最大的岛，属于美国夏威夷州，面积10458平方千米，呈马鞍形。夏威夷岛地形复杂，有顶部积雪的火山、云雾中的高原、临海的峭壁、熔岩荒漠、热带海滨等。在这里，游客在同一天可以体验上山滑雪和下海冲浪，因此这里成了最受欢迎的度假胜地。夏威夷岛又被称为"火山岛"，岛上共有5座火山，其中基拉韦厄火山和冒纳罗亚火山是两座活火山，会不定期喷发。夏威夷岛的火山喷发非常壮观，与地中海及太平洋边缘的火山喷发不同，这里的火山喷发没有那么危险，游客可以在夏威夷火山公园欣赏火山喷发的景象，感受大自然的神奇魔力。这里还有一座热带植物园，是夏威夷风光最好的地方，气候非常适宜植物生长，能看到火烈鸟、鹦鹉等动物，这吸引了很多游客。

248

02 伊奥拉尼王宫

夏威夷末代国王的王宫

Tips
🏠 364 South King Street, Honolulu, HI　🚌 乘4路公共汽车可达　☎ 808-522-0822

位于檀香山市中心的伊奥拉尼王宫是美国领土上唯一一座王宫，建于1882年，曾是夏威夷王国最后两位君王——卡拉卡瓦国王和莉莉欧吾卡拉尼女王的官邸，从20世纪70年代开始进行恢复和维护。游客在这里可以学到很多关于夏威夷的历史文化知识。王宫建筑华丽典雅，是美国国家级的文物。夏威夷的第一位国王卡美哈美哈一世是一位卓越的外交家、勇猛的战士，更是一位伟大的领袖，他开启了夏威夷的君主制，引进了西方的枪炮和朗姆酒，结束了夏威夷群岛的混战局面，完成了统一夏威夷群岛的霸业，并且改变了夏威夷群岛因与西方势力抗衡而变得支离破碎的局面。因此，为了纪念卡美哈美哈一世，伊奥拉尼王宫前修建了一座卡美哈美哈一世的铜像，铜像身披象征王权的羽毛披肩，左手持长矛，右手呈欢迎状。

03 钻石山

夏威夷的两大标志之一

Tips
🏠 Lahaina, HI

位于檀香山市的钻石山与威基基海滩一起被称为檀香山市的两大象征，是一座死火山，传说是女神Pele的居住地。19世纪初英国水手来到这里，误把方结晶石认成钻石，因此起名为钻石山。在钻石山山顶能够俯瞰整个檀香山市，所有美景尽收眼底。这里的落日更是美不胜收，让人难忘。到了冬季，还能看到从阿拉斯加游来的逆戟鲸。徒步登钻石山的活动一直受到游客们的欢迎，从山脚到山顶的登山步道曾是美军海岸防御系统的一部分，建于1908年，步道大部分是天然凝灰岩，有很多"之"字形的上坡路，穿越了火山口内壁，在顶峰还能看到火山口边缘的军事掩体和导航灯塔。沿着登顶步道，游客还能够了解火山口的地质结构和一些军事历史。

04 亚利桑那号战舰纪念馆

富有历史内涵的场馆 ★★★★★ 赏

在1941年偷袭珍珠港事件中，美国太平洋舰队的亚利桑那号战舰被击沉了。为了纪念这艘战舰和在这次战役中牺牲的士兵们，美国政府在亚利桑那号战舰的残骸上建立了珍珠港事件纪念馆。纪念馆是一座白色的钢筋水泥结构建筑，中间有一个白色大理石纪念墙，上面刻着珍珠港事件中在战舰上遇难的1000多名海军战士的名字。通过纪念馆中间仪式厅的窗口，游客能够隐约看见沉入海底的亚利桑那号战舰的船体。在纪念馆内，游客可以通过一些图片、模型、影像，以及珍贵的历史文物资料，详细了解偷袭珍珠港这一悲壮的历史事件，或者表达对遇难者的悼念。除此之外，这里还有纪念品商店，售卖亚利桑那号战舰的模型等与第二次世界大战有关的商品。

Tips
1Arizona Memorial Road, Honolulu, HI
808-422-2771

05 珍珠港

太平洋战争开始的见证 90分！ ★★★★★ 赏

Tips
Pearl Harbor Ewa., HI 96818

珍珠港位于夏威夷群岛瓦胡岛南岸的科劳山脉和怀阿奈山脉之间的平原最低处，呈鸟足状向内陆延伸，因盛产珍珠蚌壳而得名，同时也是北太平洋岛屿中最大、最好的安全停泊港口之一。1908年，这里被美国国会指定为美国海军基地，1919年和1922年又分别设立了潜艇基地和航空站。1941年12月7日，日本偷袭珍珠港，美国太平洋舰队损失惨重，这次袭击标志着太平洋战争的爆发，也让美国民众群情激愤，团结起来一致抗日，使美国卷入了第二次世界大战，并导致了第二次世界大战的提前结束。如今珍珠港已经成为著名的旅游胜地，游客在这里可以参观战争纪念馆，包括为纪念在偷袭珍珠港事件中长眠于水下的亚利桑那号战舰而建的亚利桑那号战舰纪念馆，还有密苏里号战舰纪念馆和鲍芬号潜水艇博物馆。此外，游客还可以欣赏充满夏威夷特色的草裙舞，购买各种纪念品。

06 波利尼西亚文化中心

大型的民族文化博物馆　★★★★★ 赏

Tips
- 55-370 Kamehameha Highway, Laie, HI
- 808-293-3333

位于夏威夷州瓦胡岛的波利尼西亚文化中心是一座大型的文化博物馆，以保存波利尼西亚历史文化传统为目的，包括来自夏威夷、萨摩亚、塔希提、汤加、斐济、新西兰、马克萨斯等7个太平洋岛屿上的波利尼西亚人。在这里，游客被当做皇族的贵宾来招待，在具有夏威夷风情的鲜花花环欢迎仪式后，享用盛大的卢奥晚宴，同时还可以欣赏专为皇家表演的原住民舞蹈，此外还有著名的水上舞蹈表演——天堂彩虹舞和曾得奖无数的大型表演——"地平线"供游客欣赏。游客在这里不仅可以欣赏具有代表性的舞蹈，品尝美味的传统食品，还可以深入了解各民族的文化、历史，因此这里受到了世界各地游客的欢迎。

07 卡皮奥拉妮公园

夏威夷最大的公园　★★★★★ 赏

Tips
- 2805 Monsarrat Ave, Honolulu, HI
- 808-545-4344

位于夏威夷德赫奥山下的卡皮奥拉妮公园是夏威夷最大的公园，拥有悠久的历史，是当时的国王卡拉阿考下令建造的，以皇后的名字命名。公园如今是当地居民的娱乐健身场所，可以进行网球、足球、射箭、马拉松等各种运动。公园中宽阔的大草坪是游客野餐、放风筝的好地方。每年3月这里还会举办国际风筝节，聚集很多风筝爱好者。卡皮奥拉妮公园风景秀丽，游客不仅可以运动健身，还可以品尝夏威夷传统的午餐盘，或漫步在公园中，欣赏音乐表演，或在手工艺品集市中淘宝。

美国攻略　夏威夷

08 卡怀亚哈奥教堂

被称为"夏威夷的威斯敏斯特大教堂" ★★★★ 赏

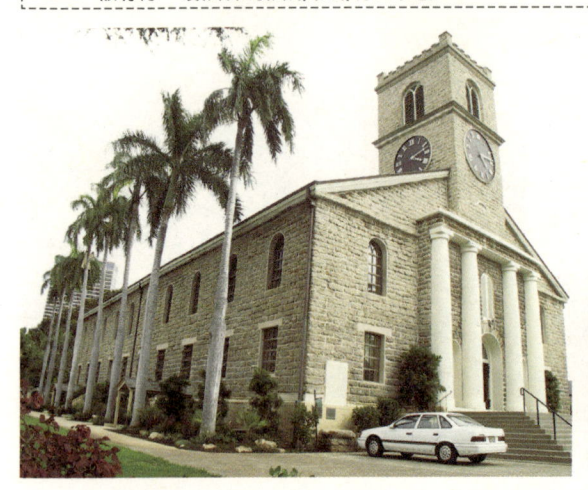

卡怀亚哈奥教堂是夏威夷第一座基督教教堂，也是夏威夷最古老的教堂，建于1842年，是一个公理教会教堂，代表了夏威夷现代化的开始，被认为是夏威夷的教堂之母。教堂采用新英格兰风格，主结构由14000块珊瑚石搭建而成，曾为王室专用，还被称为"夏威夷的威斯敏斯特大教堂"。如今的卡怀亚哈奥教堂依然非常热闹，不仅汇集了众多信徒，还是那些想要传统、神圣、特殊的婚礼的新人举行婚礼的主要场所，教堂也会为每一对新人鸣钟，以示祝福。

Tips
957 Punchbowl St., Honolulu, HI

09 恐龙湾

潜水观光的好地方 ★★★★★ 玩

Tips
Hanauma Bay Honolulu, HI 乘公共汽车22路可达

恐龙湾是在夏威夷群岛形成初期被火山爆发时抛出的岩石落下砸出的，原本是一个完整的圆形，由于长时间受到海水的侵蚀，形成了现在的风景迷人的海湾，从远处看像一只熟睡的恐龙，因此而得名。恐龙湾的海水湛蓝，清澈见底，而且有很多色彩斑斓的热带鱼，风浪小，因此成了来夏威夷旅游的游客最喜爱的潜水场所。这里还有很多美丽的珊瑚礁，由于珊瑚礁海洋生态容易受到破坏，因此当地政府将整个海湾建成自然保护区，来保护这里的自然生态。同时，由于游客过多，因喂食而带来的海水污染日益严重，因此游客的数量和开放时间都开始受到限制了。

10 莫洛凯岛
被称作"友善之岛" ★★★★★ 玩

Tips
📍 Molokai HI

位于夏威夷群岛中心地带的莫洛凯岛是一个古老的小岛，在夏威夷人心中有重要的地位，是草裙舞的发源地，也是最具夏威夷特色的小岛，又名"友善之岛"。莫洛凯岛气候多样，东部地区清凉湿润，有大片热带雨林和众多山谷，中西部地区气候温暖宜人，西部海岸地区则干旱少雨，阳光充足。莫洛凯岛因曾经在卡劳帕帕建立麻风病人拘留地而闻名于世，在20世纪夏威夷的建设热潮中曾被忽视，因此免受了很多污染和破坏。如今这里有壮丽的瀑布悬在空中，还有茂密的热带雨林和各种野生动物，成了一个充满原始风情的纯净岛屿。游客在这里不仅可以划船、冲浪、潜水，还可以去高山、峡谷探索，游览古迹，或者体验传统的夏威夷生活方式，因此吸引了众多热爱自然的游客前来欣赏美景，享受生活。

11 考爱岛
风光旖旎的花园之岛 ★★★★★ 赏

Tips
📍 Kauai HI

考爱岛是夏威夷第四大岛，位于夏威夷群岛最北端，岛上植被丰富，风景秀丽，具有田园风格，仿佛镶在蓝色大海上的绿宝石，又被称为"花园岛"。考爱岛是最早被发现的夏威夷群岛岛屿，因此到处都是历史遗迹，充满了文化底蕴，游客可以走进考爱岛博物馆详细了解这里的发展历史。纳帕利海岸州立公园坐落于考爱岛的断崖绝壁上，是世界上最壮丽的自然景观之一，游客可以沿着陡峭的山路向上爬行，欣赏沿途的古庙、民房等历史悠久的古迹，也可以乘坐直升机从空中全面欣赏大自然的鬼斧神工。波伊普海滩是考爱岛上著名的度假休闲区，是游客游泳、晒太阳的好地方。考爱岛上还有一个蕨类植物岩洞，各种各样的蕨类植物布满了洞口，就像珠帘随风飘扬，非常优雅，吸引了很多新人在这里举行婚礼。

美国攻略　夏威夷

12 古兰尼牧场

● ● ● 影视剧的外景拍摄基地 ★★★★ 赏

Tips
- 49-560 Kamehameha Hwy, Kaneohe, HI
- 808-237-8515

　　位于夏威夷州瓦胡岛东北部海边的古兰尼牧场拥有16平方千米的土地，是当地人放牧的主要场所，被古代波利尼西亚人认为是最神圣的地方。如今，古兰尼牧场因为《侏罗纪公园》、《珍珠港》、《风语者》、《迷失》等好莱坞著名影视剧在这里取景而闻名于世。游客在这里可以骑马畅游牧场，或者参观电影、电视剧的外景地，重温镜头里的场景，还可以深入丛林进行探险、坐船出海欣赏美景，或者在导游的介绍下了解波利尼西亚历史文化、学习夏威夷最具特色的草裙舞。因此，古兰尼牧场吸引了世界各地的众多游客前来参观游玩。

13 尼豪岛

● ● ● 私人岛屿 ★★★★★ 赏

Tips
- Niihau, HI

　　尼豪岛是一个私人岛，属于罗宾逊家族，面积很小，只有100多名夏威夷土著在这里居住，是夏威夷群岛中唯一一个以夏威夷语为主要语言的岛屿。尼豪岛是太平洋上的一个世外桃源，居民仍旧保持着古老的生活方式。这里没有电和其他任何现代生活的痕迹，生活非常平静，吸引了很多游客前去体验这种远离繁华喧嚣的原始生活。但游客上岛是受到限制的，必须向罗宾逊家族提出申请，得到批准才能上岛，参加考爱岛的直升机游也可以登上尼豪岛。

14 威基基海滩

夏威夷最好的海滩 100分!

Tips
Waikīkī Beach Honolulu, HI 96815

威基基海滩位于夏威夷的首府檀香山市，是夏威夷最好的海滩，也是大多数游客心目中夏威夷海滩的代表，享有盛誉。海滩东起钻石山下的卡皮欧尼拉公园，西至阿拉威游艇码头，全长1600多米，是夏威夷最具动感活力的沙滩。游客在这里可以划船、冲浪，或者在夕阳中漫步沙滩，欣赏海上落日的壮观景象。其中最具特色的是亚特兰蒂斯潜水艇之旅，游客可以乘坐潜水艇在水下30米处欣赏大海深处的美景，非常有趣，令人记忆深刻。除此之外，游客还可以在威基基海滩的内陆地区进行购物、享受水疗护理、品尝美味的夏威夷小吃、欣赏夏威夷风情的文化表演。道路两旁整齐的椰子树将街道装点得十分迷人，让人流连忘返。

15 毛伊岛

夏威夷群岛中的第二大岛

Tips
Maui HI

毛伊岛的面积有1886平方千米，是夏威夷群岛中的第二大岛，分为东、西两半岛。东岛多为山地，游客较少，比较安静；西岛比较繁华，拥有各种旅游项目，非常热闹。毛伊岛以山谷秀丽而闻名，又被称为"山谷之岛"，其中最著名的是哈雷阿卡拉火山口，海拔3055米，被当地人称为"太阳之屋"，是一座休眠的火山，火山口像彩虹一样不停地变换颜色，非常漂亮。毛伊岛是夏威夷群岛中最适合观赏鲸鱼的地方。拉海纳镇是历史上的捕鲸重镇，曾是夏威夷王国的首都，游客可以欣赏各种历史遗迹，了解这里的独特文化，并且能够观赏和了解鲸鱼的活动。除此之外，毛伊岛还有美丽的玛凯纳海滩，供游客与洁白的沙滩和湛蓝的海水进行亲密接触，这里也是毛伊岛最后一块未被开发的海滩。

美国
攻略HOW

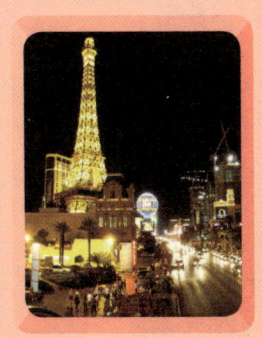

Part.17 美国其他

美国幅员辽阔，自然景观丰富多彩。其中最具代表性的黄石公园令人印象深刻，除此之外，还有很多鬼斧神工的自然之美等待着你去发现、探索，绝对会让你惊叹不已，充满了对大自然的敬畏和赞美。

美国其他 特别看点！

美国攻略 | 美国其他

第1名！ 黄石国家公园！  100分！
★ 世界上第一座国家公园，全人类共同的瑰宝！

第2名！ 科罗拉多大峡谷！ 90分！
★ 宏伟壮观的大峡谷风景，美国最壮美的自然风光！

第3名！ 密西西比河！ 75分！
★ 美国的母亲河，北美第一大河！

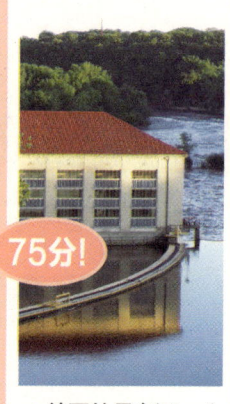

01 胡佛水坝
人类水利史上一大奇观 ★★★★★ 赏

Tips
Boulder City, NV 89005　702-293-8321

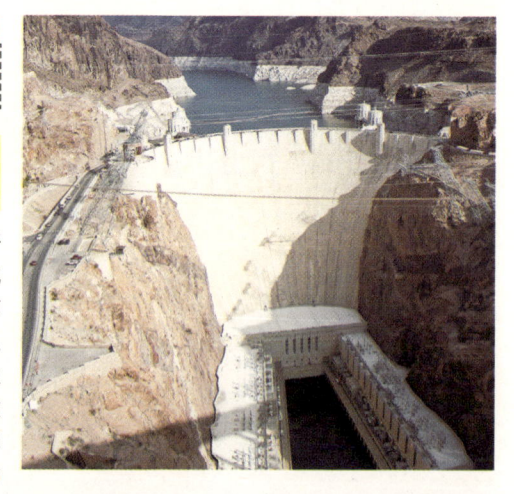

位于美国亚利桑那州西北部的胡佛水坝是美国综合开发科罗拉多河水资源的一项重要工程，具有防洪、发电、航运、灌溉、供水等作用，是当时最大的水坝，被列为国家历史名胜和国家土木工程历史名胜，还被美国土木工程学会认为是七大现代土木工程奇迹之一。胡佛水坝被认为是赌城拉斯维加斯的发源地。由于这里地处沙漠地带，荒无人烟，在胡佛水坝建造期间，大批工人聚集在这里，只能以赌博解闷。随着赌博合法化指令的发布，这里吸引了众多资本家前来投资建赌场，迅速发展成为美国西部最大的新城。游客可以站在大坝顶部感受非凡的气势，也可以参观大坝底部的发电厂和记录大坝发展历史和拉斯维加斯发展历史的陈列馆，了解胡佛大坝与赌城之间的密切联系。

02 费蒙街
拉斯维加斯市最热闹的街区 ★★★★ 玩

Tips
📍 Fremont Street Las Vegas, NV　🚌 乘公共汽车在Fremont站下

位于赌城拉斯维加斯中心的费蒙街可以说是赌城文化的发源地，第一家赌场、第一栋高楼、第一座电影院等许多赌城的"第一"诞生在这里，好莱坞关于赌城的很多影片都曾在这里进行拍摄。费蒙街虽然没有长街奢华，但也是霓虹灯闪耀、赌场林立，其中最著名的两个霓虹灯是叼着烟嘴的牛仔和翘着大腿的舞女，都是不能错过的景点。到了晚上，世界上最大的灯光天幕表演开始，天幕由1250万个发光二极管灯泡构成，能向游客展示各种变幻无穷的图形，1600万个色彩组合让人眼花缭乱。

03 长街
拉斯维加斯最繁华的街道 ★★★★ 玩

Tips
📍 Las Vegas Blvd. South, Las Vegas, NV
🚌 乘公共汽车在Stratosphere站下

长街是拉斯维加斯最繁华的街道，又叫"拉斯维加斯大道"，是赌城的灵魂和象征，汇集了众多豪华的酒店、赌场、餐馆和购物场所，灯火辉煌，霓虹灯闪耀。长街全长6.5千米，街道两边的世界级酒店、赌场、度假村都有自己的主题和特色，将拉斯维加斯装点成一座不夜城。具有古典埃及风情的金字塔饭店，外形完全仿照金字塔，还有逼真的狮身人面像，店内的装修也是金碧辉煌，非常豪华。充满法兰西式浪漫风情的巴黎饭店，不仅有味道正宗的法式大餐，还有凯旋门、卢浮宫、埃菲尔铁塔等著名建筑的模型，让人充分感受法国风情。纽约客饭店则是一个小型的纽约城，有帝国大厦、布鲁克林大桥、自由女神像及纽约中央公园等著名建筑的模型，让人仿佛置身于繁华的纽约。曼德拉湾饭店具有浓郁的热带风情，大厅就像一座热带雨林，非常新奇有趣。威尼斯人酒店拥有很多人造河流，繁华的圣马可广场、总督府和比萨斜塔都能在这里看到。具有中世纪风格的神剑城堡酒店非常适合那些喜爱骑士和城堡等中世纪文化的游客，那里上演着很多关于亚瑟王传说的剧目。

04 好莱坞星球餐厅

好莱坞知名影星联手创办的餐厅

★★★★★ 吃

Tips
- 📍 3500 Las Vegas Blvd. S, Las Vegas, NV
- 🚌 乘公共汽车在Planet Hollywood Hotel 站下
- ☎ 559-565-3341

位于拉斯维加斯中心地带的好莱坞星球餐厅是拉斯维加斯最著名的餐厅之一，由布鲁斯·威利斯、施瓦辛格等好莱坞著名影星联手创立。餐厅汇集了世界各地的美食，因此，无论来自哪里的游客都能在这里找到适合的菜肴。餐厅里到处都能看到好莱坞经典影片中的人物雕像，墙上的大屏幕也随时播放着经典影片的片段，让人进入美好的回忆。除此之外，连菜单上的菜名都是好莱坞经典大片的名字，非常有趣，吸引了来自世界各地的众多游客。

05 南北战争博物馆

记录美国南北战争的教科书 ★★★★★ 赏

位于美国东部的亚特兰大是美国的三大高地城市之一，是南北战争时期南方军的战略要地，既是一座历史名城，也是一个新兴的工商业城市和旅游城市。世界名著《飘》就向读者讲述了亚特兰大与南北战争之间的关系。亚特兰大城中也有很多

Tips
- 📍 601 South President Street, Baltimore, MD
- 🚌 乘公共汽车在Fleet St. & Albemarle St. wb站下
- ☎ 410-385-5188

与南北战争有关的历史遗迹和旅游景点，南北战争博物馆就是其中之一。博物馆呈环形，里面设有一幅独具特色的环形超宽屏幕，通过壮观、宏伟的画面和先进的灯光、音响等多媒体技术，向游客展现了南北战争中的亚特兰大，生动、逼真地还原了著名的亚特兰大战役中的场景，让人身临其境地感受到战争的残酷，给游客留下深刻的印象。

06 亚特兰大可口可乐博物馆

了解可口可乐历史的窗口 ★★★★★ 赏

Tips
- 121 Baker Street Northwest, Atlanta, GA
- 乘公共汽车在Centennial Olym PK Dr.@Baker St.站下 ☎ 404-676-5151

可口可乐是人们熟知的一种饮料，公司总部设在亚特兰大。在这里到处都是可口可乐的影子，可口可乐是亚特兰大的名片之一。位于亚特兰大市中心彭伯顿广场的可口可乐博物馆与佐治亚州立水族馆相邻，是游客来到亚特兰大必游的景点之一。博物馆严格遵守美国绿色建筑委员会的节能和环保的设计标准，是佐治亚州少数的环保建筑之一。在这里，游客能够详细地了解可口可乐100多年的历史，以及这个全球第一品牌背后的故事。馆内展示了可口可乐不同时期的包装，以及各种不同语言、不同风格的可口可乐广告，还有世界各地的艺术大师创作的可口可乐工艺品，让人大开眼界。除此之外，游客在这里还能够品尝来自世界各地的70多种可口可乐产品，非常过瘾。

07 科罗拉多大峡谷

90分！

拥有美国最壮美的自然景观 ★★★★★ 赏

Tips
- Village Loop Rd, Grand Canyon, AZ 86023
- 从大峡谷机场乘坐免费巴士到Flagstaff后乘坐旅游巴士即达 ☎ 404-827-2300 ¥ 10美元

位于美国西部亚利桑那州西北部的凯巴布高原上的科罗拉多大峡谷是一个世界闻名的自然景观，被联合国教科文组织选为受保护的天然遗产之一。大峡谷全长446千米，最深处可达1800多米，是世界上最大、最壮观的侵蚀地貌，由黑峡谷、峡谷地、格伦峡谷、布鲁斯峡谷等19个峡谷组成，像一条巨大的蟒蛇盘卧在凯巴布高原上，谷底是波涛汹涌的科罗拉多河，形成了一个雄伟壮观的景象，让人心生敬畏，不得不感叹大自然的伟大。大峡谷的两岸是棱角分明的红色巨石断层，在太阳的照射和水光的映衬下还能变成蓝色或棕色，显示出大自然的诡秘莫测，让人流连忘返。科罗拉多大峡谷共分为几十个国家公园，其中比较著名的有塞昂国家公园、布赖斯国家公园、拱门国家公园等。每一个公园里的景点都是拍照、摄影和探险的好地方，吸引了无数摄影爱好者和探险爱好者的目光。

08 科罗拉多州议会大厦

● ● ● 丹佛市的标志性建筑　　★★★★ 赏

Tips
🏠 200 East Colfax Avenue, Denver, CO　🚌 乘公共汽车在Grant St. & 14th Ave.站下　☎ 303-866-2604

　　位于丹佛东考发科斯大道的科罗拉多州议会大厦是科罗拉多州会员大会的所在地，也是科罗拉多州州长和副州长的办公场所。大厦建于19世纪90年代，以科罗拉多白花岗岩为主要材料，圆形的屋顶仿照华盛顿的美国国会大厦建造，上面铺满了真的黄金，这是为了纪念科罗拉多州的淘金热。大厦内部使用科罗拉多盛产的玫瑰缟玛瑙，华丽异常，还有手绘的美国总统画像，让人肃然起敬。科罗拉多州议会大厦是丹佛最引人注目的景观，也是到丹佛旅游必到的景点之一，去过丹佛的游客都会对它印象深刻。

09 科罗拉多范尔滑雪场

● ● ● 美国最大的滑雪场　　★★★★★ 玩

Tips
🏠 1300 Westhaven Drive, Vail, CO　☎ 800-282-4183

　　美国科罗拉多范尔滑雪场是美国最受欢迎的、也是美国最大的滑雪场，经常被评为顶级的滑雪胜地、范尔滑雪场拥有193条雪道，总面积超过14平方千米，主要分为地势宽广平滑的山前、在地平线上不断拉伸到无限的后山以及充满探险乐趣的盆地丛林区三部分，让喜爱滑雪的游客能够充分享受这一运动。而且，这里不仅有高难度的最大落差1000多米的雪道，还有适合初级滑雪者的初级雪道和中级雪道，是一个适合所有人的滑雪场。由于面积广阔，即使在冬季这个最热闹的滑雪季节，这里也不会太过拥挤，游客不用担心撞到别人，能够尽情享受滑雪运动带来的乐趣。

10 科罗拉多斯普林斯

美国最著名的疗养胜地 ★★★★ 玩

Tips
Colorado Springs, CO

科罗拉多斯普林斯是美国科罗拉多州第二大城市，也是美国著名的疗养胜地，坐落于派克斯峰山脚。城市的平均海拔为1839米，是一个"里高城"。斯普林斯附近有著名的马尼图斯普林斯矿泉和派克斯峰等景观，同时也是北美空防司令部总部和美国空军学院的所在地。这里还是美国雷电活动最频繁的地方之一，著名科学家尼古拉·特斯拉就因为这个现象在这里设立了一个实验室进行科学研究。到了每年的秋季，斯普林斯还有著名的热气球黄金飞行节，吸引了来自世界各地的游客。

11 密西西比河

75分！

美国的母亲河 ★★★★★ 赏

Tips
Mississippi River, Memphis, TN

位于北美洲中南部的密西西比河全长6000多米，是北美大陆的第一长河，同南美洲的亚马逊、非洲的尼罗河和中国的长江一起被称为世界四大长河。密西西比河在古印第安语中是"河流之父"的意思，滋润着美国41%的土地，也被美国人称为"老人河"。密西西比河根据不同的自然特征分为上游、中游和下游。上游水系复杂，流经众多山谷、沼泽，含沙量较大，形成了很多美丽壮观的自然景观。中游河段较短，水流平缓、稳定，非常有利于航运，因此两岸多是美国经济较发达的城市。下游则比较平坦，多经平原地区，用于灌溉农田，而且两岸土地肥沃，是美国农畜产品的主要生产区域。

美国攻略　美国其他

263

美国攻略

美国其他

12 犹他州大盐湖
世界上最大的盐水湖泊 ★★★★★ 赏

Tips
📍 Great Salt Lake, UT

位于美国犹他州北部的大盐湖是西半球最大的内陆咸水湖，也是世界上含盐度最高的内陆湖之一，周围的自然环境干燥，与死海非常相似。由于大盐湖是一个死水湖，湖中水量主要取决于降水和蒸发，因此湖泊面积多变。湖水中含有丰富的盐和镁、钾、锂、硼等稀有元素，还有鹈鹕、苍鹭、鸬鹚、燕鸥等大量珍贵飞禽在这里栖息，因此建立了野生动物保护区。大盐湖周围风景秀丽，东面是落基山支脉沃萨奇岭，西面是大盐湖沙漠，吸引了世界各地的自然风光爱好者前来参观、游玩，感受大自然的神奇，因此，大盐湖成了犹他州著名的旅游景点。

13 阿拉斯加湾
由冰川切割而形成的峡湾 ★★★★★ 赏

Tips
📍 2 Marine Way # 230, Juneau, AK ☎ 907-586-1891

位于美国阿拉斯加州南端的阿拉斯加湾是北太平洋上的一个宽阔的海湾，是由冰川切割而形成的峡谷，陆地上的河流不断把断裂的冰山和河谷中的泥沙带入海湾中。沿岸矗立着楚加奇、基奈、圣伊莱亚斯等山脉，还有飞流直下的瀑布，非常壮观。游客在这里不仅可以欣赏到瀑布飞泻而下和冰川崩裂的景象，还能坐船出海，与这些大自然的奇迹亲密接触，感受回归自然的感觉。

264

14 史凯威小镇
被人们称作"北风之城" ★★★★★ 赏

Tips
🏠 Skagway Town, AK

位于阿拉斯加最北端的史凯威小镇曾因淘金热而成为阿拉斯加最繁华的地方，也因为淘金人潮的退去而变得萧瑟。现在的史凯威小镇仍旧保留着木制的人行道、马车、老式的沙龙等众多淘金时期的遗迹，让人感觉像是穿越了时空，回到了以前的淘金时期。游客还可以走进历史博物馆，了解当年的淘金热潮，欣赏当时的精致艺术品。除此之外，史凯威小镇还有一条号称世界上最美的铁路，搭乘古老的火车登上高耸入云的山峰，将壮丽的冰河、飞泉瀑布等美丽的景色尽收眼底，这让人印象深刻，流连忘返。

15 凯契根
繁荣的鲑鱼之都 ★★★★★ 赏

Tips
🏠 Ketchikan, Juneau, AK

位于阿拉斯加州最南端的凯契根是阿拉斯加州的第一个城市，靠近美加边境，风景如画。这里是鲑鱼的故乡，以盛产鲑鱼而闻名于世，因而被称为"世界鲑鱼之都"。在这里到处都能看到出售鲑鱼的商店，很轻松就能享受到美味新鲜的鲑鱼料理。凯契根还有丰富的原住民历史遗迹，历史悠久的印第安原住民图腾柱是这里最具代表性的印第安艺术品。凯契根的市区被一座山峰一分为二，中间由联邦政府资助修建了一条隧道，这条隧道因为里面、上面和旁边都能开车而被收入了吉尼斯世界纪录。城中最繁华的街道是小溪街，街边都是具有当地特色的商店，溪面浮现着两岸木屋的倒影，偶尔还能看到鲑鱼从小溪中游过。

美国攻略　美国其他

265

美国攻略

美国其他

16 冰川湾国家公园 赏
拥有五光十色的冰河景致 ★★★★★

Tips
🏠 3100 National Park Rd., Juneau, AK
☎ 907-697-2230

　　位于阿拉斯加州南部的冰川湾国家公园是美国最迷人的国家公园之一，拥有2428平方千米的海洋生态系统，以及丰富的自然景观和典型的冰川景色。公园内没有道路，只能通过游船和飞机进行游览，园内绵延的高山、环抱避风港的海滩、潮汐冰川等都是这里的独特景观。每到夏季，冰川湾内就回荡着震耳欲聋的冰块断裂的声音，让人叹为观止。公园中还栖息着各种生物，从海洋哺乳动物到陆地哺乳动物，应有尽有，包括熊、驯鹿、雪羊、鲸鱼、水鸟、海豹和水獭等。

Tips
🏠 Rte 3, McKinley Park, AK　☎ 907-733-1042

17 迪纳利国家公园 赏
一望无际的旷野 ★★★★★

　　迪纳利国家公园是阿拉斯加州第一个国家公园，建于1917年，也是阿拉斯加最著名的国家公园，以麦金利山为标志。麦金利山海拔6194米，是北美最高峰，也是世界上最宏伟的山脉之一。在明媚的阳光的照射下，巨大的麦金利山闪闪发光，随着太阳的移动而变换色彩，让人感叹大自然的奇妙。在这里随处都能看到各种野生动物，包括笨拙的驼鹿、矫捷的狐狸、凶恶的狼獾，以及数不清的鸟类，运气好的话还能看到成群的动物迁徙的景象，因此吸引了动物爱好者们前来游玩。

266

18 费城
美国最具有历史意义的城市 ★★★★★ 赏

位于美国宾夕法尼亚州特拉华河畔的费城，全名是"费拉德尔菲亚"，是美国的第五大城市，面积约336平方千米。费城曾是美国的首都，至今已有300多年的历史，是美国最古老、最具有历史意义的城市。在美国独立战争时期，费城是美国革命的发源地，两次大陆会议都是在这里召开的，《独立宣言》和美国第一部《宪法》都是在这里起草和签订的，乔治·华盛顿总统也是在这里宣誓就职的。因此，费城被称为"美利坚合众国的摇篮"，吸引了众多游客前来欣赏这个国家诞生地，它成了美国著名的观光城市。费城著名的景点包括独立宫、自由钟、国家独立历史公园、独立大道、费城艺术博物馆、芒特公园、罗丹博物馆等。独立宫是《独立宣言》和美国《宪法》的诞生地，还曾是美国独立战争的指挥中心，如今已是美国历史文物建筑。自由钟是美国独立的象征，《独立宣言》就是伴随着自由钟的钟声而公布于世的。

Tips
Philadelphia　纽约乘火车在费城下

美国攻略　美国其他

267

美国攻略

美国其他

19 巴尔的摩
美国最大的独立城市 赏

Tips
🏠 Baltimore　🚌 在纽约乘长途客车、电车即可到达
☎ 410-837-4636

　　位于美国马里兰州的巴尔的摩是美国最大的独立城市，也是美国主要的海港之一。巴尔的摩历史悠久，曾是独立战争时期美国的战时首都，还是美国国歌的诞生地，被称为"不朽城"。市内有很多反映美国早期历史的文物和遗址，其中包括1829年建成的美国第一座华盛顿大型纪念碑，以及为纪念第二次美英战争中牺牲的巴尔的摩民兵而建的美国第一个大型战争纪念碑。除此之外，巴尔的摩的内港区经过修整已经成为集观光、娱乐和购物于一体的旅游区，由著名的美籍华人建筑师贝聿铭设计的标志性建筑——世界贸易中心大厦，以及有"巴尔的摩第一名胜"之称的国家水族馆都在这里，吸引了众多观光客的目光，成为老城区复兴的典范。

268

20 大西洋城
全美最大的博彩旅游城市之一　★★★★★　玩

Tips
🏠 Atlantic City, NJ　🚌 从费城乘长途客车即可到达
☎ 609-449-7130

位于大西洋沿岸阿布西康岛的大西洋城是美国的海滨旅游胜地和疗养城市，拥有众多的游乐场所，以美丽的海滨大道和繁华的赌场而闻名于世。大西洋城拥有美国第一条滨海长堤，游客可以在这里进行各种和海上游乐活动，放松心情，也可以远眺碧波万顷的大西洋，欣赏美不胜收的大西洋风光，还可以登上阿布西肯灯塔，一览大西洋城的独特景色。同时，大西洋城又与拉斯维加斯一起被称为美国的两大赌城，城中大大小小的赌场不计其数，赌城金碧辉煌，与美丽的大西洋风光形成了鲜明对比，每天都吸引了众多寻求刺激的富豪大亨和无数做着发财梦的赌徒前来一掷千金。

21 新奥尔良
美国第二大港口　★★★★★　玩

Tips
🏠 990 Port of New Orleans Pl, New Orleans, LA　☎ 504-522-2551

位于美国路易斯安那州南部的新奥尔良建于1718年，是一个濒临墨西哥湾的港口城市，也是路易斯安那州最大、最重要的港口城市。新奥尔良地处密西西比河的咽喉地带，是美国重要的航运中心，随着19世纪货物出口量的增加而迅猛发展起来，成为美国仅次于纽约港的第二大港。新奥尔良港主要分为三个港区：密西西比河港区、排洪渠道港区、庞哈特伦湖港区，与欧洲和太平洋沿岸都有载驳船往来，将美国与世界连接在了一起。除此之外，新奥尔良还是美国南方主要的工业城市和重要的宇航工业基地，旅游业也十分兴盛，拥有众多旅游景点和特色美食，因此吸引了众多游客前来参观、游览。

22 黄石国家公园

世界上第一座国家公园

Tips

📍 Yellowstone National Park, WY ☎ 307-344-7381

位于美国中西部怀俄明州西北角的黄石国家公园建立于1872年，是世界上第一座国家公园，面积约8956平方千米，1978年被列为世界自然遗产。黄石国家公园内的自然景观独具特色，丰富多样，充分展现了大自然的鬼斧神工，经过多次火山爆发形成了熔岩高原，经过三次冰川运动形成了众多山谷、湖泊、瀑布、温泉等。

园中最高的山峰是海拔3550米的华许布恩峰，最大的湖是黄石湖，最长的河流是黄石河，还有各种飞禽、水禽，以及麋鹿、黑熊等野生动物，可以说是美国最大的野生动物保护区。公园主要分为五个区域：位于西北的猛犸象温泉区，又被称为"热台阶区"；位于东北的保留着老西部景观的罗斯福区；位于中间的、可以欣赏壮观的黄石大峡谷和瀑布的峡谷区；位于东南的、充满美丽的湖光山色的黄石湖区；位于西部的，拥有众多温泉、蒸汽池、喷泉、热水潭等的间歇喷泉区。园内还有历史古迹博物馆，向游客讲述这里的各种壮观的景色及形成过程，让游客的体验更加丰富多彩。

23 大雾山国家公园
美国游人最多的国家公园 ★★★★★ 玩

> **Tips**
> 📍 107 Park Headquarters Road, Gatlinburg,TN ☎ 865-856-2445

位于田纳西州与北卡罗林那州交界处的大雾山国家公园，又名"大烟山"，占地面积2000平方千米，拥有3000多种特有的植物和很多濒临灭绝的动物，还有世界上最大的鲵群，是美国游人最多的国家公园。这里不仅有丰富的自然遗产，还有悠久的文化历史，有很多历史建筑遗迹。在这里，游客能够了解早期生活在阿巴拉契亚山南部的农民家庭的生活方式。春天，各种野花盛开，非常美丽；夏天，浓密的树林成了避暑胜地；秋天，树叶飘零，景色秀美；冬天，安宁、静谧，这些得天独厚的条件使这里成了户外休闲的好地方，在这里野营、垂钓、郊游、骑马都是很好的休闲放松方式。园中还有世界上最长的连续步行路径，全长3498千米，几乎将整个公园一分为二。Cataloochee是公园中观赏野生动物的最佳地点，经常能看到白尾鹿、黑熊、浣熊、土拨鼠等动物。

> **Tips**
> 📍 Craig Thomas Discovery and Visitor Center, Teton Park Rd, Moose, WY ☎ 307-732-0629

24 大提顿国家公园
以壮观的冰川地形而著称 ★★★★★ 玩

位于美国怀俄明州的大提顿国家公园建于1950年，因拥有提顿山脉最高的大提顿峰而得名。提顿山脉是因地面断裂挤压而形成的典型的断块山，崎岖不平，其中大提顿峰海拔4198米，得到了世界各地登山爱好者的喜爱。在提顿山脉脚下有6个冰川融化形成的湖泊，其中最大的是杰克逊湖，从杰克逊湖流出的蛇河贯穿了整个公园，沿着蛇河漂流能够以独特的视角欣赏美国的西部风光。园内还有成群的麋鹿、羚羊、美洲野牛等野生动物，游客在这里不仅可以欣赏各种野生动植物，还能够徒步探险、游泳、骑自行车等。因此，大提顿国家公园被认为是户外运动的天堂，吸引了众多喜爱户外运动的游客。

美国攻略　美国其他

重要景点中英文对照

Major attractions in both Chinese and English contrast

重要景点中英文对照

中文	英文
纽约	
中央公园	Central Park
麦迪逊大道	Madison Avenue
自由女神像	Statue of Liberty
华尔街	Wall Street
纽约证券交易所	New York Stock Exchange
纽约大学	New York University
联合广场	Union Square
纽约中央火车站	Grand Central Station
克莱斯勒大厦	Chrysler Building
联合国总部	United Nations Headquarters
纽约公共图书馆	New York Public Library
西格拉姆大厦	Seagram Building
帝国大厦	Empire State Building
百老汇大道	Broadway Avenue
时代广场	Times Square
第五大道	5th Avenue
布鲁克林大桥	Brooklyn Bridge
科尼岛	Coney Island
大都会艺术博物馆	Metropolitan Museum of Art
纽约市博物馆	Museum of the City of New York
美国自然历史博物馆	American Museum of Natural History
尼亚加拉大瀑布	Niagara Falls
大西洋城	Atlantic City

华盛顿

白宫	White House
林肯纪念堂	Lincoln Memorial
国会山映象池	Reflecting Pool
肯尼迪中心	John F.Kennedy Center
国会大厦	United States Capitol
国会图书馆	Libraray of Congress
美国国家航空航天博物馆	National Air and Space Museum
五角大楼	The Pentagon
硫磺岛纪念碑	Iwo Jima Memorial

波士顿

国王礼拜堂	King's Chapel
波士顿三一教堂	Trinity Church
普鲁丹特尔中心	Prudential Center
波士顿公共图书馆	Boston Public Library
弗农山庄	Mount Vernon
查尔斯街	Charles Street
宪章号战舰	Charter Battleship
哈佛大学	Harvard University
麻省理工学院	Massachusetts Institute of Technology

佛罗里达

奥兰多迪士尼世界	Walt Disney World Resort in Orlando
奥兰多环球影城度假村	Universal Orlando Resort
肯尼迪太空中心	Kennedy Space Center
狂野水上乐园	Wild Water Park
圣彼得堡清水海滩	St. Petersburg Clearwater Beach
珊瑚城堡	Coral Castle
罗德岱堡	Fort Lauderdale
梅尔斯堡	Fort Myers

芝加哥

密歇根湖	Lake Michigan
海军码头	Navy Pier
壮丽大道区	Magnificent Mile

273

密歇根大街	Michigan Avenue
西尔斯大厦	Sears Tower
马利纳城	Marina City
菲尔德自然历史博物馆	Field Museum Of Natural History

洛杉矶

好莱坞高地广场	Hollywood Highland
日落大道	Sunset Strip
星光大道	Walk of Fame
好莱坞蜡像馆	Hollywood Wax Museum
威尼斯海滩	Venice Beach
曼哈顿海滩	Manhattan Beach
长堤海滩	Long Beach
长堤太平洋水族馆	Aquarium of the Pacific
好莱坞环球影城	Universal Studios Hollywood
中途岛号航空母舰博物馆	USS Midway Museum
洛杉矶市政厅	Los Angeles City Hall
圣塔芭芭拉	Santa Barbara
拉古纳海滩	Laguna Beach
卡特琳娜岛	Catalina Island

旧金山

金门大桥	Golden Gate Bridge
加州科学学院	California Academy of Science
旧金山联合广场	Union Square
唐人街	Chinatown
双子峰	Twin Peaks
渔人码头	Fisherman's Wharf
电报山	Telegraph Hill
泛美金字塔	Transamerica Pyramid
奥克兰	Oakland
优胜美地国家公园	Yosemite National Park
17里湾风景线	The Miles Drive
硅谷	Silicon Valley
斯坦福大学	Stanford University

国王峡谷国家公园	Kings Canyon National Park
水杉国家公园	Sequoia National Park

拉斯维加斯

费蒙街	Fremont Street
长街	The Strip
好莱坞星球餐厅	Planet Hollywood Restaurant
胡佛水坝	Hoover Dam
曼德拉湾饭店	Mandalay Bay Hotel
纽约客饭店	New Yorker Hotel
金字塔饭店	Pyramid Hotel
梦幻金殿大酒店	Mirage Hotel
米高梅饭店	MGM Grand Hotel
恺撒皇宫饭店	Caesars Palace Hotel
硬石饭店	Hard Rock Hotel
贝拉吉奥饭店	Bellagio Hotel
金银岛酒店	Treasure Island
巴黎饭店	Paris Hotel
威尼斯人酒店	Venetian Hotel
神剑城堡酒店	Excalibur Hotel

西雅图

西雅图中心	Seattle Center
太空针塔	Space Needle
华盛顿大学	University of Washington
西雅图地下城	Underground City
西雅图码头区	Seattle Waterfront
西雅图奥林匹克国家公园	Olympic National Park
北瀑布国家公园	North Cascades National Park
布雷克岛	Blake Island

夏威夷

威基基海滩	Waikiki Beach
夏威夷火山国家公园	Hawaii Volcanoes National Park
亚利桑那号纪念馆	Arizona Memorial
毛伊岛	Maui Island

卡皮奥拉妮公园	Kapiolani Park
大岛	Big Island
都乐水果种植园	Dole Fruit Plantations
欧胡岛	Oahu Island
Ali'I Kai晚宴游船	Ali'I Kai Dinner Cruise
伊奥拉尼王宫	Iolani Palace
亚特兰蒂斯潜水艇	Atlantis Submarine
珍珠港	Pearl Harbor
北马里亚纳群岛	
军舰岛	Managaha Island
蓝洞	Blue Grotto
查莫洛夜市	Chamorro Night Market
麦克海滩	Micro Beach
塔加海滩	Taga Beach
关岛杜梦湾	Tumon Bay
ABC海滨俱乐部	ABC Beach Club
PIC太平洋俱乐部	PIC Pacific Club
鱼眼海洋公园	Fish Eye Marine Park
可可斯岛	Cocos Island
关岛恋人岬	Two Lovers Point
美国其他	
科罗拉多大峡谷	The Grand Canyon
鲍威尔湖	Lake Powell
拱门国家公园	Arches National Park
密西西比河	Mississippi River
大盐湖	Great Salt Lake
黄石国家公园	Yellowstone National Park
大提顿国家公园	Grand Teton National Park
阿拉斯加崔西峡湾	Tracy Arm Fjord
冰河湾国家公园	Glacier Bay National Park
麦金利峰	Mount McKinley
大烟山国家公园	Great Smoky Mountains National Park

索引 INDEX

美国攻略

A

阿德勒天文馆及天文学博物馆	…129
阿卡迪亚国家公园	…152
阿拉莫广场	…176
阿拉斯加湾	…264
阿灵顿国家公墓	…120
阿曼森剧场	…196
阿斯托洛圆顶运动场	…235
埃利斯岛	…052
安松尼亚旅馆	…092
奥克兰	…189
奥兰多迪士尼世界	…232
奥兰多海洋世界	…231
奥兰多环球影城度假村	…233
奥兰多科学中心	…221
奥林匹克国家公园	…165

B

巴尔的摩	…268
白宫	…106
百老汇大道	…101
邦克山纪念塔	…147
保罗·里维尔邸宅	…145
北马里亚纳诸岛博物馆	…241
北瀑布国家公园	…168
北滩	…185
贝格多夫古德曼百货商店	…065
本杰明·富兰克林铜像	…137
比弗利山庄	…206
比弗利中心	…205
冰川湾国家公园	…266

波利尼西亚文化中心	…251
波士顿茶叶党船博物馆	…144
波士顿地球书店	…138
波士顿公共图书馆	…140
波士顿公园	…150
波士顿科学博物馆	…142
波士顿美术馆	…139
布莱恩特公园	…100
布莱克岛	…168
布里克街	…042
布鲁克林博物馆	…053
布鲁克林大桥	…054
布鲁克林植物园	…055
布鲁明戴尔百货店	…067

C

查莫洛夜市	…242
长街	…259
长滩	…209
川普大厦	…065
达科塔大厦	…091

D

大都会艺术博物馆	…084
大满贯	…103
大提顿国家公园	…271
大雾山国家公园	…271
大西洋城	…269
大熊湖	…214
大沼泽地国家公园	…228
大中央总站	…059
戴维斯交响音乐厅	…186
道利顿大厦	…091

道奇体育场	…196	罐头工厂大道	…183
迪纳利国家公园	…266	广场饭店	…095
迪士尼主题乐园度假区	…216	硅谷	…184
帝国大厦	…070	滚球草地	…036
第五大道	…066	国会大厦	…108
电报山	…181	国会山映像池	…113
杜莎夫人蜡像馆	…098	国会图书馆	…110
		国际间谍博物馆	…119

E

		国际摄影中心	…099
俄罗斯山	…175	国家档案馆	…121
恶魔岛	…186	国家地理学会	…115
鳄鱼公园	…225	国立自然历史博物馆	…117
		国立美洲印第安人博物馆	…037
		国王的礼拜堂	…136

F

H

法兰西斯客栈博物馆	…037		
泛美金字塔	…179	哈佛大学	…148
非洲裔美国人历史博物馆	…143	海军码头	…127
菲尔德自然历史博物馆	…130	韩国村	…078
菲卡亚博物馆	…224	航空博物馆	…199
费城	…267	好莱坞大字	…199
费蒙街	…259	好莱坞高地广场	…204
芬威球场	…145	好莱坞环球影城	…203
佛罗里达水族馆	…229	好莱坞吉尼斯世界纪录博物馆	…202
弗里克收藏馆	…085	好莱坞星球餐厅	…260
福特剧场	…119	好莱坞娱乐博物馆	…201
富兰克林·罗斯福纪念碑	…114	和平纪念公园	…242
		亨利·帮戴尔百货公司	…067

G

		红龙虾餐厅	…099
高架铁道公园	…076	红杉树国家公园	…187
哥伦比亚中心	…162	胡佛水坝	…258
哥伦布海滨公园	…150	华尔街	…034
哥伦布圆环	…089	华盛顿大学	…163
格兰特公园	…128	华盛顿广场公园	…047
格雷的木瓜	…092	华盛顿纪念碑	…110
格雷斯大教堂	…176	黄石国家公园	…270
格里菲斯公园	…208	惠特尼美国艺术博物馆	…088
公园街教堂	…137		

I

古董与跳蚤市场	…072		
古根汉姆美术馆	…084	IBM大厦	…065
古兰尼牧场	…254		
古仕曼排屋	…073		

J

关岛	…245

Joe Allen	…102
基督教科学中心	…140
基韦斯特	…223
加利福尼亚乐高乐园	…210
加利福尼亚荣誉军团宫	…174
加州科学中心	…195
加州铁路博物馆	…182
金门大桥	…172
金门公园	…173
旧北教堂	…146
旧金山金融区	…177
旧金山联合广场	…177
旧金山市政厅	…173
旧金山现代艺术博物馆	…180
旧金山中国城	…178
旧行政办公大楼	…111
橘郡历史博物馆	…220
军舰岛	…239

K

卡怀亚哈奥教堂	…252
卡梅尔山天主教大教堂	…241
卡内基音乐厅	…093
卡皮奥拉妮公园	…251
卡特琳娜岛	…211
开拓者广场	…161
凯契根	…265
凯兹熟食店	…046
康科德	…146
考爱岛	…253
科罗拉多大峡谷	…261
科罗拉多范尔滑雪场	…262
科罗拉多斯普林斯	…263
科罗拉多州议会大厦	…262
科尼岛	…055
克莱斯勒大厦	…059
肯尼迪航天中心	…221
肯尼迪中心	…112
恐龙湾	…252
库珀·海威特博物馆	…085
库珀联合学院	…045
狂野水上乐园	…227

L

拉法耶特广场	…107
拉古纳海滩	…214
莱斯大学	…225
蓝洞	…238
雷尼尔山国家公园	…167
里奇蒙古城	…054
联合广场	…077
联合国总部	…058
联合街	…178
联合中心球馆	…125
列克星敦	…151
林地公园动物园	…169
林肯表演艺术中心	…093
林肯纪念堂	…113
硫磺岛纪念碑	…118
六旗魔术山	…209
罗德岱堡	…226
罗斯福纪念馆	…075
洛克菲勒中心	…062
洛杉矶郡立美术馆	…193
洛杉矶郡立自然历史博物馆	…195
洛杉矶市政厅	…193
洛杉矶艺术博物馆	…194

M

Maxilla&Mandible	…087
McSorley's Old Ale House	…047
麻省理工学院	…149
马利纳城	…126
马萨诸塞州议会大楼	…141
迈阿密海洋馆	…228
迈尔斯堡	…229
麦迪逊大道	…094
麦迪逊广场公园	…076
麦克海滩	…240
曼哈顿海滩	…211
毛伊岛	…255
梅西百货	…079
美国国家美术馆	…118
美国国家宇航博物馆	…109

美国民间艺术博物馆	…086	巧克力之家	…087
美国宪章号战舰	…144	切尔西旅馆	…072
美国自然史博物馆	…090	切尔西码头	…074
美国最高法院	…116	切尔西艺术博物馆	…074
美籍日本人国家博物馆	…192	丘鲁海滩	…244
蒙特雷海湾水族馆	…184		
米勒露天剧院	…234	**R**	
密尔沃基艺术博物馆	…129	日落大道	…205
密西西比河	…263		
密歇根大道	…128	**S**	
明湖	…235	17里湾风景区	…188
摩根图书馆与博物馆	…060	SOHO区	…041
莫洛凯岛	…253	Strand	…077
墨西哥村	…207	萨克斯第五大道	…064
		塞林	…151
N		赛佛科球场	…167
NBA专卖店	…061	莎士比亚图书馆	…115
南北战争博物馆	…260	珊瑚城堡	…223
南街海港博物馆	…043	商人之家博物馆	…044
尼古拉斯博物馆	…143	圣奥古斯丁	…222
尼豪岛	…254	圣巴巴拉	…208
尼亚加拉瀑布	…132	圣保罗礼拜堂	…044
鸟岛	…239	圣彼得斯堡	…231
纽约当代艺术博物馆	…063	圣迭戈旧城历史公园	…206
纽约公共图书馆	…060	圣公会神学院	…073
纽约市博物馆	…086	圣哈辛托战场	…230
纽约市消防博物馆	…046	圣马可广场	…078
诺布山	…175	圣马可教堂	…075
诺顿·西蒙美术馆	…200	圣莫尼卡	…213
诺利塔区	…046	圣帕特里克教堂	…062
诺氏百乐坊	…217	圣三一教堂	…036
		圣斯蒂芬教堂	…147
P		施瓦兹玩具店	…066
帕萨迪纳旧城区	…217	时报广场	…102
派克市场	…159	时尚工艺学院博物馆	…071
炮台公园	…052	史凯威小镇	…265
苹果专卖店	…064	史密森尼博物馆总部	…117
普利茅斯	…152	史密斯大厦	…160
普鲁丹特尔中心	…139	史努比博物馆	…182
		世界金融中心	…035
Q		世贸中心纪念馆	…035
77街跳蚤市场	…092	市政府大楼	…051
乔治敦大学	…120	双子峰	…181

斯台普斯球馆	…197	新当代艺术博物馆	…045
斯坦福大学	…183	新港国际网球博物馆	…153
死谷国家公园	…187	新港海滩	…215
		信不信由你奇趣馆	…204
		星光大道	…201

T

塔加海滩	…245	休斯敦赫曼公园	…234
塔加屋	…243	休斯敦太空中心	…224
太浩湖	…185	雪德水族馆	…130
太平洋科学中心	…158		
坦帕湾布希公园	…226		

Y

唐人街	…041	亚利桑那号战舰纪念馆	…250
天安教堂	…082	亚特兰大可口可乐博物馆	…261
天宁岛日出神社	…244	伊奥拉尼王宫	…249
托马斯·杰斐逊纪念堂	…114	伊莎贝拉·斯图尔特·加德纳美术馆	…138
		艺术宫	…174
		艺术与设计博物馆	…090

W

玩具反斗城	…103	犹他州大盐湖	…264
威尔斯法哥历史博物馆	…180	犹太遗产博物馆	…053
威基海滩	…255	邮政博物馆	…116
威廉玛丽学院	…121	渔人码头	…179
威尼斯海滩	…212	宇宙剧场	…158
未来航空中心	…164	原子弹装载地	…243
五大湖	…133	约翰·汉考克中心	…125
五角大楼	…107	约塞米蒂国家公园	…188
伍尔沃斯大楼	…043	熨斗大厦	…071

X

Z

西格拉姆大厦	…063	札巴超市	…088
西雅图地下城	…162	珍珠港	…250
西雅图公共图书馆	…161	芝加哥千禧公园	…131
西雅图国际区	…166	殖民地	…103
西雅图码头区	…166	中国剧院	…202
西雅图美术馆	…160	中途岛号航空母舰博物馆	…198
西雅图水族馆	…159	中央公园	…083
西雅图音乐体验馆	…156	壮丽大道区	…126
西雅图中心	…157	自杀崖	…240
西尔斯大厦	…124	自由岛	…050
夏威夷岛	…248	自由女神像	…051
现代美术馆	…194	棕榈泉	…213
小东京	…207	祖马海滩	…216
小意大利	…042	钻石区	…061
谢莫亨排屋	…040	钻石山	…249
新奥尔良	…269		

考拉旅行书目

○ 攻略系列！

攻略 韩国 GUIDE | 攻略 欧洲 GUIDE | 攻略 日本 GUIDE | 攻略 台湾 GUIDE | 攻略 西藏 GUIDE | 攻略 香港 GUIDE | 攻略 德国 GUIDE

攻略 法国 GUIDE | 攻略 美国 GUIDE | 攻略 新加坡 GUIDE | 攻略 西班牙 GUIDE | 攻略 意大利 GUIDE | 攻略 英国 GUIDE

○ 畅游系列！

畅游 韩国 就这本最棒！| 畅游 美国 就这本最棒！| 畅游 欧洲 就这本最棒！| 畅游 台湾 就这本最棒！| 畅游 泰国 就这本最棒！| 畅游 香港 就这本最棒！

畅游 澳大利亚 就这本最棒！| 畅游 德国 就这本最棒！| 畅游 法国 就这本最棒！| 畅游 日本 就这本最棒！| 畅游 意大利 就这本最棒！| 畅游 英国 就这本最棒！

畅游 北欧 就这本最棒！| 畅游 加拿大 就这本最棒！| 畅游 瑞士 就这本最棒！| 畅游 西班牙 就这本最棒！| 畅游 新加坡 就这本最棒！| 畅游 新西兰 就这本最棒！

畅游 东南亚 就这本最棒！| 畅游 希腊 就这本最棒！

更多图书
敬请期待……

《美国攻略》编辑部

编写组成员：

陈 永	陈 宇	崇 福	褚一民
付国丰	付 佳	付 捷	管 航
贵 珍	郭新光	郭 政	韩 成
韩栋栋	江业华	金 晔	孔 莉
李春宏	李红东	李 濛	李志勇
廖一静	林婷婷	林雪静	刘博文
刘 成	刘 冬	刘桂芳	刘 华
刘 军	刘小风	刘晓馨	刘 艳
刘 洋	刘照英	吕 示	苗雪鹏
闵睿桢	潘 瑞	彭雨雁	戚雨婷
若 水	石雪冉	宋 清	宋 鑫
苏 林	谭临庄	佟 玲	王恒丽
王 诺	王 武	王晓平	王 勇
王宇坤	王 玥	王铮铮	魏 强
吴昌晖	吴昌宇	武 宁	肖克冉
谢 辉	谢 群	谢 蓉	谢震泽
谢仲文	徐 聪	许 睿	杨 武
姚婷婷	于小慧	喻 鹏	翟丽梅
张爱琼	张春辉	张丽媛	赵海菊
赵 婧	朱芳莉	朱国梁	朱俊杰
高 虹	诗 诗	莎 莎	天 姝
郭 颖	晓 红	王 秋	艳 艳

图书在版编目（CIP）数据

美国攻略 /《美国攻略》编辑部编著. — 北京：华夏出版社，2016.1
（全球攻略）
ISBN 978-7-5080-8640-8

Ⅰ. ①美… Ⅱ. ①美… Ⅲ. ①旅游指南－美国 Ⅳ.①K971.29

中国版本图书馆CIP数据核字（2015）第255058号

美国攻略

作　　者	《美国攻略》编辑部
责任编辑	刘晓冰
责任印制	刘　洋

出版发行	华夏出版社
经　　销	新华书店
印　　刷	北京华宇信诺印刷有限公司
装　　订	三河市少明印务有限公司
版　　次	2016年1月北京第1版　2016年1月北京第1次印刷
开　　本	720×920　1/16开
印　　张	18
字　　数	300千字
定　　价	68.00元

华夏出版社　网址：www.hxph.com.cn　地址：北京市东直门外香河园北里4号　邮编：100028
若发现本版图书有印装质量问题，请与我社营销中心联系调换。电话：（010）64663331（转）

考拉旅行 乐游全球